河北省哲学社会科学研究基地"城市文化建设与可持续发展研究基地"项目

唐山师范学院著作出版资助项目

唐山方言词汇研究

高光新 ◎ 著

唐山方言词汇与普通话词汇有一定的不同之处，文化内涵丰富，谚语、曲艺行业语与地名体现地方特色；在共时平面上，唐山方言词汇内部存在一定差别，整体上与北京官话的方言词汇更接近一些；在历时平面上，唐山方言词汇从清代到现在一直稳中有变，清代的唐山方言词汇内容比较丰富。

中国社会科学出版社

图书在版编目（CIP）数据

唐山方言词汇研究 / 高光新著 . —北京：中国社会科学出版社，
2016. 1

ISBN 978 - 7 - 5161 - 6473 - 0

Ⅰ . ①唐…　Ⅱ . ①高…　Ⅲ . ①北方方言 – 词汇 – 方言研究 –
唐山市　Ⅳ . ①H172. 1

中国版本图书馆 CIP 数据核字（2015）第 152821 号

出 版 人　赵剑英
责任编辑　任　明
特约编辑　李晓丽
责任校对　王　影
责任印制　何　艳

出　　　版　中国社会科学出版社
社　　　址　北京鼓楼西大街甲 158 号
邮　　　编　100720
网　　　址　http：//www. csspw. cn
发 行 部　010 – 84083685
门 市 部　010 – 84029450
经　　　销　新华书店及其他书店

印刷装订　北京市兴怀印刷厂
版　　　次　2016 年 1 月第 1 版
印　　　次　2016 年 1 月第 1 次印刷

开　　　本　710×1000　1/16
印　　　张　18. 25
插　　　页　2
字　　　数　308 千字
定　　　价　68. 00 元

目　录

第一章

唐山和唐山方言

第一节　唐山地理历史概况

　　唐山位于河北省东部、燕山山脉南侧、华北平原东北部，地势北高南低，北部是山区，中部是平原，南部是渤海海滨，滦河是境内最大的河流，陡河穿越市区，独立入海。境内物产丰富，有煤、铁、石油等矿产资源。

　　唐山早在旧石器时代就有人类居住。迁安爪村遗址距今约四万年①，玉田孟家泉遗址距今约一万年②。市区内的大城山遗址发现了黑陶等文物，黑陶是龙山文化独有的特征，明显受到山东龙山文化的影响。在商代，唐山属于孤竹国。两周时期，唐山境内有令支、无终、孤竹等小国。从战国到清末，唐山基本上以市内大城山为界，分为两部分（只有金代分为三部分），西部和东部分别隶属不同政区。从战国燕、秦、西汉、东汉到三国魏，分别属于右北平郡和辽西郡，西晋时期属于北平郡和辽西郡，北魏时期属于幽州和平州，隋代属于渔阳郡和北平郡，唐代属于河北道的蓟州和平州，辽代属于南京道的析津府和平州，金代属于中都路的蓟州、平州和滦州，元代属于中书省的大都路和永平路，明代属于北直隶的顺天府和永平府，清代属于直隶省的遵化州和永平府。1877 年，清政府在今市区设立开平矿务局，因大城山（又名唐山）定名唐山镇，1928 年，唐山镇更名唐山市。现为河北省辖地级市。

　　现在唐山东隔滦河与秦皇岛相望，西与天津为邻，北以长城为界与承德接壤，下辖路南区、路北区、开平区、古冶区、丰润区、丰南区、曹妃甸区、玉田县、乐亭县、滦县、滦南县、迁西县、遵化市、迁安市以及芦

---

① 唐山市文物管理处：《唐山地区发现的旧石器文化》，《文物春秋》1993 年第 4 期。
② 河北省文物研究所、唐山市文物管理所、玉田县文物保管所：《河北玉田县孟家泉旧石器遗址发掘简报》，《文物春秋》1991 年第 1 期。

台农场、汉沽农场。各区县名称出现最早的是玉田，建于唐代武则天时期，到辽金时期出现滦州（民国初改为滦县）、遵化、迁安、丰闰（明初改为丰润）、乐亭等，位于丰润南边的丰南、位于滦县南边的滦南、位于迁安西部的迁西，都建于 20 世纪 40 年代，路北、路南、开平、古冶与两个农场建于新中国成立初，最晚的是曹妃甸区，前身主体是建于 1982 年的唐海县，2012 年改并为曹妃甸区。

　　唐山历史上曾有多次人口流动，除了朝代更替、战乱、灾荒等原因造成的人口流动外，还有四次明显的外来人口迁入。第一次是辽代，《辽史·地理志》："安喜县。本汉令支县地，久废。太祖以定州安喜县俘户置。在州东北六十里。户五千。"《金史·地理志》："迁安。本汉令支县故城，辽以所俘安喜县民置，因名安喜，大定七年更今名。"辽太祖耶律阿保机把从定州安喜县（今河北定县）俘获的人口安置在安喜。到金代，灭辽之后，边境南移到淮河一代，定州安喜县也归金所有，为了避免重名，在大定七年（1167 年）把今唐山的安喜更名为迁安，意思是迁自安喜、从安喜迁来。第二次是明初，明太祖朱元璋时期和明成祖朱棣时期迁移大量人口进入唐山，现在唐山的村庄大部分是那个时候建立的，例如《唐山地名志》："据地名普查统计，这里（唐山）明初建村的约占现有自然村数的 70% 左右，而明代以前建村的仅占 9%。"[①] 第三次是戚继光在隆庆元年（1567 年）至万历十一年（1583 年）驻守迁西，带来大量江浙一带的士兵。第四次是清代在遵化修建清东陵，安排八旗兵驻守，在迁西迁安的长城关隘也有驻军，现在遵化有三个满族乡。以上四次人口迁入，对唐山的方言产生一定影响，例如遵化有北京话方言岛，迁西、迁安长城沿线的三屯营、建昌营的方言更接近普通话。

第二节　唐山方言概况与研究现状

　　唐山方言不是语言学概念，是指今唐山行政区内使用的现代汉语方言。唐山东部的滦县、滦南和乐亭属于冀鲁官话保唐片的滦昌小片，其余区县属于保唐片蓟遵小片。本节所讨论的唐山方言概况以市区（路南区、路北区）方言为主，兼论其他区县。

---

① 唐山地名办公室：《唐山地名志》，河北人民出版社 1982 年版，第 17 页。

一　唐山方言概况

（一）语音概况

1. 声母

唐山方言声母共有 22 个，与普通话完全相同。

b [p]	八布别薄	p [pʰ]	怕盘盼扑
m [m]	妈门明母	f [f]	飞父费房
d [t]	到达夺东	t [tʰ]	太土兔帖
n [n]	恼那恶袄	l [l]	拉兰路连
g [k]	贵果光骨	k [kʰ]	开砍渴口
h [x]	化火呼黄	j [tɕ]	杰精挤节
q [tɕʰ]	秋七全权	x [ɕ]	修休旋学
zh [tʂ]	招主郑这	ch [tʂʰ]	唱车出吹
sh [ʂ]	书声水山	r [ʐ]	人若日绕
z [ts]	足增坐攒	c [tsʰ]	仓醋从刺
s [s]	三苏四僧	ø	衣烟云鱼

2. 韵母

唐山方言韵母有 36 个。

-i [-ɿ]	资此私字	-i [-ʅ]	支吃诗日
er [ɚ]	儿耳二尔	a [A]	八拉拿杀
e [ə]	歌河棵波	ai [ai]	白盖坏带
ei [ei]	北陪妹废	ao [au]	宝岛烧桃
ou [ou]	豆收臭欧	an [an]	蛋三蚕韩
en [ən]	根真本门	ang [aŋ]	党桑胖忙
eng [əŋ]	横庚蹦梦	i [i]	地一集米
ia [ia]	掐架下价	ie [iɛ]	借夜接铁
iao [iau]	药表庙条	iu [iou]	刘秋牛修
ian [iæn]	间先天面	in [in]	今林心民
iang [iaŋ]	两娘讲杨	ing [iŋ]	灵星明清
u [u]	骨鹿土木	ua [ua]	花瓜挖抓
uo [uo]	过罗火脱	uai [uai]	歪怪坏卖
ui [uei]	贵灰魏对	uan [uan]	酸短满团

un〔uən〕	温吞春魂	uang〔uaŋ〕	光黄床庄
ong〔uŋ〕	东红同中	ü〔y〕	雨许绿女
üe〔yɛ〕	月缺月绝	üan〔yæn〕	元娟全玄
ün〔yn〕	云群勋君	iong〔yŋ〕	穷兄永胸

3. 声调

唐山方言的声调有四个，即阴平、阳平、上声、去声。但调值与普通话不尽相同。滦昌小片四个声调的调值是：44、53、214、51。蓟遵小片四个声调的调值是：55、33、214、51。

4. 特殊语音现象

(1) 零声母开口呼前加〔n〕，滦昌小片的同类部分字前加〔ŋ〕。

an〔an〕	——	nan〔nan〕	俺、安、案、暗、鞍、按、岸、鹌
e〔ə〕	——	ne〔nə〕	蛾、饿、鹅、俄、恶
ai〔ai〕	——	nai〔nai〕	爱、矮、挨、碍、哀
ao〔au〕	——	nao〔nau〕	袄、熬、懊、澳
en〔ən〕	——	nen〔nən〕	恩、摁

这个特点很早就有了，清代《丰润县志》卷之三《土音》记载，"讹读作挪"、"我读作挪上声"、"爱读作乃去声"，就是在开口呼零声母前加〔n〕。

(2) 韵头丢失。声母 n〔n〕、l〔l〕、r〔ʐ〕与合口呼复韵母相拼时，个别音节脱落韵头。

nuo〔nuo〕	——	ne〔nə〕	挪
nuan〔nuan〕	——	nan〔nan〕	暖
luan〔luan〕	——	lan〔lan〕	滦、峦、卵、乱
r〔ʐuən〕	——	r〔ʐən〕	润、闰

(3) 后鼻音阳声韵的儿化，韵尾省略，儿化直接加在韵腹上。

药方儿、赶趟儿	ang + er	——	〔ar〕
声响儿、丑样儿	iang + er	——	〔iar〕
亮光儿、蛋黄儿	uang + er	——	〔uar〕
铁钉儿、酸杏儿	ing + er	——	〔ir〕
麻绳儿、电灯儿	eng + er	——	〔ər〕
一桶儿、小葱儿	ong + er	——	〔ur〕

(4) 个别地名读音。例如乐亭的乐，音 lào。再比如地名"港"，滦南有扒齿港、港东，乐亭有大港、泗沟港，四个村名中的港，读音都是

jiǎng，大港在口语里读作 dàjiǎr，这是读音儿化的结果。

在古代，一直到元代之前，港和讲的读音都完全相同，例如在元代，两个字的读音都是 giang（不考虑声调）。后来，i 之前的 g 的读音发生变化，演变成 j，于是"讲"的读音就从 giang 变为 jiǎng；而"港"的语音则发生了两种变化，在唐山方言的地名里，与"讲"保持一致，变为 jiǎng，在全民通用语（清代称官话，现在称普通话）里，是把 i 去掉，变成了 gǎng。详细论述见第三章第三节。

（二）语法概况

唐山方言的语法与普通话相差不大，只有个别的特殊现象。

1. 儿化词

唐山方言里的儿化词比较多，有些词儿化之后产生一些特殊的语法意义。

（1）名词儿化相当于方位结构。

河儿有鱼。河儿＝河里

屋儿有人。屋儿＝屋里

锅儿有饭。锅儿＝锅里

家儿有人。家儿＝家里

（2）时态助词可以用儿化代替。

你吃儿饭了吧？吃儿＝吃了

我吃儿饭来的。吃儿＝吃过

我跑儿来的。跑儿＝跑着

2. 肯定否定相叠疑问句

用单音节动词肯定叠加否定的方式构成的疑问句，普通话的句式是"动词＋不＋动词＋宾语"，例如：吃不吃饭/买不买衣服。唐山方言的句式是"动词＋宾语＋不＋动词"，例如：吃饭不吃/买衣服不买。

你吃饭不吃？

今晚去看电影不看？

明天发工资不发？

3. 特殊的"动 + 趋₁ + 不 + 趋₂"式

普通话动趋式的趋由趋₁和趋₂组成的时候，否定词"不"加在动与趋₁之间，格式是"动 + 不 + 趋₁ + 趋₂"，例如"这饭我吃不下去"。一般方言与普通话相同，但唐山话中有一种不同的格式，"不"加在趋₁与趋₂中间，形成"动 + 趋₁ + 不 + 趋₂"格式，例如"这饭我吃下不去"。

据地方志记载（《玉田县志》①、《丰润县志》②、《开平区志》③、《唐山市路北区志》④、《河北省志·方言志》⑤），"动 + 趋₁ + 不 + 趋₂"格式存在于唐山的玉田、丰润、开平与路北等区县，以《丰润县志》的记录为例：

> 感冒两天了，一点儿饭都吃进不去。感冒两天了，一点儿饭都吃不进去。
> 那么高的树，爬上不去就别爬了。那么高的树，爬不上去就别爬了。
> 书太多，我可看过不来。书太多，我可看不过来。
> 我可拿回不去这么多东西。我可拿不回去这么多东西。
> 石头太大，我搬起不来。石头太大，我搬不起来。

现在这种格式的使用人数已经变少，以丰润区为例，方言合作人只有一人（李连凯）还在使用这种格式，并且有变化，以《丰润县志》五个例句为例：

> 感冒两天了，一点儿饭都吃进不去。感冒两天了，一点儿饭都吃不进去。
> 忒高的树，爬不上去就别爬了。太高的树，爬不上去就别爬了。
> 书忒多，我可看不过来。书太多，我可看不过来。
> 我可拿回不去这么多东西。我可拿不回去这么多东西。
> 石头太大，我搬起不来。石头太大，我搬不起来。

---

① 玉田县志编委会：《玉田县志》，中国大百科全书出版社 1993 年版，第 497—498 页。
② 丰润县地方志编委会：《丰润县志》，中国社会科学出版社 1993 年版，第 685 页。
③ 唐山市开平区地方志编委会：《开平区志》，天津人民出版社 1998 年版，第 584 页。
④ 唐山市路北区地方志编委会：《唐山市路北区志》，中华书局 1999 年版，第 175 页。
⑤ 河北省地方志编委会：《河北省志·方言志》，方志出版社 2005 年版，第 645 页。

　　第 1、4、5 个例句用的是方言复合动趋式，第 2、3 个例句用的是普通话复合动趋式。方言合作人认为两种复合动趋式都可以说。

　　在唐山话"动 + 趋$_1$ + 不 + 趋$_2$"格式中，"不"的位置相对于普通话的位置发生了后移，后移之后的句法语义都合格。

　　唐山话"动 + 趋$_1$ + 不 + 趋$_2$"格式的肯定式是"动 + 得 + 趋$_1$ + 趋$_2$"，仍然以《丰润县志》五个例句的肯定式为例：

　　　　感冒好了，饭吃得进去。
　　　　那么高的树，他爬得上去。
　　　　书不多，我看得过来。
　　　　东西不多，我拿得回去。
　　　　石头不大，我搬得起来。

　　唐山话单一动趋式的否定式为"动 + 不 + 趋"，肯定式为"动 + 得 + 趋"，例如：

　　1. 否定：门没打开，我进不去。
　　　　肯定：门打开了，我进得去。
　　2. 否定：我的脚崴了，上不去。
　　　　肯定：我的脚好了，上得去。
　　3. 否定：他嫌三点出发忒早，起不来。
　　　　肯定：他觉得六点出发不早，起得来。

　　因此，唐山话复合动趋式否定式产生的原因，不是直接在肯定式上加以否定，而是由复合动趋式否定式与单一动趋式肯定式"截搭"而成。要表达"吃得进去"的否定式的时候，"进不去"整体虚化，直接加在"吃"后面，表示趋向。根据沈家煊[①]（2006：5）关于"截搭"的界定，"吃"与"进不去"两个概念相关，是转喻关系，两者的组合属于"截搭"。

　　"吃进不去"这个说法之所以消失，原因有两个，一是普通话与周围方言的影响，二是与语言规律相反，"不"没有紧跟"吃"，离得太远了。

　　────────────

　　① 沈家煊：《"糅合"和"截搭"》，《世界汉语教学》2006 年第 4 期，第 6 页。

在大多数语言里面，"不"要紧跟着谓语核心成分。在 1917 年，丹麦语言学家叶斯柏森（Jesperson）① 发现了一条语言倾向，即存在一个普遍倾向，为了表意的清晰，否定词要居于句首，或者总要将尽早出现，极为常见的是直接居于某个特定的被否定的词之前（通常为动词……）。

达尔（Dahl）② 把叶斯柏森的观点概括为以下两个原则：

（Ⅰ）否定词在句中倾向于尽早出现。

（Ⅱ）否定词倾向于直接居于动词之前。

卓艾尔（Dryer）③ 考察了 345 种语言，得出了一个与达尔原则（Ⅱ）相同的结论。可见，否定词确实具有尽量与动词邻接的强烈倾向。刘丹青④指出："动词（尤其是带有定式位于曲折成分的动词）是小句结构的核心，更是谓语 VP 的核心，否定词加在谓语的核心上，以否定核心来否定全句是非常合理的，是语言的一种擒贼擒王的策略。"

"不"之所以要附着在谓语的核心上，是为了表达意思更明确，把话说得更清楚。唐山方言的"吃进不去"这个说法违背了语言规律，它消失的原因容易分析出来，但是它产生的原因不太容易解释，违背语言规律还能产生出来，并且全国只有唐山的一部分地方有，确实很特殊。

（三）词汇概况

1. 分音词

唐山方言中有些单音词，可以分音变成双音词，分音的过程相当于逆反切，即分音之后的两个音节相切之后为原来的音节，如：

疤拉——疤	轱辘——轱	窟窿——孔	蒲楞——棚
曲连——蜷	扒拉——扒	机灵——精	激灵——惊
囫囵——浑	扑楞——砰	葫芦——瓟	拾掇——收
毛楞——猛	叽溜——啾		

大蒲楞车（大篷车）

① Jespersen, Otto, *Negation in English and other languages*. In Selected Writings of Otto Jespersen, London: George Allen & Unwin Ltd, 1917, p. 5.

② Dahl, Osteen, Typology of Sentence Negation. *Linguistics*. 1979 (17), p. 89.

③ Dryer, Matthew S., *Universals of Negative Pisition*. In Hammond, Micheal, Edith Moravicsik & Jesssica Wirth (eds.), Studies in Syntactic Typology. Amsterdsm: John Benjamins, 1988.

④ 刘丹青：《汉语否定词形态句法类型的方言比较》，［日］《中国语学》2005 年，总第252 期，第 6 页。

干活真毛楞（猛）

吓我一激灵（惊）

2. 土语词

土语词反映本地特有的事物。例如"饹馇"、"老呔儿"、"心窄"、"上火"。"饹馇"是一种用绿豆面制作的食品，分为大饹馇和小饹馇，大饹馇是黄色的，类似薄的软的面饼，小饹馇是半透明的，类似凉粉。老呔儿是外地人对唐山（尤其是滦县、滦南、乐亭）人的称呼。心窄指心里难受，上火指心情郁闷。

3. 行业语和秘密语

唐山的皮影、评剧和乐亭大鼓是第一批国家非物质文化遗产，每个行业都有一定的行业用语，例如皮影行业，"影台"指唱皮影戏的时候搭建的台子，"影箱"指盛放皮影道具的箱子。在皮影和乐亭大鼓等行业内部还有一种秘密语，被称作"唇典"或"春典"，例如称鸡蛋为"磙子"，取鸡蛋与磙子的圆形的近似；称牛为"叉子"，取牛有两角；"灯笼蔓"指姓氏中的赵。"滚子"、"叉子"得名于模拟事物的形象或形状；"蔓"是表示姓氏的标志，用"灯笼"表示赵，来源于歇后语"外甥打灯笼——照舅（旧）"，"照"和"赵"同音。唇典能够保证行业秘密不被外人知道，现在已经失去实用价值，已经不再使用。

除了皮影行业语之外，还有煤矿行业的用语。唐山本身是一个依靠煤矿等矿业兴起的工业城市，市区里面还有煤矿矿井，唐山方言里有一部分煤矿行业用语。与皮影行业用语唇典不同，煤矿行业用语是公开的，人人都可以听懂。例如"老板子"、"做窑儿"，前者指下矿井的工人，后者本来指煤矿工人干活，后来泛指干活。

4. 唐山方言里的地方特殊词汇

例如"听"、"酱母子"，唐山方言"听"有嗅义，例如"你听听这饭香不香"。"听"的这个用法，最晚在民国的《迁安县志》卷一九《歌谣》中就出现了，"老娘割了二斤肉，请他老老和他舅，先来的吃块肉，后来的啃骨头，再来的喝汤儿，晚来的听香儿。""酱母子"指辣椒，《汉语方言地图集》（词汇卷）① 调查了全国 930 个县与县级行政区的汉语方

---

① 曹志耘主编：《汉语方言地图集》（词汇卷），商务印书馆 2008 年版。

言，包括唐山的丰润与唐海（今曹妃甸区），其中"辣椒"的说法有60多个，名字最普遍的带"辣"或者"椒"，还有个别带"姜"或者"茄"，只有唐山方言叫"酱母子"。辣椒是明末传入中国的，中国人根据它的味道或者形状给它起名字，所以名字带着辣、椒、姜或者茄。中国人喜欢吃酱，并且历史悠久，《论语》记载，孔子"不得其酱，不食"。酱的主要原料是麦子或者豆类，辣椒远远称不上是做酱的主要原料，称之为"酱母子"，确实很特殊，不容易解释。全国只有唐山有这个方言词。

二　唐山方言的特点

唐山方言与普通话相比，语音差别大但成系统，词汇差别大但不成系统，语法差异很小。语音方面，声调差异最大，声母、韵母、音变差异较小，句调差异明显。

最早概括唐山方言特点的是《河北方言概况》："我们把河北省方言初步划分为七个区，这是根据全省各地区间语音的差异来确定的，同时也照顾到与普通话的对应关系。"①

　　第二区：唐山市、秦皇岛市、抚宁、昌黎、乐亭、卢龙、滦县、迁安、丰润、迁西、遵化、玉田、蓟县、宝坻、三河、大厂、香河。

　　本区方言与普通话有些差别，声母方面，绝大部分地区的部分 n 声母字，相当于普通话开口呼零声母字。韵母方面，e 韵母字，相当于普通话 o 韵母字。声调除个别地区是三个调类外，其余都是分阴、阳、上、去四个调类，阳平调几乎都是低平调。②

《河北方言概况》是从语音角度来概括的，第二区包括唐山所有行政区。后来，《河北省北京市天津市方言的分区（稿）》③、《北京官话语音研究》④ 相继从语音角度总结唐山方言的特点。

《汉语官话方言研究》则从总体上概括了唐山方言的特点，把唐山方

---

① 河北北京师范学院、中国科学院河北省分院语文研究所：《河北方言概况》，河北人民出版社1961年版，第6页。

② 同上。

③ 贺巍、钱曾怡、陈淑静：《河北省北京市天津市方言的分区（稿）》，《方言》1986年第4期。

④ 张世方：《北京官话语音研究》，北京语言大学出版社2010年版。

言划归冀鲁官话保唐片的蓟遵小片和滦昌小片。保唐片的总体特点是：
（1）中古清声母入声字散归四声。（2）调值上也与北京比较接近。特别
是上声，调值一般都是降升调214、213。（3）一般不分尖团。（4）影疑
母开口呼洪音一般有鼻音声母n，少数为ŋ。①

　　蓟遵小片的特点是："（1）阴平调一般读高平，而阳平多数读低平。
只有平谷、兴隆两点是阴平读高升、阳平读高平。（2）北京在唇音后读o
的字，该小片读不圆唇的ɤ。"②

　　滦昌小片的特点是："（1）去声读高平调。（2）许多地方在轻声前能
够区别阴去和阳去。（3）动词可以儿化，相当于普通话的动词后加'了'
等助词。"③

　　以上结论是把唐山方言放在更大的范围内，主要从语音角度进行总结
的，在零声母开口呼字前加［n］或［ŋ］是唐山方言的特点，却不是唐
山方言独有的特点，唐山方言内部蓟遵小片和滦昌小片最大的差异在于调
值，调值是唐山方言最具特色的地方，也是蓟遵小片和滦昌小片与其他小
片区分开来的标志，《北京官话语音研究》认为冀津片"根据调值差异可
以分为四个小片"④。

三　唐山方言的分区与归属

1. 唐山方言的分区

　　对唐山方言的分区，语言学界早期的观点一致。贺巍等《河北省北
京市天津市方言的分区（稿）》⑤ 最早把唐山方言分别划归北方官话保唐
片的蓟遵小片和滦昌小片。

①蓟遵小片十四个县市

平谷 以上北京市　　　　　蓟县　宝坻　宁河 以上天津市

唐山　玉田　兴隆　宽城　遵化　丰润　丰南　唐海　迁西　迁安 以
上河北省

②滦昌小片四个县

---

① 钱曾怡主编：《汉语官话方言研究》，齐鲁书社2010年版，第155—156页。
② 同上书，第156页。
③ 同上。
④ 张世方：《北京官话语音研究》，北京语言大学出版社2010年版，第52页。
⑤ 贺巍、钱曾怡、陈淑静：《河北省北京市天津市方言的分区（稿）》，《方言》1986年第
4期，第244页。

滦县　滦南　乐亭　昌黎以上河北省

《中国语言地图集》①、《汉语官话方言研究》等沿用这个观点，只是把北方官话改称冀鲁官话。

后来，又有新的划分结论。《北京官话语音研究》则把唐山方言分别划归北京官话冀津片的丰唐小片和滦昌小片。②

丰唐小片（12）	蓟县 宝坻 宁河以上天津市 唐山 玉田 宽城 遵化 丰润 丰南 唐海 迁西 迁安以上河北省
滦昌小片（4）	滦县 滦南 乐亭 昌黎以上河北省

两种划分，丰唐小片比蓟遵小片减少两个方言点，滦昌小片完全相同。就唐山方言来讲，可以分为东区和西区，东区包括滦县、滦南、乐亭，西区包括市区（路南、路北、开平和古冶）、丰润、玉田、丰南、遵化、迁安、迁西，对于当地人来讲，东区即昌滦乐体系，西区即丰玉遵体系，昌滦乐与丰玉遵的差异，不仅体现方言上的不同，还体现民俗、地方文化等方面的不同。

2. 唐山方言的归属

对唐山方言的归属，语言学界有争论，出现了到底是归冀鲁官话还是北京官话的争论。《汉语官话方言研究》从历时和共时角度，通过分析语音、语法、词汇层面，认为属于冀鲁官话；《北京官话语音研究》从共时角度的语音层面进行探讨，认为应该属于北京官话，张树铮《论保唐片方言的归属》③ 也赞同这个观点。

唐山方言属于保唐片，探讨唐山方言的归属，在本质上是探讨保唐片的归属，受本研究的限制，我们只通过讨论唐山方言词汇特点，协助这个问题的解决。

四　唐山方言的研究现状

研究唐山方言词汇的著作不多。只有《〈燕说〉与清末唐山方言词

---

① 　中国社会科学院语言研究所、澳大利亚人文社会科学院：《中国语言地图集》，（远东）朗文出版社 1988 年版。

② 　张世方：《北京官话语音研究》，北京语言大学出版社 2010 年版，第 50 页。

③ 　张树铮：《论保唐片方言的归属》，《山东大学学报》2012 年第 4 期。

汇》①，其余除了《唐山方言与普通话》②第二章"唐山方言概况"简要介绍唐山方言的总体特征与各区县的方言特点之外，都是论文，并且都是研究语音或者语法为主，很少涉及词汇。

学位论文有张阳《清东陵北京话方言岛语音调查》③，刘宝云《滦南方言撮口呼与齐齿呼的合流变异》④，马志侠《遵化方言语音研究》⑤，刘欣宇《唐山话词缀研究》⑥，李颖《唐山市区方言连续变调研究》⑦，张秋荣《迁安方言儿化现象研究》⑧，刘丽辉《唐山方言词尾"儿"的语音研究》⑨。全部研究方言语音或语法。

期刊论文主要有杨帆《唐山方言疑、影母今读研究》⑩，张文光、郑丽娜《唐山方言中过去时时制助词"时的"》⑪，郭爱玲《唐山话与普通话的语音差异》⑫，王显志、孙大为《唐山市区方言的音系描写》⑬，戴国辉、李颖《唐山方言的重叠式及其类型》⑭，张文光《唐山方言单音节动词儿化与动态变化》⑮。全部研究方言语音或语法。

第三节　研究材料和研究方法

一　研究材料

研究材料的来源主要有笔者实地调查和地方志中的方言材料，还参考了一些论著中的有关材料。

---

① 高光新：《〈燕说〉与清末唐山方言词汇》，《唐山师范学院学报》2013 年第 3 期。
② 赵立新、戴连第主编：《唐山方言与普通话》，花山文艺出版社 2000 年版。
③ 张阳：《清东陵北京话方言岛语音调查》，硕士学位论文，中央民族大学，2011 年。
④ 刘宝云：《滦南方言撮口呼与齐齿呼的合流变异》，硕士学位论文，河北大学，2008 年。
⑤ 马志侠：《遵化方言语音研究》，硕士学位论文，河北大学，2007 年。
⑥ 刘欣宇：《唐山话词缀研究》，硕士学位论文，河北师范大学，2007 年。
⑦ 李颖：《唐山市区方言连续变调研究》，硕士学位论文，河北师范大学，2005 年。
⑧ 张秋荣：《迁安方言儿化现象研究》，硕士学位论文，河北师范大学，2005 年。
⑨ 刘丽辉：《唐山方言词尾"儿"的语音研究》，硕士学位论文，河北大学，2003 年。
⑩ 杨帆：《唐山方言疑、影母今读研究》，《唐山学院学报》2011 年第 4 期。
⑪ 张文光、郑丽娜：《唐山方言中过去时时制助词"时的"》，《唐山师范学院学报》2011 年第 3 期。
⑫ 郭爱玲：《唐山话与普通话的语音差异》，《语文学刊》2010 年第 7 期。
⑬ 王显志、孙大为：《唐山市区方言的音系描写》，《科技信息》2008 年第 15 期。
⑭ 戴国辉、李颖：《唐山方言的重叠式及其类型》，《河北理工学院学报》2005 年第 3 期。
⑮ 张文光：《唐山方言单音节动词儿化与动态变化》，《唐山师专学报》2000 年第 1 期。

1. 笔者调查

依照100基本词汇表，在各区县市的调查由笔者实地调查。

2. 方言著作

《汉语方言地图集》（词汇卷）①、《普通话基础方言基本词汇集》②。前者收录唐山丰润与唐海（今曹妃甸区）的部分方言词，后者收录唐山市区的基本方言词。

3. 地方志

《唐山市志》③、《唐山市路北区志》④、《开平区志》⑤、《丰润县志》⑥、《丰南县志》⑦、《玉田县志》⑧、《遵化县志》⑨、《迁西县志》⑩、《迁安县志》⑪、《滦县志》⑫、《滦南县志》⑬、《乐亭县志》⑭，以上各地方志的词汇部分都收录一部分当代方言词。《河北省志·方言志》⑮，词汇部分收录了唐山的一部分方言。史梦兰的《燕说》［同治丁卯年（1867年）刊行］、清代夏子鎏等的《玉田县志》［光绪十年（1884年）刊行］和王文鼎、王大本等的《滦州志》［光绪二十四年（1898年）刊行］，收录了一部分清末唐山方言词；民国腾绍周、王维贤等的《滦县志》（1931年刊行）和袁棻等的《迁安县志》（1937年刊行）收录了一部分民国时期的唐山方言词，以上是研究唐山方言词汇历史的主要材料。

4. 其他材料

《河北方言词汇》⑯收录今河北与天津的方言词汇，由于此书的成书时间跨度大，方言词汇变动也比较大，此书收录的方言词存在一定历时变

① 曹志耘主编：《汉语方言地图集》（词汇卷），商务印书馆2008年版。
② 陈章太、李行健主编：《普通话基础方言基本词汇集》，语文出版社1996年版。
③ 河北省唐山市地方志编委会：《唐山市志》，方志出版社1999年版。
④ 唐山市路北区地方志编委会：《唐山市路北区志》，中华书局1999年版。
⑤ 唐山市开平区地方志编委会：《开平区志》，天津人民出版社1998年版。
⑥ 丰润县地方志编委会：《丰润县志》，中国社会科学出版社1993年版。
⑦ 丰南县志编委会：《丰南县志》，新华出版社1990年版。
⑧ 玉田县志编委会：《玉田县志》，中国大百科全书出版社1993年版。
⑨ 遵化县志编委会：《遵化县志》，河北人民出版社1990年版。
⑩ 迁西县地方志编委会：《迁西县志》，中国科学技术出版社1991年版。
⑪ 迁安县地方志编委会：《迁安县志》，中国社会科学出版社1994年版。
⑫ 滦县志编委会：《滦县志》，河北人民出版社1993年版。
⑬ 河北省滦南县地方志编委会：《滦南县志》，生活·读书·新知三联书店1997年版。
⑭ 乐亭县志编委会：《乐亭县志》，中国大百科全书出版社1994年版。
⑮ 河北省地方志编委会：《河北省志·方言志》，方志出版社2005年版。
⑯ 李行健主编：《河北方言词汇》，商务印书馆1995年版。

化，所以只作为参考资料。《唐山方言与普通话》成于众人之手，收录的方言词也只作为参考资料。

二　研究方法

1. 描写

尽量详尽记录描写唐山方言词的音和义。

2. 分析

分析方言词的语义语法结构，分析方言的历史演变过程。

3. 比较

比较唐山方言词在本区域内的异同，比较唐山方言词与其他地方的方言词的异同。

第二章

唐山方言词汇分析

唐山方言词汇从广义上讲是唐山方言所使用的所有的词和固定短语，包括共同语的词汇和本地使用的共同语词汇之外的词汇，从狭义上讲是本地使用的共同语词汇之外的词汇，但是狭义的唐山方言词汇是不太容易界定的，因为"言有易，说无难"，证明一个方言词本地有很容易，反过来证明一个方言词在本地没有，存在一定难度。所以，探讨唐山方言词需要区分层次。

唐山方言词是成体系的，具有系统性，并且有一些与普通话不完全相同的构词法。

第一节 唐山方言词汇的构成

一 唐山方言词汇的层次

唐山方言的词汇可以区分层次，首先根据唐山方言词与共同语词汇的异同，可以把唐山方言词汇分为两个层次。

第一个层次是唐山方言与共同语词汇的异同。二者共同的词汇，分为两类，一类是唐山方言自古就有的词，与共同语同步，例如，天、地、日、月、走、坐、一、个、把、的、唉；另一类是从共同语借过来的，"现代方言中除了历史上传承下来的方言固有词之外，还有大量从共同语转借过来的词。如……涌现的一些新词语：解放、土改、合作社、公社"。① 这一类词还有春节晚会、科学发展观等。

唐山方言与共同语不同的词汇，是唐山方言固有的，这是狭义的唐山方言词。第三章调查斯瓦迪士 100 词在唐山各地的分布，有些具有一致性，例如，啥什么，在唐山各区县保持一致；有些词的同一性也很高，例

---

① 李如龙：《汉语方言学》，高等教育出版社 2001 年版，第 105 页。

如，脑袋头、妈妈儿乳房、日头太阳、道/道儿路；有些词的同一性很低，例如，波棱盖儿/波勒盖儿/圪勒瓣儿膝盖、后晌/黑介/黑间晚上；有的具有很强的地域性，只在小范围内使用，例如，倒着躺、奥好、圪勒瓣儿膝盖，只在乐亭使用。唐山各地之间，有些地方之间相同的词比较多，例如市区与丰南，有些地方之间不同的词比较多，例如迁安与玉田，所以唐山方言词汇内部也是可以分为不同类型的。

所以，唐山方言词是唐山方言所使用的、除去从共同语转借过来的词的方言词，包括狭义的唐山方言词和唐山方言自古就有的、与共同语相同的词。

第二个层次，在方言层面上，唐山方言词汇依据自身的特点，与外部其他区域的汉语方言词呈现出不同的关系，根据第三章第三节，与北京官话和冀鲁官话的词汇关系更密切一些。

唐山方言词汇内部也不是铁板一块，也存在不同。目前的方言分区主要依据语音、词汇和语法知识参考依据，唐山方言内部可以分为东区和西区，东区和西区的差别主要在语音，在词汇方面也有差别，例如"谁"，东区主要用"哪"，西区主要用"谁"，"妗子"在东区主要指妻子的兄弟的妻子，在西区主要指舅舅的妻子；唐山各地的词汇之间都存在不同，例如对于"膝盖"，唐山各地有四种说法，详见第三章第二节的分析。

因此，唐山方言词的层次有两个，第一层是除去从共同语转接过来的词，剩下的是唐山方言自有的词；第二层的外部是唐山方言词与其他区域的汉语方言词呈现出不同亲疏关系，内部是存在区域差异众多词汇。

二　基本词汇与一般词汇

唐山方言词内部存在区域差异，还可以进行区分，其中一种区分方式是分为基本词汇与一般词汇。

（一）基本词汇

唐山方言词汇的基本词汇一致性比较高，比较稳固，是唐山方言词汇的核心。基本词汇主要分布在天文地理、时间时令、方位、动植物、饮食、称谓、一般动作、一般形容词等方面，下面仅列举与共同语不同的基本词汇，共同的从略。

天文地理：日头太阳、云彩云、地角儿地方、道儿路

时间时令：前半晌儿上午、晌火中午、后半晌儿下午、列儿个昨天、今

儿个_{今天}、明儿个_{明天}、黑介_{晚上}

一般动作：提娄_拎、蹽_跑、听_嗅、求_取

（二）一般词汇

唐山方言的一般词汇稳定性不高，使用范围不广，主要包括以下三类：

1. 新词

  大轿子车：大型客车

  三马子：（运输乘客的）三轮车

市区内老派方言叫像公交车一类的大型客车为大轿子车，这种客车空间大，宽敞明亮，坐在里面很舒服，像轿子一样，故名。唐山市区内可以运输乘客的三轮车，最初由残联核发给一部分残疾人，以帮助就业，这种三轮车有运营执照，是合法的，现在已经取缔，为了与普通的三轮车相区别，民间称之为三马子。

2. 古语词

唐山方言中的有些词起源很早，以清代《燕说》第一卷所记录的方言词为例，沿用到现在的有矬、絮叨、掉换、旷荡、卖弄、平白、把滑等。

  矬：身材短小。南朝齐·萧子良《净住子·净行法门·皇觉辨德门一》："未见貌丑鉴镜，有悦目之华，体矬照水，发溢群之观。"

  絮叨：说话繁琐细碎。《红楼梦》第六十一回："此时天晚，奶奶才进了药歇下，不便为这点子小事去絮叨。"

  掉换：替换，调换。《二十年目睹之怪现状》第四十八回："直等到了站头，当堂开拆，见了个空白，他那里想得到是半路掉换的呢。"

  旷荡：辽阔，宽广。汉·张衡《南都赋》："上平衍而旷荡，下蒙笼而崎岖。"

  卖弄：故意显示，炫耀。《后汉书·杨震传》："多请徒士，盛修第舍，卖弄威福，道路欢哗。"

  平白：无缘无故。宋·袁吉甫《论会子札子》："若每贯作五贯折支，则在官之数，未免平白折陷。"

以上 6 个词，文献记载起源最早的是旷荡，在东汉就出现了，最晚的是掉换，是清末，把滑这个词在文献里没有用例。其他的详见第五章第二节。

具体到各地也有，迁安老派方言有一些古语词，例如：

菢：孵。唐·韩愈《荐士》诗："鹤翎不天生，变化在啄菢。"

先生：医生。清·李渔《凰求凤·假病》："请先生过来，用心替他诊脉。"

硬朗：结实。《红楼梦》第二十九回："看着小道是八十岁的人，托老太太的福，倒还硬朗。"

3. 行业用语

唐山的煤炭行业用语在第一章介绍过，曲艺的行业用语见第三章第二节。

唐山方言词里没有外来词，外来词都是从共同语转接而来的。

以上三类之外的部分就是唐山方言词的主体，数量众多，异彩纷呈，后面会分别进行分析。

第二节　唐山方言词汇的体系

唐山方言的词汇既有词，也有熟语，每一种词汇类型都具备。

一　唐山方言的词

唐山方言的词，从不同角度划分有多种类型，从结构角度来看有单纯词也有合成词，从语音角度来看有单音词也有多音词，从词义角度来看有单义词也有多义词，从词类角度来看有名词、动词、形容词等。

（一）从结构角度分析

只有一个语素的词叫单纯词，也叫单语素词。由两个或两个以上的语素构成的词叫合成词，也叫多语素词。

［一］单纯词

例如：

　　撅：折断

　　搣：使弯曲

　　潲：风吹雨点斜打

　　肉：迟钝、慢性子

　　糗：稠

　　兴：也许、可能

　　屋嘟：①水不凉不热；②天不晴不雨

　　以上单纯词除最后一个是双音节单纯词，其余都是单音节单纯词，唐山人使用的"姥姥、奶奶"等叠音词，不是方言词，是普通话的词。

　　[二] 合成词

　　1. 复合式

　　（1）联合式。

　　例如：

　　　　撙掇：怂恿

　　　　　　　　——以上动词

　　　　奸馋：吃好不吃坏

　　　　实诚：实在真诚，不虚假

　　　　消停：安静稳重

　　　　　　　　——以上形容词

　　（2）偏正式。

　　例如：

　　　　揾布：抹布

　　　　爬豆：豇豆

　　　　瓜子鱼：鲫鱼

　　　　　　　　——以上名词

　　　　瞎掰：胡说

　　　　上算：合算

　　　　　　　　——以上动词

寒碜：丑陋、难看

瓷实：紧密结实

　　　　——以上形容词

（3）补充式。

例如：

撑死：至多，最高限度

（4）动宾式。

例如：

抬杠：诡辩

恼心：恶心

犯栏：牛羊发情

　　　　　——以上动词

呲火：质地不好

　　　　　——以上形容词

（5）主谓式。

例如：

担挑：姐妹之夫互相指称

面矮：腼腆，不爱说话

2. 重叠式

例如：

瞎咧咧：不负责任乱讲话

嘎嘎儿：痂

第一个词是 ABB 式重叠词，第二个是重叠之后经过儿化形成的词。

其他地方有重叠式方言词，例如，乐亭一带，蜘蛛叫蛛蛛，东拉西扯叫咧咧。

3. 附加式

（1）前加式。

例如：

> 老爷儿们儿：称已婚男子，称丈夫
> 老娘们儿：称已婚女子，称妻子
> 老呔儿：外地人称唐山人

"老"是前缀。

（2）后加式。

例如：

> 哈喇子：口水
> 狗蹦子：跳蚤
> 天头儿：气象
> 地角儿：地方、地点

后加式分为两类，前两个词属于一类，加上后缀"子"；后两个词是一类，是儿化词。

唐山方言词有些难以归类，例如：

> 吃乃：①天气潮闷；②汗渍粘滞；③语钝不爽。

（二）从语音角度分析

单音词只有一个音节，多音词有两个或两个以上的音节。单音词是单纯词，多音词可能是单纯词，也可能是合成词。

1. 单音词

例如：

> 俊：美丽、好看

俏：清秀有特色

2. 多音词
例如：

屋嘟：①水不凉不热；②天不晴不雨
成色：出息
小店儿：吝啬

第一个词是单纯词，第二个、第三个词是合成词。
（三）从词义角度分析
单义词只有一个词义，多义词有多个词义。
1. 单义词
例如：

今儿：今天
蝴贴儿：蝴蝶

2. 多义词
例如：

崴：①脚扭伤；②（用勺子等）挖出
鬼头：①聪明、机敏；②狡诈、奸猾
狼虎：①多；②粗犷，不细致

唐山方言词的词义不多，以 1 个和 2 个词义的词为主。多义词的词义具备汉语词汇词义的所有特征，例如从宏观上看，具有理性意义和色彩意义，从微观上看，词义都是由语素义构成的；词义产生的途径主要是引申。

艮：坚而不酥
刀螂：螳螂

麻爪儿：手足无措，没主张

第一个词，艮，词义就是语素义，有理性意义没有色彩意义。

第二个词，刀螂，词义是语素义的组合，理性意义是螳螂，具有形象色彩，用刀比喻螳螂的前足。

第三个词，麻爪儿，词义是语素义的整合，语素义经过比喻形成词义，麻指麻木，爪指手，麻爪儿指手麻木了，手麻木了就不灵活了，以此来比喻手足无措，没主张，理性意义是这个比喻义，具有形象色彩。

（四）从词类角度分析

1. 名词

与普通话相比，唐山方言词名词数量大并且最为特殊的是动植物名称，所收集的所有的动植物名称都与普通话不同，有的是部分语素不同，例如普通话的"公猫、母猫"，在唐山方言叫"郎猫、女猫"，有的则是完全不同，例如普通话的"辣椒、跳蚤"，在唐山方言叫"酱母子、狗蹦子"。其他的在时间、称谓等方面也比较集中，例如关于时间的上午、中午、下午、前天、昨天、今天、明天、后天等八个词，唐山方言与普通话以及其他方言都有很大差异（见第三章第一节），关于称谓的唐山方言的老娘子指中老年妇女，老爷儿们儿指称已婚男子或丈夫，老呔儿指外地人称呼唐山人，都是普通话里没有的。赵元任先生曾经说："在称谓名词特别是对面称呼上，在许多小植物小动物的名称上，尤其是昆虫的名字，不但是北京的形式是地方的性的，可以说没有任何方言里的名称够得上全国性。"① 唐山方言词汇的材料印证了赵元任先生的说法。

2. 动词

与普通话相比，唐山方言词动词数量最大并且最为特殊的是身体动作类动词，例如，表示打的动词有：楔（狠打）、掴（用手掌拍打）、夯［（用粗棒）砸打］、捗［（用细棍）抢打］、揎［（用藤条）抽打］、堆［（用拳头）打］等6个。

3. 形容词

与普通话相比，唐山方言词形容词数量最大并且最为特殊的是评价人

① 赵元任：《北京口语语法》，商务印书馆2005年版，第13页。

品的词，例如，鬼头既指聪明、机敏，又指狡诈、奸猾；嘎指调皮、鬼主意多，还可以叫"嘎儿皮"。

4. 其他

包括副词、代词，不太集中。

综合以上四类，唐山方言词主要集中在和日常生活接近的类别。

二 唐山方言的熟语

唐山方言的熟语主要是谚语和歇后语，成语、惯用语与普通话基本一致。

（一）成语

唐山方言的成语与普通话基本一致，个别成语在本地使用较多，例如：穷家富路、熟能生巧、艺不压身等。本地的成语比较少，例如：

二二思思：犹豫不决

五迷三道：糊涂，不辨是非

（二）惯用语

唐山方言的惯用语与普通话基本一致，例如，巴不得、扯后腿、穿小鞋、风凉话、鬼画符、马后炮、磨洋工、耍花招、走过场、不管三七二十一、哪壶不开提哪壶等。还有一些本地的，例如：

不大离：还可以

二五眼：不好，糟糕

里外里：归根结底

作瘪子：想不出办法

唐山各地有一些比较特殊的惯用语，以遵化为例（参考《遵化县志》[1]），当地有一部分惯用语以"四字 + 的"结构为主，用于描摹和形容。

---

① 遵化县志编委会：《遵化县志》，河北人民出版社 1990 年版，第 622—623 页。

敞坎儿的：随便，没有限制

外古六的：不务正业

下四滥的：低三下四

白呲呼啦的：白色

笔管条直的：笔直

费事八挂的：不容易，非常麻烦

干巴竭骨的：消瘦

干巴硬挣的：不承认事实，强词夺理

好么搭羊的：意想不到

黑灯瞎火的：形容夜间黑暗

糊涂倒汤的：糊涂

火蒙钻天的：遇到困难无法解决而干着急

急仇白脸的：情绪急躁

聚溜瘪肚的：物体变形萎缩

可丁可卯的：体积或数量正好

老实巴交的：诚实

愣头克脑的：蛮横鲁莽

捏酸百怪的：拿架子难为人

识文撰字的：形容有文化

酸气不咧的：没有真才实学

温凉不盏的：不冷不热

五迷三道的：头脑不清

鸦么悄动的：寂静

佯答不理的：态度冷淡

正经八百的：郑重其事

没人拉样儿的：好出洋相的人

慢搭拉音儿的：不愿意搭理或不愿回答

一扑纳心儿的：专心致志

有滋拉味儿的：兴致很高

以上的这些惯用语，除去"的"，在词形上有的与普通话相同，例如黑灯瞎火、可丁可卯、老实巴交；有的与普通话不完全相同，例如"敞坎儿"，普通话是"敞开"，遵化的"坎儿"是坎肩，敞开坎肩也是敞开的意思，再比如"下四烂、愣头克脑、有滋拉味儿"，普通话是"下三滥、愣头愣脑、有滋有味儿"；有的是当地特有的，例如"糊涂倒汤、五迷三道"与"佯答不理、慢搭拉音儿"是两对近义惯用语，是当地的，具有地方色彩，普通话里没有。这些多字结构不同于成语，我们把这些多字结构统一归为惯用语。

以上的这些惯用语由于加了"的"，成为一个类词结构，可以做句子成分，例如，"今儿这酒他敞坎儿的喝，能喝多少？"这里做状语；"院子里鸦么悄动的，没个人影儿。"这里做谓语。

（三）谚语

谚语揭示客观事物的道理，是人民智慧的结晶，富有教育意义。唐山方言的谚语历史悠久，民国时期的《滦县志》与《迁安县志》都收录谚语。谚语的内容广泛，以丰南的谚语为例（参考《丰南县志》[①]），有以下类别：

1. 哲理类

包子有肉不在褶子上

病从口入，祸从口出

不怕不识货，就怕货比货

不怕一万，就怕万一

不受苦中苦，难得甜上甜

不下大网，难打大鱼

不做亏心事，不怕半夜鬼叫门

吃了人家的嘴软，拿了人家的理短

初生牛犊不怕虎

穿衣戴帽，各有所好

打人别打脸，揭人别揭短

当着矬子别说短话

刀不磨生锈，人不学落后

儿不嫌母丑，狗不嫌家贫

话不说不透，砂锅不打不漏

---

① 丰南县志编委会：《丰南县志》，新华出版社 1990 年版，第 638—643 页。

活到老，学到老

脚正不怕鞋歪

经一事，长一智

靠山吃山，靠海吃海

留得青山在，不愁没柴烧

路不平有人铲，事不平有人管

没有不透风的墙

磨刀不误砍柴工

宁走十步远，不走一步险

穷怕没志气，瘦怕没精神

人敬富的，狗咬破的

人怕出名猪怕壮

人心齐，泰山移

人有失手，马有失蹄

善有善报，恶有恶报，不是不报，时候没到

树怕剥皮，人怕见面

铁打的百姓，流水的官

问路不施礼，多走二十里

严师出高徒

咬人的狗不露牙

要吃遂心饭，自己下手盛

有状元学生，没有状元师父

远亲不如近邻

灾年饿不死手艺人

针大的洞，斗大的风

真的假不了，假的真不了

众人捧柴火焰高

走路防跌，吃饭防噎

2. 生活类

半大小子，吃死老子

春捂秋冻，不生杂病

耳朵不掏不聋，牙不挖不空

好孩不用多，一个顶十个

少吃一口，舒坦一宿

身大力不亏

手中有粮，遇事不慌

剃头洗脚，强似吃药

笑一笑，十年少，愁一愁，白了头

牙痛不是病，痛起来要人命

贼偷方便，火烧邋遢

3. 气象、生产类

谷雨前后，种瓜点豆

头伏萝卜二伏菜，三伏里头种荞麦

春寒收麦，秋寒收菜

枣发芽，种棉花

六月六，看谷秀

鸡肥不下蛋

旱枣涝梨

　　谚语反映事理，也反映地方风土人情，例如"不下大网，难打大鱼"、"靠山吃山，靠海吃海"，丰南南边是渤海，渔业发达，所以有这样的谚语。构成谚语的词一般明白易懂，没有生僻词语。

　　从形式上看，谚语有的是单句，例如"包子有肉不在褶子上"、"身大力不亏"；有的是紧缩复句，例如"众人捧柴火焰高"。有的谚语是两句，例如，"不怕一万，就怕万一"、"六月六，看谷秀"，有的是多句，例如，"善有善报，恶有恶报，不是不报，时候没到"、"笑一笑，十年少，愁一愁，白了头"。

　　从意义上看，谚语有的意义是字面意义相加组成的整体意义，如"活到老，学到老"、"经一事，长一智"，包括有些谚语的意义是字面意义的夸张，如"问路不施礼，多走二十里"、"半大小子，吃死老子"；有的是字面意义的比喻义，例如，"人心齐，泰山移"、"咬人的狗不露牙"。

（四）歇后语

唐山方言中的歇后语，可以分为两类，分别是谐音歇后语和比喻歇后语。唐山各地的歇后语相同的比较多，以丰南的歇后语为例（参考《丰南县志》①），具体如下。

1. 谐音歇后语

秤砣落水——不服（浮）

电线杆子上绑鸡毛——好大胆（掸）子

飞机上放炮——想（响）的高

飞机上挂暖壶——高水平（瓶）

狗长犄角——洋（羊）式的

蛤蟆跳井——不懂（扑通）

耗子尾巴上生疮——没多大能（脓）水

怀里揣篦子——舒（梳）心

火上浇油——忘（旺）了

鸡吃棉花——谦（鹐）虚（絮）

孔夫子搬家——劲输（书）

腊月的萝卜——动（冻）了心

老和尚打伞——无法（发）无天

老九的兄弟——老实（十）

凉水打茶汤——混充（冲）

碌碡砸山——实（石）打实（石）

罗锅子上山——钱（前）紧

卖凉冰的走背阴——没话（化）

绱鞋不用锥子——真（针）好

挑水的回头——过景（井）了

外甥打灯笼——照旧（舅）

下雨出太阳——假情（晴）

---

① 丰南县志编委会：《丰南县志》，新华出版社 1990 年版，第 643—645 页。

鞋里面长草——慌（荒）了脚

胸前挂笊篱——劳（捞）心

一百斤棉花一张弓——细谈（弹）了

2. 比喻歇后语

八月十五拜年——晚了三春

茶壶里洗脚——下不去

房顶上开门——六亲不认

坟头上耍大刀——吓鬼

擀面杖吹火——一窍不通

高射炮打蚊子——小题大做

隔门缝吹喇叭——名声在外

隔门缝看人——瞧扁了

狗逮耗子——管闲事

狗挑门帘——露尖嘴

狗咬吕洞宾——不认识

黄鼠狼给鸡拜年——没安好心

黄鼠狼专咬病鸭子——拣软的欺负

鸡冠花——老来红

姜太公钓鱼——愿者上钩

姐姐穿着妹妹的鞋——一个样

老皇历——看不得

里手赶车——没外人

驴粪球——外面光

马尾穿豆腐——提不起来

拿着鸡毛当令箭——小题大做

盘子里洗澡——不知深浅

砒霜拌大葱——又毒又辣

骑驴看唱本——走着瞧

墙上栽葱——扎不下根

肉包子打狗——一去不回

稍瓜打驴——去了一半

水壶里煮饺子——倒不出来

秃子当和尚——将就材料

兔子尾巴——长不了

武大郎服毒——吃也死，不吃也死

武大郎卖豆腐——人软货囊

武大郎攀杠子——上得来下不去

瞎子点灯——白费蜡

瞎子拿蝈蝈——听听

小葱拌豆腐——一清二白

哑巴吃扁食——心里有数

哑巴吃黄连——有苦说不出

阎王爷贴告示——鬼话连篇

一根线拴俩蚂蚱——谁也跑不了

张飞纫针——大眼瞪小眼

长虫吃蛤蟆——一节咽一节

丈二的和尚——摸不着头脑

芝麻开花——节节高

猪八戒摔耙子——倒打一耙

猪八戒照镜子——里外不是人

嘴上抹石灰——白吃

　　第一类谐音歇后语，后一部分借用音同音近表达意思，例如"瓶"与"平"同音，"扑通"与"不懂"音近。第二类比喻歇后语，前一部分是比喻，后一部分揭示谜底，在使用的时候有的使用谜底的字面意义，例如"武大郎攀杠子——上得来下不去"，这个歇后语在使用的时候强调"能上来却下不去"，直接使用字面意义；有的使用谜底意义的转义，例如"擀面杖吹火——一窍不通"，谜底的字面意义是擀面杖没有孔，所以不通风，不能吹火，转义是一点儿也不懂。

　　以上的歇后语，有的与普通话相同，例如"电线杆子上绑鸡毛——好大胆（掸）子"、"猪八戒照镜子——里外不是人"；有的与普通话大同小异，例如"孔夫子搬家——劲输（书）"、"肉包子打狗——一去不回"，普通话的词形分别是"孔夫子搬家——净是输（书）"、"肉包子打狗——有去无回"；有的则与普通话或其他方言不同，尤其是谜底部分，例如"火上浇油——忘（旺）了"、"狗挑门帘——露尖嘴"，前者在普通话里只有谜面部分"火上浇油"，不是歇后语，用于比喻在矛盾中增加激化因素，使人更加恼怒，或使事态更加严重，后者在其他方言区常用的谜底是"露一小脸"，用于自谦，与唐山方言不同。

以上歇后语除了与普通话不同的部分具有地方特色之外，有的含有方言词，例如"狗长犄角——洋（羊）式的"、"哑巴吃扁食——心里有数"，分别含有方言词"犄角（动物的角）"、"扁食（饺子）"。

第三节　唐山方言词汇的构词法

普通话所具有的构词法，在唐山方言里都有，而唐山方言里的词缀与重叠与普通话存在差异，这里只介绍不同的部分。

一　词缀

唐山方言词缀有的与普通话相同，例如前缀"初、第、老"，后缀"子、头、儿"，但也有一些与普通话不同。这里只讨论与普通话不同的部分，分为前缀与后缀。

（一）前缀

前缀数量多，但可搭配的词少，普遍性不如后缀高。前缀主要加在形容词之前，举例如下。

1. 倍儿

　　倍儿好、倍儿高、倍儿新、倍儿热

2. 死

　　死贵、死沉、死笨、死懒

3. 馸儿

　　馸儿咸、馸儿甜、馸儿酸、馸儿辣

4. 老

　　老高、老远、老贵

5. 可

　　可咸、可贵、可咸、可高、可矮、可大、可小、可远

6. 溜

　　溜光、溜圆、溜尖儿

以上的前缀都表示程度加深，"倍儿、死、蒟儿"表示程度最高，"老、可、溜"表示程度比较高。

（二）后缀

1. 头

"头"可以与动词或个别形容词组合，构成名词性"×头"字结构（"头"读轻声），例如：

　　这电影真有看头。
　　这电影真没看头。
　　这电影有啥看头？

看头的意思是可看之处。"×头"结构的意义是"可×之处"，打头就是可打之处，想头就是可想之处，其他的可以以此类推。主要有以下组合：

　　动词＋头：爱头、打头、看头、闹头、怕头、跑头、说头、跳头、听头、想头、笑头、高兴头、盼望头、闹哄头
　　形容词＋头：少头、美头、干净头、新鲜头

2. 一把

"一把"是数量结构，与单音节动词搭配，构成"×一把"结构，例如：

　　你看啥书呢？让我看一把。

　　我给你买了一件衣裳，你过来穿一把。

　　借光，我过一把。

　　看一把就是看一看试试，穿一把就是穿一穿试试，过一把就是过一过试试。"×一把"结构的意义就是"×一×试试"，吃一把就是吃一吃试试，其他的可以以此类推。主要有以下组合：

　　　　尝一把、吃一把、吹一把、穿一把、戴一把、过一把、看一把、来一把、乐一把、骑一把、扔一把、算一把、踢一把、听一把、玩一把、闻一把、写一把、坐一把

3. 去咧

"去咧"主要加在形容词之后，表示程度更高；在加之前，动词先要儿化，例如"热儿去咧"意为热极了，比"热"的程度高，其他的还有：

　　　　冷儿去咧、香儿去咧、臭儿去咧、快儿去咧、慢儿去咧、大儿去咧、小儿去咧、好儿去咧、毒儿去咧、瘦儿去咧、利索儿去咧、明白儿去咧、啰唆儿去咧、糊涂儿去咧

4. 里/了巴叽

"里/了巴叽"主要加在形容词后，增加词的程度意义，并且具有贬义色彩，例如"傻里/啦巴叽"意为很傻，唐山东部主要用"里巴叽"，西部主要用"啦巴叽"，其他的还有：

　　　　笨里/了巴叽、丑里/了巴叽、短里/了巴叽、黑里/了巴叽、黄里/了巴叽、烂里/了巴叽、孬里/了巴叽、咸里/了巴叽、腥里/了巴叽

　　　　那个人笨里/了巴叽的。

这个例句说明那个人笨，比单纯说"真笨"程度要高。

5. 的哦 $[ti^3 ŋə^3]$

在乐亭还有一种后缀"的哦 $[ti^3 ŋə^3]$"，加在动词或形容词之后，表

示程度很高。例如：

好的哦 ＝ 很好

奥的哦 ＝ 很好

坏的哦 ＝ 很坏

快的哦 ＝ 很快

瘦的哦 ＝ 很瘦

俊的哦 ＝ 很俊

稀罕的哦 ＝ 很喜欢

讨厌的哦 ＝ 很讨厌

二　重叠式

　　唐山方言词汇的重叠式与普通话相比，形容词的重叠式比较特殊，一种是 A 里 AB 式，另一种是"AA 儿的"式，两种重叠式所覆盖的范围比普通话高。

　　1. A 里 AB 式

　　普通话里有"A 里 AB"式重叠，例如"糊里糊涂"，可以使用这种重叠格式的形容词一般具有贬义。但唐山的这类重叠范围比普通话大得多，普通话不能重叠的，唐山方言可以重叠，能使用这种重叠格式的词不限于贬义，例如：

　　暗里暗淡、草里草率、颤里颤悠、大里大方、服里服贴、干里干巴、规里规矩、花里花哨、恍里恍惚、客里客气、拉里拉杂、冷里冷淡、利里利索、马里马虎、慢里慢腾、冒里冒失、磨里磨叽、奇里奇怪、热里热乎、顺里顺当、琐里琐碎、窝里窝囊、小里小气、犹里犹豫、扎里扎实、壮里壮实

重叠之后的形容词的程度更高。

　　不是外人，不用客里客气的。
　　稳当着点儿，别冒里冒失的。

以上的客里客气、冒里冒失比普通的客气、冒失所表达的语义程度要高。

2. "AA 儿的"式

普通话有"AA 的"式重叠，例如"绿绿的"。唐山方言的这类重叠要求 A 重叠之后先儿化再加上"的 [ti³]"，例如"好好儿的"。其他的还有：

> 高高儿的、大大儿的、小小儿的、快快儿的、亮亮儿的、香香儿的、胖胖儿的、尖尖儿的

重叠之后的形容词具有形象性。

> 他闺妮高高儿的。
> 小小子儿胖胖儿的。

这里高高儿的用于形容姑娘个子高并且身材好，胖胖儿的用于形容小男孩胖而且可爱。

第三章

唐山方言词的文化阐释

语言和文化有着密切的联系，唐山方言反映唐山的地域文化。唐山的地域文化特色明显，既有物质的，也有非物质的，唐山方言词涉及本地文化的内容比较多，这里我们仅选择一部分进行分析。

第一节　唐山地域文化词的范围

一个地方的文化在语言词汇上必定有所反映，反映在词汇上就是文化词，常敬宇《汉语词汇文化》："文化词汇是指特定范畴的词汇，它是民族文化在语言词汇中直接或间接地反映。"① 民族文化包括物质文化、制度文化和心理文化。物质文化指人类创造的各种物质文明，例如衣食住行中的服饰、食品、建筑、交通工具；制度文化指社会制度与生活习惯，例如婚姻习俗、方言、民俗；心理文化则指各种观念、信仰、思维方式，例如价值观念、宗教信仰。文化词反映这三类文化。

文化词反映文化，唐山的地方文化主要包括以下五个方面。

1. 民间文化

唐山皮影、评剧和乐亭大鼓被称作是唐山民间艺术的"三枝花"，都是国家非物质文化遗产。唐山皮影产生于明末，至今已有四百多年的历史；评剧是近百年来新兴的剧种，吸收皮影戏、河北梆子、京剧等艺术成就，逐渐发展起来的，影响很大；乐亭大鼓主要流行于冀东一代，很有地方特色。另外，唐山的玉田县，在 1993 年被文化部命名为"中国民间艺术之乡（民间泥塑）"。

2. 近代工业文化

唐山是中国近代工业的发祥地，创造了多个第一。始建于 1878 年的

① 常敬宇：《汉语词汇文化》，北京大学出版社 1995 年版，第 2 页。

唐山开滦煤矿是我国第一座成功的机械化矿井。1881 年初动工，11 月竣工的唐胥铁路是我国第一条标准轨距铁路。1881 年建立的开平矿务局胥各庄修车厂，是我国铁路机车车辆工业系统第一家企业。1906 年成立的启新洋灰公司，是我国第一家现代水泥厂。还有，我国的第一台蒸汽机车、第一件卫生陶瓷也都诞生在唐山。

3. 商业文化

唐山的商业文化主要体现在呔商上，呔商起源于清代中期。老呔儿本身就是一个文化词，关于老 tǎi 儿用哪个字，现在通用的是"呔"，可是清代学者史梦兰似乎不是这个观点，史梦兰（1813—1898），乐亭大港村人，长期居住在昌黎，他写了一本《燕说》，专门搜集当时乐亭、昌黎一带的方言词，其中第四卷有一条："京师人诮乡老曰老奋。……《蔬园杂记》云：'南人詈北人为奋子。'"意思是说，京师的人嘲笑农村人，叫他们老奋。明代的《蔬园杂记》记载了奋子是南方人用来骂北方人的。奋的意思是语音不正，呔的意思是说话带有外地口音，史梦兰是大学者，还编写过《叠雅》等辞典，不会不知道奋和呔的区别，《燕说》用的是"老奋"而不是"老呔"，说明当时乐亭、昌黎一带的方言用的是"老奋"。

4. 文物史迹

清东陵和长城是世界文化遗产，清东陵是我国现存规模最大的皇家陵寝群，葬有顺治、康熙、乾隆、孝庄、慈禧、香妃等 161 人。唐山境内的长城有 222 公里，水下长城、大理石长城、长城最窄处等独具特色。李大钊故居和李大钊纪念馆，是为了缅怀中国共产主义运动的先驱，伟大的马克思主义者，中国共产党的主要创始人之一李大钊先烈而建立的。

5. 市民生活

包括衣食住行以及风俗习惯，例如，民间信仰、唐山方言，这一类是文化词最集中的部分。唐山的菜系属于京东菜系，兼有鲁菜与东北菜的特点，特色食品是饹馇、麻糖、酥糖、棋子烧饼，烹饪方法除了常用的之外，本地还有"烀"，指用少量的水，盖紧锅盖，半蒸半煮，把食物弄熟。风俗上，节日和婚礼习俗与北方各地基本相同；重视丧礼，一般持续两天，方言词"大操"，指操持丧礼流程的主持人，丧礼办得是否隆重，大操的作用很关键。还有一批地方特色方言词，例如"酱母子"指辣椒，全国只有唐山使用这个词，其他的还有蝴贴儿（蝴蝶）、狗蹦子（跳蚤）、螃剀（螃蟹）等。

6. 唐山精神

在历史文化的基础上，经过近代工业化和大地震复建，唐山人民的精神别具一格，有开滦矿工"特别能战斗"精神，还有抗震精神：公而忘私、患难与共、百折不挠、勇往直前。新唐山人文精神：感恩、博爱、开放、超越。尤其是感恩精神，每当各地有难，唐山人民总是不遗余力，全力支援。

以上的唐山地方文化，前四点在词汇上都有反映，唐山精神在词汇上的反映比较少。关于民间文化中的文化词，后面重点探讨。关于工业文化在词汇上的反映，唐山路北区的缸窑路，最初是制造陶瓷的地方，现在还是陶瓷厂集中的地方，方言词"老板子"指煤矿下井的工人。关于文物史迹在词汇上的反映，清东陵有的村子的名称与皇陵有关，例如，定大、定小、裕大、裕小、惠大、南大，这些村庄的原住民都是守陵人，定大村是守卫定陵（咸丰陵）的，定小负责守卫定陵的妃子陵寝。关于市民生活在词汇上的反映，除了地方特色食品与烹饪方法之外，还有其他的，例如方言词"大操"。

第二节　唐山方言词与曲艺文化

唐山民间曲艺发达，以冀东三支花为代表的民间曲艺具有深厚的唐山民俗、方言色彩。

一　曲艺唱词中的方言词

乐亭大鼓在清朝后期起源于乐亭，唱腔以乐亭的方言语音为基础，流行在唐山一带。乐亭大鼓的宾白大量运用当地的方言、民间谚语，"乐亭大鼓运用了人民大众的口头性语言和通俗方言，使其突出了民俗特征"。[①]以王立岩《回杯记》的唱段为例，小春红考问张大人，鼓词里唱道：

> 小春红一回身把花园门一关，门钉锦儿一扣，大银铛锁一锁，回过身来用描画腕一指说："这回我说你这要饭的小花子，可落到后娘手啦，你要真是我二姑老爷，你给我说说你是咋来到王宅，你是咋到

---

① 张迎芬：《乐亭大鼓的民俗性探究》，硕士学位论文，河北大学，2009 年，第 8 页。

南京读书,你是咋上京赶考。你上京赶考的时候,谁给你的大马,谁给你的银钱,谁给你的靴帽蓝衫,你要是说对喽,我给我二姑送信去,与你相逢见面。你要是说得不对呀,我就让你茶铜壶里洗澡啦。"大人说:"此话怎讲?"春红说:"我让你受热扑腾也扑腾不开,扑腾也扑腾不开。"

这段唱词里有乐亭的方言词和民间惯用语、歇后语。解释如下:

钉铞儿:用铁片做成的钉在门窗上面的搭扣,用于扣住门窗。

锒铛锁:用铁链子做成的锁。

落到后娘手:惯用语,形容倒霉、不走运,遇见了凶狠的人。

咋:代词,怎,怎么。

喽:助词,相当于了或啦。

茶铜壶里洗澡——受热扑腾也扑腾不开:歇后语,形容遭受折磨而又无法逃脱。

再看两小段:

王二姐在西楼以上,泪儿波簌,打南来了一群鹅,公鹅在头里哏儿嘎叫,牠叫母鹅把粮食搓。看起来扁毛畜生都有夫妻意,可叹我们奴家未出阁。(《回杯记》选段)

怎么那么黑,老远闻着香喷喷香风嗖,不用问不用瞅,人家姑娘搽的本是桂花油。(《游西湖》选段)

上面两个小段里面有乐亭的方言词,解释如下:

打:介词,从。

头里:前面。

扁毛畜生:鸡鸭鹅等禽类动物,它们的羽毛是扁平的。

老远:远远的。

瞅:看。

　　评剧和皮影的唱词与唐山方言语音的关系较为密切一些，与唐山方言词汇的关系比较疏远。

二　曲艺术语

（一）唐山皮影行业术语

　　唐山皮影又称滦州影、乐亭影，在明代起源于滦县、乐亭一带，唱腔以当地方言语音为基础，流行在唐山与周边地区，并且影响到东北三省。皮影的行业用语数量众多，举例如下：

> 打通：影戏开演之前打的一通锣鼓
> 会影：各村或其他场合上组织的皮影戏
> 起影：一年第一次开始唱皮影戏
> 上影箱：用来盛重要影人道具的箱子
> 师父：对皮影艺人的尊称
> 挑梁子：皮影戏团中最受观众欢迎的演员，俗称挑着的或挑梁子的
> 喜影：庆祝生孩子或其他喜事而唱的皮影戏
> 写影：联系演出业务
> 影窗：唱皮影戏的时候在影台上设立的影幕
> 影匠：著名的皮影戏演员
> 影卷：皮影戏的剧本
> 愿影：为了还愿所唱的皮影戏
> 走箱：从一个演出地点搬到另一个演出地点

（二）乐亭大鼓行业术语

　　乐亭大鼓作为一种民间曲艺形式，也有自己特有的行业术语。以板式为例，乐亭大鼓中表示节奏变化的板式有以下五种①。

> 红板：唱腔从一个小节的第一个强板（即板）起唱的正格拍板形式

---

① 刘潇潇：《乐亭大鼓的调查与研究》，硕士学位论文，河北大学，2011 年，第 29 页。

黑板：唱腔从小节的第一个弱板（即第一个眼）起唱的变格拍板形式

闪板：唱腔从小节的后半拍起唱，意为"闪开强拍（板）"起唱

抢拍：根据唱词或感情的需要，在基本乐句的基础上，抢先演唱而造成的变化乐句

掏板：根据感情的需要，在演唱的节奏上造成连续切分

三 曲艺行业的春点

过去在皮影和乐亭大鼓艺人中间还流传着一种隐语，称为"唇点"或"春点"。《唐山皮影艺术及其历史文化研究》①、《乐亭大鼓》②、《唐山曲艺志》③ 等著作都收录过春点。

1. 春点的历史

春点是隐语的一种，隐语又是一种语言变体，是团体内部为对外保密而创立的一套专用词语。隐语在我国的历史很久了，在春秋时期出现隐语，《左传·宣公十二年》："还无社与司马卯言，号申叔展。叔展曰：'有麦麴乎？'曰：'无'。'有山鞠穷乎？'曰：'无'。'河鱼腹疾奈何？'曰：'目于眢井而拯之。''若为茅绖，哭井则已。'明日萧溃，申叔视其井，则茅绖存焉，号而出之。"（译文：还无社和司马卯说话，又叫了申叔展。申叔展问："有麦麴吗？"还无社说："没有。"申叔展问："有山鞠穷吗？"还无社说："没有。"申叔展问："河里的鱼肚子得病怎么办？"还无社说："看到枯井就救我吧。"申叔展说："你要在枯井的井口用茅草绳子做个标记，我朝着井口喊你回应就行。"第二天，萧国被打败，申叔展看到了枯井，茅草绳子还在，叫还无社并把他拉上来。）

公元前 597 年冬天，楚国攻打萧国，围住萧国的城池，楚国大夫申叔展和萧国大夫还无社是好朋友，还无社还在城内，申叔展无法明白直说救他，只好用隐语提醒他，麦麴和山鞠穷都是治疗湿病的中药，言外之意是提醒还无社到水边或水里避难，还无社还没明白申叔展的意思，于是申叔展进一步提示，河里的鱼肚子得病应该怎么办。鱼是在水里的，得了病还

---

① 张墨瑶、李彦彬：《唐山皮影艺术及其历史文化研究》，河北大学出版社 2006 年版。

② 乐亭民间艺术研究丛书编委会：《乐亭大鼓》，人民音乐出版社 2009 年版。

③ 赵恩舫、石向骞主编：《唐山曲艺志》，中国戏剧出版社 2008 年版。

在水里，还无社终于明白了申叔展的意思，说"看到枯井就救我"。申叔展怕找错了，提醒还无社在井口用茅草绳子做个标记，后来终于救出了还无社。

西汉时期出现"隐语"一词，指不直说本意而借别的词语来暗示的话。《汉书·东方朔传》记载了一段东方朔用隐语讥笑郭舍人的话，"朔笑之曰：'咄！口无毛，声謷謷，尻益高。'舍人恚曰：'朔擅诋欺天子从官，当弃市。'上问朔：'何故诋之?'对曰：'臣非敢诋之，乃与为隐耳。'上曰：'隐云何?'朔曰：'夫口无毛者，狗窦也；声謷謷者，鸟哺鷇也；尻益高者，鹤俯啄也。'"（译文：东方朔又说："呸！口上没有毛，声音謷謷叫，屁股翘得高。"郭舍人怒道："东方朔胆敢讥笑皇帝身旁的近臣，罪当弃市。"武帝问东方朔："为什么要笑他?"东方朔说："臣并未笑他，只是与他作个谜语罢了！"武帝说："谜语是怎么说的?"东方朔说："那口上没有毛的，是狗洞，声音謷謷的，是鸟在喂他的小鸟，屁股翘得很高的，是仙鹤低头在啄食。"）

后来各行各业都逐渐形成了自己的行业用语，并演生出了隐语。明田汝成《西湖游览志余》卷二十五《委巷丛谈》说："乃今三百六十行，各有市语，不相通行，仓猝聆之，竟不知为何等语也。"明代的隐语，也就是市语，在外行人听来已经不能理解其中的含义了。

清代翟灏《通俗编》卷三十八《识余》曾辑录清时杭州各行业关于数目字的市语多种，例如：

米行：则一子，二力，三削，四类，五香，六竹，七才，八发，九丁，十足

丝行：则一岳，二卓，三南，四长，五人，六龙，七青，八豁，九底

绸缕行：则一叉，二计，三沙，四子，五固，六羽，七落，八米，九各，十汤

钱行：则一田，二伊，三寸，四水，五丁，六木，七才，八戈，九成

数目字从一到十，在每个行业都有不同的说法。隐语之所以不同，都是出于一定目的，一般有三个。"一是社会集团用以进行内部文际、传达

信息时，可避免外人知晓；二是可借以验证对方是否同道中人；三是江湖上的通用隐语可用来进行行当之间的沟通与协调。"①

2. 春点的研究

最早从现代科学角度研究隐语的是容肇祖于 1924 年发表在《歌谣》周刊第 52 期的《反切的秘密语》一文，其次是和语言学家赵元任于 1931 年发表于《史语所集刊》第 2 本第 3 分册的《反切语八种》一文。到现在，经过近 90 年的研究，已经取得了丰富的成果，从多学科研究秘密语，是新阶段的研究特点，例如，从语言学、文学、社会学等角度进行综合研究。

一般认为，春点没有语源意义，都是随机命名的（乐亭的民间学者李墨瑶认为春点大部分是随机产生的，没什么根据）。清光绪年间苏州桃花仙馆石印本唐再丰编的《鹅幻汇编》卷一二录有佚名氏所辑《江湖通用切口摘要》，卷首"解语"称："切口，即隐语也，名曰春点。字无意义，姑从吴下俗音而译之，阅者原谅焉。……今所记皆各道相通用者，至于各行各道另有隐切口，乃避同类而用，隐中又隐，愈变愈诡矣。"（译文：切口，就是隐语，又叫春点。字面没有意义，姑且用吴地一带的方音译出来，请看书的人原谅。……现在所记的都是各个行业通用的，至于各行各业的其他切口语，是避免雷同重复才创造的，隐语中又有隐语，越变越诡秘。）

这段认为隐语的字面形式与意义之间没有联系，隐语在各行业之间有相同的，也有不同的，不同的部分是出于避免相同。从现在的研究成果来看，隐语的字面与意义是有联系的。

实际上，为了便于记忆，春点的命名是有一定根据的。春点的字面有意义，只是发生了变化，罗常培先生认为："在各国语言里有许多语词现在通行的含义和他们最初的语源迥不相同。"② 随着时间的演变，受到使用者的文化修养、方言语音制约等因素的影响，字面发生变化，逐渐与意义脱离。

考查春点的语源意义，需要多门学科的知识。岑麒祥先生认为："词源学不仅是词的科学，同时也是词所表现的现实的科学。所以，认真严肃的词源研究者应该具有各种各样有关历史、文化、人种学、民俗学、考古

---

① 孙一冰：《隐语黑话行话浅探》，《公安大学学报》1994 年第 3 期，第 60 页。
② 罗常培：《语言与文化》，语文出版社 1989 年版，第 3 页。

学等等的知识。"① 对于考查春点的语源意义，这些要求并不高，因为春点经过口耳相传，字面与意义分离的程度更大，考查语源意义的难度也相应变大。已经有学者做了尝试，曲彦斌《汉语民间秘密语语源探析》认为语源主要有八种，"历史典故、当行事物、民俗事物、语言文字游戏、民间流行市语、自身衍生拼合、反切语及外来语"，② 很有说服力。

3. 春点的分类

春点的目的是对外保密，所以春点涵盖的范围以行业与生活类词语为主，大部分是名词类，小部分是动词类，其他词类更少，每一类都包括词和词组。以我们搜集的春点为例，总数为 351 个，名词类有 263 个，动词类有 67 个，形容词类有 9 个，数词类有 12 个，其他词类没有。

名词又分为天文、方位、人体、曲艺、行业、场地、器物、食物、衣物、颜色、动物、人品、姓氏、抽象名词。这些类别中，具体名物词最多，抽象名词很少，真正的抽象名词只有两个，门子：〔（做不正当事情的）窍门、方法〕、章点儿（运气）。曲艺类和一部分器物类名物词与行业有关。例如，肯流快（唱戏的）、吃照子（唱皮影的）、做团（说评书的）、海柳儿（唱大鼓的）、稀柳刚儿（逗笑的话）、攥弄活（自编新节目），这些是曲艺类；轰子（鼓）、硬轰子（锣）、蟒子（弦子）、托子（鼓架）、飞子（板）、点子（鼓键）、折叶子（扇子）是器物类，曲艺行业能用到。

动词类、形容词类和数词类的数量少，都是与行业、生活相关的词。动词类的春点主要是具体的动作类词语，抽象的心理类词语很少，只有顶瓜（害怕）等很少几个。

4. 春点的语源

从总体来看，春点是有来源的，大部分春点的来源现在能够分析出来，但是由于时代变化，还是有些春点的来源不能找出来，不是因为没有来源，而是因为不能还原这些春点产生时期的语境，已经找不出根据了。下面以皮影和乐亭大鼓行业的春点为例，探讨春点的语源。

（1）描摹事物。描摹事物的形状、声音、功能等。

第一种类型，描摹事物的形状。

---

① 岑麒祥：《历史比较语言学讲话》，湖北人民出版社 1981 年版，第 91 页。
② 曲彦斌：《汉语民间秘密语语源探析》，《语言教学与研究》1999 年第 4 期，第 138 页。

满天子：雾。雾是弥漫满天的

凉条子：蛇。蛇的体型是细长的长条，又是冷血动物，体温低，用凉条子指代蛇

花条子：枪。指旧式兵器，在长柄的一端装有尖锐的金属头，曲艺道具的枪在金属头的底部往往有红缨，长柄上有彩色花纹

盘儿：脸。脸的形状像盘子

千条子：挂面、粉条。挂面与粉条都是有很多条聚集在一起，用千条子隐挂面、粉条

张子：饼。饼与馒头都是北方最常见的面食，相对于馒头，饼是张开的

团子：馒头。相对于饼，馒头是团的

第二种类型，描摹事物的声音。有些生物或物体能够发出独特的声音，有些则有一些与之有关的独特声音，通过描摹这些独特的声音可以形成春点。

鞭轰：打雷。急速的雷声类似甩鞭子的声音，慢速的雷声是轰隆隆的响声

呵噜子：猫。呵噜是猫休息时发出的声音

第三种类型，描摹事物的功能。

觉味儿：嘴。嘴的功能是品尝实物的味道（实际是舌头的功能）

托搭：手。神话人物李靖又称为"托塔天王"，左手上托着一座塔，因此用托塔引出手

踢土儿：鞋。穿鞋走路免不了踢土

醒子：惊堂木。惊堂木有提醒的功能

除了以上类型外，还有其他种类的描摹，例如：

蹬空子：裤子。穿裤子的时候，腿是蹬空的

围肠子：腰带。腰带围在腰上，腰部里面有大小肠

鬼子：驴。驴的相貌很丑，像鬼一样丑陋

（2）实物替代。有些物体特征独特，可以通过描摹这些物体形成春点。

火：红色。火是红色的
喇嘛：黄色。藏传佛教的格鲁派的喇嘛戴黄帽子，格鲁派也被称为黄教。承德避暑山庄附近的外八庙，是清代乾隆时期为来朝见的达赖、班禅修建的，达赖与班禅都是格鲁派。因此用喇嘛引出黄色
鹦哥儿：绿色。鹦鹉有绿色的
雪花：白色。雪花是白色的
乌：黑色。乌鸦是黑色的
轮子：车。车有轮子

（3）熟语。熟语以成语为主，也有歇后语。成语的意义和内容比较固定，使用的历史和范围也广，并且变化少，用成语来制作春点有助于获得成员内部的共识。相比之下，谚语的稳固性就差一些，用谚语制作的春点很少。源自于成语的春点有以下三例：

混水子：鱼。源于成语"混水摸鱼"，用混水子带出鱼
风子：马。源于成语"风马牛不相及"，用风子带出马
抄手蔓：李。源于成语"瓜田李下"，原型是"瓜田不纳履，李下不正冠"，在李子树下不要整理帽子，以免被人怀疑偷李子，所以在李子树下要抄着手，用抄手带出李姓

源自谚语的只有一例，而且还是谐音，灯笼蔓是赵姓，在下面的类型里讲解。

（4）谐音。谐音指春点所隐含的字与春点字面所显示的字音同或音近，这一类的春点以单音节的姓氏类为主，有下列数例：

山岔子蔓：杨。杨谐音羊，山岔子是羊
灯笼蔓：赵。赵谐音找，歇后语"外甥打灯笼——照舅"，"照

舅"本身谐音"照旧"，这里谐音"找舅"，用找带出赵姓

混水蔓：于。于谐音鱼，成语"浑水摸鱼"中有"鱼"，以此带出于姓

僵子蔓：朱。朱谐音猪。僵子指猪，以此带出朱姓

圈子蔓：罗。罗谐音骡，圈子是骡子，用骡带出罗姓

买卖蔓：郑。郑谐音挣，做买卖的目的是挣钱，用挣带出郑姓

顺水蔓：刘。刘谐音流，顺水能流走，用流带出刘姓

梯子蔓：邓。邓谐音蹬，梯子的作用是有助于登高，上梯子的动作是蹬，用蹬带出邓姓

吸溜蔓：周。周谐音粥，吸溜是粥，用粥带出周姓

针绒蔓：冯。冯谐音缝，缝衣物需要针和线，用缝带出冯姓

关张子儿：被子。被谐音备，刘备与关羽、张飞为《三国演义》中桃园三结义的兄弟，有了关张还缺刘，以此引出刘备，谐音"留被"，引出被子

（5）拆字。用拆字的方式制作春点，只有一例，弓长蔓是张，把张拆开成为弓长。

（6）行业术语。曲艺行业本身的行业术语，专业性很强，不为外人所知，久而久之也成为春点，例如，攒弄活是自编新节目，抽撒口是退身步，夹磨是受训练。这一类的术语有些是多个行业通用的。例如抽撒口，不仅大鼓、皮影行业使用，算命、相声等行业也使用。

（7）春点组合。有些春点是用已有的春点进行组合而成的，这一点符合汉语的词组特点，汉语的词组是由两个或两个以上的词组成的有一定意义的结构。由春点组合而成的春点组合，能够扩大春点的表意范围，减轻记忆负担。例如，照溜儿是眼，苗子是毛发，照溜苗子就是眉毛。像这样的春点组合还有很多，春点组合主要分两种类型。

第一种类型是用两个或两个以上已有的春点进行组合。最突出的是"挑"和"蔓"，蔓是姓的标记，任何姓都可以加蔓，例如储头蔓是钱姓，灯笼蔓是赵姓，风子蔓是马姓，弓长蔓是张姓，虎头蔓是王姓，等等；挑是做小买卖的商贩的标记，表示小商贩行的春点加挑，例如挑汗儿是卖药的，挑插儿是卖针的，挑水衩儿是卖笔的，挑水磙子是卖胰子的，挑垛子是卖切糕的。

有三个词是某一类的标记，但不具备普遍性，是"摆"、"嘴子"和

"典"。摆银是下雪，摆条儿是下雨，摆丢子是刮风，但鞭轰是打雷，不用摆；尖嘴子是鸡，海嘴子是虎，熏嘴子是狗，土嘴子是老鼠，月宫嘴子是兔子，但呵噜子是猫，鬼子是驴，岔子是牛，不用嘴子。典是某一类人的标记，例如臭子典是好色的人，忠样典是好人，丢子典是疯子，吊脚典是找麻烦的捣乱分子，旮旯典是农民，冷子典是当兵的，色唐典是外国人，但是典不具备普遍性，不是每一类人后面都加典，例如窑姬子是旅店服务员，挂子行是练武的，科郎码是乡下人。

其他由春点组成的还有很多，例如，挡是东，埝儿是边，挡埝儿就是东边儿；埝子是观众，散埝子就是观众都走了，埝子不瓷实就是观众不稳定，圆埝子就是打场子准备演出；挂子是技术，腥挂子就是假把式，尖挂子就是真把式；汗儿是药，肉汗儿就是虫子药，水汗儿就是膏药，腥汗儿就是假药，汗座子是药铺；海是大、多，凉条子是蛇，海条子是龙（民间称呼蛇也叫小龙），荣典是小偷，海荣就是大盗贼；门子是（做不正当事情的）窍门、方法，荣人的门子就是偷人家东西的窍门；章点儿是运气，章点儿正就是运气好。

还有一部分这种春点组合是男女对比的，是成对存在的，例如龇客是小男孩，斗客是小女孩；榫实典是男人，果实典是女人；苍榫是老头，苍果是老太太；展典是男仆人，展果是女仆人；架梁子是男小解，白流子是女小解。

第二种类型是用已有的春点加普通词语进行组合。例如山草子是烟，山草囊就是装烟的口袋，囊是口袋的意思；买卖是地摊节目，短买卖就是评书，长买卖就是大鼓；轰子是鼓，硬轰子就是锣，打轰子就是打鼓的人；盘儿是脸，盘儿靓就是模样俊，盘儿污就是模样丑。

以上是从春点组合的结构来讲的，一个单独的春点可以与其他春点组成一个组合，也可以与普通词语组成一个组合，例如盘儿、买卖，盘儿是脸，可以组成第一类的梅花盘儿、鼓盘儿、抹盘儿、钱盘儿，也可以组成第二类的盘儿俊、盘儿污；买卖既可以组成第一类的推买卖，也可以组成第二类的短买卖、长买卖。

第一种类型的春点的数量远远多于第二类的，因为第一类春点的含义更隐蔽，不容易被外人知道。

第三节　特色地名分析

地名不仅反映各地的地理与历史，也反映方言。唐山的地名用字有自身的特色，以村庄名称为例，最后一字或两字以"庄"、"庄子"、"家庄"为常见，还有其他用字，这些用字有的反映自然地貌，例如北部山区用岭、沟、峪，中部平原用坨、沽、港，也有的反映历史，例如营、寨、堡。本节主要以北部的迁西和中南部的滦南为例，分析村庄名称用字。

一　著名地名举例

唐山著名的地名比较多，这里仅举 6 例作为示范。

令支：古国名，在今滦县与迁安之间，公元前 664 年为齐桓公所灭。

小韩庄：村名，在玉田县城东南约 12 公里处，唐代韩姓建村，称韩家庄，明代嘉靖年间附近的万泉庄改名大韩庄之后，改今名。辽大都督韩昌故里，韩昌（941—1011），本名韩德让，祖父韩知古，官至辽国中书令，父亲韩匡嗣，辽国南京留守，封秦王。韩昌在辽圣宗继位后负责宿卫，统和四年（986 年）击败北宋北伐的曹彬部队，封楚王，统和十二年（994 年），拜大丞相，封齐王，总理南北两院枢密院，集辽、汉军政于一身，澶渊之盟后封晋王，赐名耶律隆运，位在亲王之上。韩昌身为汉人，却是辽圣宗初期萧太后摄政时最受崇信、权势最大的人。

大黑坨：村名，在乐亭县城东约 15 公里处，明代建村，因处在黑土岗上而得名。中国共产党主要创始人之一李大钊同志出生在这里，建有李大钊故居纪念馆。

喜峰口：关口名，位于迁西县城以北 40 公里与宽城县交界处，由滦河自北向南切割燕山而成。汉时初设松亭关于此，明景泰三年（1452 年），明政府在此筑关与长城相连，称喜峰口关，后遂通称喜峰口。喜峰口一带是明朝实际控制区与蒙古诸部落之间的分界线。崇祯二年（1629 年）皇太极率军十万自喜峰口入塞，后世称为己巳之变。1933 年 3 月，国民革命军第 29 军第 37 师第 109 旅（赵登禹旅）曾于此与日本关东军展开激战，大刀队英勇阻击日军，史称喜峰口抗战。新中国成立后因为修建潘家口水库，喜峰口关口低洼处长城被库区水淹没，形成了水下长城。

清东陵：陵寝名，在遵化东陵满族自治乡，是中国现存规模最大、体系最完整的古帝陵建筑，共建有皇陵五座——顺治帝的孝陵、康熙帝的景陵、乾隆帝的裕陵、咸丰帝的定陵、同治帝的惠陵，以及孝庄、慈安、慈禧太后等后陵四座、妃园五座、公主陵一座，计埋葬 14 个皇后和 136 个妃嫔。清东陵始建于康熙二年（1663 年），诸陵园以顺治的孝陵为中心，排列于昌瑞山南麓，均由宫墙、隆恩殿、配殿、方城明楼及宝顶等建筑构成。

　　开滦煤矿：企业名，开滦煤矿是英商开平矿务股份有限公司与华商滦州矿务股份有限公司的合称。开平矿务股份有限公司前身开平矿务局创建于 1878 年，由清末唐廷枢发起，在唐山乔屯开掘煤矿。1900 年八国联军侵华之后，开平矿务局被英国人霸占。1907 年由周学熙等人发起成立滦州矿务股份有限公司，原是以滦州公司抑制开平公司。之后双方形成竞争之势，开平公司于 1912 年建议联合经营，1934 年两公司正式合并，英商独占开滦矿务局。"二战"期间被日本人霸占，1945 年日本投降后，由南京国民政府接收，交还英商经营。1949 年，新中国成立之后将开滦煤矿收归国有。

二　地名用字分析

（一）语义类型

迁西县村庄名称用字在语义上可以归纳为以下类型。

1. 人类聚落：庄、房、家、胡同、园、场、窑、店、集、铺、圈、窝、陵、坟、寺、庙、观

2. 地形地貌：峪、岭、沟、梁、凹、坎、台子、山、石、洞、崖、盘、岩、门、口、地、甸、行、溜、阳、西、树、根

3. 水文地貌：河、海、湾、洲、汀、塘、洼、港、滩、涧、源、沿、桥

4. 军事设施：营、寨、堡、哨、关、梯子、墙、鞍

5. 其他：旵子、拔子、查子

滦南县村庄名称用字在语义上可以归纳为以下类型。

1. 人类聚落：庄、户、房、院、园、场、里、碾、集、店、城、窠、圈、窝、庙、寺

2. 地形地貌：岭、岗、坡、坎、台、道、地、土、甸、坨、口、上、行、林、树

3. 水文地貌：河、水、泉、淀、港、泡、沟、湾、桥

4. 军事设施：营、寨、堡、官、套、帐、屯、头

5. 其他：长凝、柳赞、一六

对比两地的用字，都可以分为五类，人类聚落类是两地共有的，与村庄、工商业、建筑有关，庄、房是村庄类，集、店是工商业类，圈、窝、庙、寺是建筑类。

地形地貌类与水文地貌类存在一定差别，两地都有特有的地名。迁西以山区为主，滦南以平原为主，迁西比滦南独特的是与山区地形有关的地名用字，例如峪、梁、凹、洞、崖、盘、岩，都是与比较高大的山势有关的地名，涧、源也是只有山势才能出现的地名，这两类在迁西出现，而滦南没有。滦南的坨、淀是与平原有关的地名，迁西没有。尤其是淀，指浅的湖泊，是华北平原特有的地名用字，颜之推《颜氏家训·归心》："江陵高伟，随吾入齐，凡数年，向幽州淀中捕鱼。"赵曦明注："淀，今北方亭水之地也。"从南北朝沿用至今。

两地共有军事设施类反映了唐山的历史，两地共有的营、寨、堡反映了唐山在历史上的军事地位。唐山位于华北与东北的交界处，是华北平原与内蒙古高原的结合点，历史上少数民族多次从唐山进入中原，在历史上唐山一直是军事战略要地，尤其是明清时期，唐山一带是拱卫北京的军事要塞，一直有重兵驻防。明初设立蓟州镇，总兵署在三屯营（今迁西），管辖东起山海关，西至居庸关灰岭口的长城沿线，长达 1000 公里，共113 个关口，72 个寨子，115 个营堡，名将戚继光在隆庆元年（1567 年）至万历十一年（1583 年）驻守蓟州镇，在此期间积极备战，修建长城，重修了 1017 座敌台，撰写的《重建三屯营镇府记》碑仍存。清军先是从唐山一带多次南下进攻明朝，清朝建立以后，唐山虽然不再是军事前线，但清政府仍然在此驻军，至道光年间，陆续设立 1 个镇，1 个协，17 个营，其中喜峰路（营）、潘家口（营）设立在迁西，前者设置守军 355人，后者 132 人。

（二）语音特点

地名读音有些具有地方特色，有些则反映语音变化规律。以《滦南县志》[①] 的"滦南话村名变读"部分所收的村名读音为例，王土、李土、杜土三个村名中的土，在当地都变成儿化音，［tʰu］→［tʰur］，这是方音的地方特色。另外的一些村名读音则反映语音规律。

（1）东八户、西八户，八的读音在当地从不送气变为送气，［pɑ］→

① 河北省滦南县地方志编委会：《滦南县志》，生活·读书·新知三联书店 1997 年版，第825—827 页。

[pʰɑ]，不送气变为送气，在唐山方言里有这种语音变化，但不普遍，例如"比"，在唐山方言里是送气音［pʰi］。

（2）乐营，乐的读音是［lɑu］，乐的这个音只用在地名中，例如滦南南边是乐亭，山东有乐陵，这是近代音的遗留。在元代，乐是来纽去声，有两韵，分别是歌戈韵和萧豪韵，属于萧豪韵的拟音就是［lɑu］。

（3）厫上，厫的读音是［ŋɑu］，艾庄子，艾的读音是［ŋai］，这两个音变符合滦昌小片的语音变化，即在开口呼零声母音节前加［ŋ］。

（4）扒齿港、港东，还有乐亭的大港、泗沟港，四个村名中的港，读音都是［tɕiaŋ］，这是语音演变的结果。港和讲的中古音、近代音完全相同，中古音都是江摄开口二等见纽讲韵，古项切，拟音［kɔŋ］；近代音都是见纽江阳韵上声，拟音［kiaŋ］；但是到了现代汉语普通话里，见组声母［k］、［kʰ］、［x］与精组声母［ts］、［tsʰ］、［s］的细音变为［tɕ］、［tɕʰ］、［ɕ］，讲的语音于是变为［tɕiaŋ］，而港的声母却没有变，有齐齿呼变为开口呼，读音［kaŋ］，二者没有同步；在现代汉语方言里，讲的声母除了吴语和湘语有［tɕ］和［k］两读外，其余的赣语、客家话、粤语和闽语都是［k］，港的声母都是［k］。在普通话里，讲和港的声母演变没有同步变成［tɕ］，而在方言里却保持了一致（拟音从《汉字古今音表》①）。

三　"×各庄"分析

唐山的地名中有一个很特别的"各庄"，分布很广，每个区县都有，查阅全国各省市地图，可以发现，各庄出现在很多地方。

（一）"×各庄"分布的范围

具体来说，各庄只出现在河北、北京、天津和山东四省市，其他地方则没有。在这四省市内，各庄的分布也不平衡。据陆天桥《"杨各庄"等地名的地理分布及其音变的历史意义》②的统计，各庄在四省市的分布并不均衡（作者原文注明"家庄"还代表"家营"、"家村"、"家楼"等，"各庄"还代表"戈庄"、"格庄"等）。山东全省各个地级市都有各庄，天津没有显示各区县的详细数据，北京的石景山区和延庆县没有各庄，东

---

① 李珍华、周长楫:《汉字古今音表》，中华书局 1999 年版。

② 陆天桥:《"杨各庄"等地名的地理分布及其音变的历史意义》，《东南文化》2006 年第5期。

城区和西城区没有数据，河北省的十一个地级市，承德、张家口、石家庄、邯郸四地没有各庄，有一个细节陆先生的文章原文没有揭示出来，秦皇岛的青龙满族自治县也没有各庄。有各庄出现的地方，数量和比例也不尽相同，河北的秦皇岛、唐山、廊坊、保定数量多，所占的比例高，衡水、沧州、邢台数量少，所占的比例低，总体数量上是北部多于南部；北京的大兴、顺义、通州各庄所占的比例超过70%，房山、密云、怀柔、昌平的所占比例也超过50%，总体上是东部多于西部；山东除了菏泽之外的其余十六个地级市的各庄所占的比例高，尤其是威海、烟台、青岛、潍坊四地，数量多，并且所占的比例高达70%以上，日照、淄博所占的比例高于50%，总体数量上是东部多于西部。

从方言区的归属来看，河北省的晋语只分布在张家口、石家庄和邯郸，其他地方分别归属冀鲁官话或者北京官话，北京和天津分别属于冀鲁官话或北京官话，山东省则分别属于冀鲁官话、中原官话和胶辽官话，也就是说，各庄分布在冀鲁官话区全区，北京、天津、河北（除承德）境内的北京官话区，山东境内的胶辽官话区和中原官话区。

这个分布区围绕在渤海西半部，从山海关往西，沿渤海沿岸，直到胶东半岛，分布区域很有特色，呈现为一个类似的向后倾斜的耳朵形，并且中间数量少，两头数量多。分布区有严格的边界，北部局限在秦皇岛（除了青龙县）、唐山、北京（除了石景山区、延庆县），这些地方都在明长城以南，河北和北京没有各庄的承德、张家口、青龙县、延庆县都在明长城以北，也就是说北界线是明长城；西北、西部、西南的界线是冀鲁官话与晋语的分界线，冀鲁官话有各庄，晋语没有；南部界线是山东与河南、安徽、江苏的省界，山东有各庄，河南、安徽、江苏没有各庄。也就是说，各庄耳朵形状的边界线，除了海岸线之外的部分，北部是明长城，西北、西部、西南部是方言分界线，南部是省界。三段线组成的边界很特殊。

《"杨各庄"等地名的地理分布及其音变的历史意义》还统计到一个事实，各和家都能与庄搭配，但是家还能搭配村、营、胡同、堡、园、寨、疃、屯、坡、场、坞、峪、店、铺、庙、楼、桥、窑、坟、井、台、湾、洼、沟、滩、林，而各不能。除了以上，家后面还能搭配社、所、房子、屋、垣、塬、务、皂、圈、棚、围子、窝子、厂、坊、街、巷、市、集、道口、过道、左、岔、河、川、川口、溪、渠、塘、渡、港、泡、曲、埠、浜、汇、泽、畔、山、梁、崖、岗、岭、坪、坝、垭、岘、斜、头、坨、塝、埕、州、岛、边、关、隘、界、洞、圳、嘴、咀等，面很广。

（二）对于"各庄"来源的不同解释

1. "×各庄"出现的年代

在分析各庄的来源这个问题之前，先看一下各庄出现的年代。《丰润县志》记录了本地村庄的建立时间，以高丽铺乡、披霞山乡、大安乐庄乡为例①，三个乡共有"×各庄"6个，大宋各庄建于唐代，卢各庄建于唐末，小王各庄、张良各庄建于宋代，西黄各庄建于明代，小宋各庄建于清初，前后延续一千多年。这样的记录是否准确？一个村子建立之后有没有更改名称的可能？以《滦县地名资料汇编》对曹各庄、徐庄、孟各庄的调查为例，探讨这个问题。

> 曹各庄：据《滦县志》载：该村在永乐二年（1404 年）属滦州何家寨社。相传过去有曹姓首先在此地占产立庄，故以姓氏取村名为曹各庄。②
>
> 徐庄：据《滦县志》载：该村在永乐二年（1404 年）属滦州何家寨社。相传过去有徐姓首先在此地占产立庄，故以姓氏取名徐家庄，后简称徐庄。③
>
> 孟各庄：据《滦县志》载：该村在永乐二年（1404 年）属滦州横山营社。相传，有孟姓首先到此占产立庄，以姓氏取村名为孟庄，以后称孟各庄。④

以上三个村子现存的名称各有不同来源，曹各庄是一直沿用，徐庄是从徐家庄简化的，孟各庄是从孟庄繁化的，三个村子建立的时间上限是明初永乐年间，孟各庄改为今名的时间不确切。

《北京市平谷县地名志》对于各庄出现的时间记录得相对明确一些，以夏各庄乡为例，这个乡有"×各庄"4个。

---

① 丰润县地方志编委会：《丰润县志》，中国社会科学出版社 1993 年版，第 69 页。
② 河北省滦县地名办公室：《滦县地名资料汇编》，1985 年，第 187 页。
③ 同上。
④ 同上书，第 209 页。

夏各庄：商代成村，村东有居住遗址。原名夏家屯，因夏姓先来建村故名。金、元仍称夏家屯。清改今名。①

马各庄：汉代成村，原称马家庄，因马姓落户建村而得名，清顺治年间改称马各庄。②

杨各庄：明代成村，称杨家庄。因杨姓在此落户建村而得名。清朝时期改称杨各庄。③

张各庄：汉代成村，村北有汉代居住遗址，当时村名不详。明朝时称张家庄，因张姓是村中大户，故名。清朝时改称张各庄。④

平谷县的 4 个各庄都是清代从家庄改过来的。以上三部著作所提供的资料说明，村子建立之初所使用的村名不一定是现在使用的村名，例如，平谷县的 4 个各庄，一个在商代成村，两个在汉代成村，一个在明代成村，但名称都有改动。所以，《丰润县志》所提供的"×各庄"建立的时间只是这个村子建立的时间，而不是"×各庄"这个名称出现的时间。《北京市平谷县地名志》提供了确切的最早的上限，是清代顺治年间，那么这是不是最早的时间呢？

华北的村庄出现的时间，最集中的是明代，尤其是明初，以廊坊为例，据《廊坊地区地名志》统计，全区 3116 条聚落地名，有 1752 条是明初形成的，占总数的 56.2%⑤。再以唐山滦南县为例，《唐山地名志》："据地名普查统计，这里（唐山）明初建村的约占现有自然村数的 70% 左右，而明代以前建村的仅占 9%。南部诸县明代建村的比例更大，如滦南县明代建村的约占 89%。"⑥《滦南县志》："全县共有 569 个自然村，594个行政村。……据考证，俵城在汉代以前就形成聚落，其次三甲庄建于五代，肖家河建于辽代。高各庄、东一六、西一六、解庄子、马庄子建于元代。邓庄、军师庄建于宋代。"⑦ 滦南绝大多数的村庄建于明初。那么，

---

① 平谷县地名志编委会：《北京市平谷县地名志》，北京出版社 1993 年版，第 111 页。
② 同上书，第 112—113 页。
③ 同上书，第 114 页。
④ 同上书，第 116 页。
⑤ 廊坊地区地名办公室：《廊坊地区地名志》，1983 年，第 203 页。
⑥ 唐山地名办公室：《唐山地名志》，河北人民出版社 1982 年版，第 17 页。
⑦ 河北省滦南县地方志编委会：《滦南县志》，生活·读书·新知三联书店 1997 年版，第92 页。

各庄出现的上限会不会是明代？检索历史文献，各庄最早出现在明代。

　　　　王家岭，在县西四十里张各庄。民人王姓开道，行车马，故名。
（《宛署杂记·山川》）
　　　　灵福寺，在田各庄，至元间，僧海云建。（《宛署杂记·僧道》）
　　　　滦自永平西门外，经流一百五十四里，而至纪各庄入海。（《万
　　　　历野获编》卷十二《吏部》）

　　《宛署杂记》卷五《铺舍》记载的宛平"城外村庄共三百二十八
处"，包括张各庄、何各庄，另外还有张哥庄、要哥庄、宋哥庄、梁哥
庄、公哥庄、南哥庄、魏哥庄、黄哥庄、瓮哥庄、常哥庄、皮哥庄、庞哥
庄、马哥庄等，还有张家庄、宋家庄、薛家庄、宋家庄、齐家庄、李家
庄、梁家庄、陈家庄、刘家庄等。《宛署杂记》成书于1593年，所记载
的3个各庄都在今北京，《万历野获编》成书于1618年之后，所记载的
纪各庄在今唐山乐亭，所记录的历史事件是"永平海运"，嘉靖庚戌
（1550年）之后，为了向卢龙运粮，大臣建议通过海运，可以节省人力物
力，在滦河口的纪各庄建仓库，更有保障。通过以上两书的记载可以看
出，各庄最晚在明中期就出现了，各庄的数量比较少，要少于家庄、
哥庄。

　　考虑到文献记载有一定的滞后性，结合村庄聚落出现的时间，可以推
断，各庄出现的年代不会早于明代，并且早期的数量少。

　　2. "×各庄"现有来源观点分析

　　关于各庄的来源，主要有四种观点：一是认为某各就是某哥的音变，
男性互称为哥，用建村的男性的姓氏命名，后来把哥改为各，前面《宛
署杂记》所记载的大量哥庄，似乎可以从侧面证明这个观点；二是认为
是某贾（gǔ）的音变，商贾建立村庄，后来贾变为各；三是认为是某各
是某家的音变，李各庄就是李家庄，前面《平谷县地名志》所记载的4
个各庄名称的演变支持这个观点；四是认为某各就是某格，格是村落的意
思。四种观点可以分为两类，第一类是从语音角度考虑的，前三种观点属
于这一类；第二类是从文字的角度考虑的，第四种观点属于这一类。

　　第一类从语音角度考虑，认为各分别是从哥、贾、家演变而来的，下
面看各、哥、贾、家的中古到近代语音演变的历史。

| 表一 | | 各、哥、贾、家的中古、近代拟音 | |

	中古音	近代音
各	假摄开口二等平声见纽麻韵，古牙切，[kɑ]	见纽萧豪韵上声，[kɑu]
哥	果摄开口一等平声见纽歌韵，古俄切，[kɑ]	见纽歌戈韵平声，[kɔ]
贾	遇摄合口一等上声见纽姥韵，公户切，[ku]	见纽鱼模韵上声，[ku]
家	宕摄开口一等入声见纽铎韵，古落切，[kɑk]	见纽家麻韵平声，[kia]

注：拟音从《汉字古今音表》。①

（1）与各语音最近的是哥，各与贾、家的韵母差距都比较远。那么是否各庄就是哥庄的转变？答案是否定的。明代《宛署杂记》记载了大量的"×哥庄"，但是现在处在原宛平故地的丰台，"×各庄"却很少，并且来源不同。

岳各庄：明《宛署杂记》载，岳各庄原名"要哥庄"②。
张各庄：即为张家庄，……俗称小张各掌儿。③
魏各庄：据当地村民说，原名魏杨村，是以魏、杨两姓为村名，系山西榆林地区移民来此落户。④
野各庄：原名掖骨庄，雅化今名。⑤

明代的哥庄，除了要哥庄转变为岳各庄之外，大量消失，现存的各庄还有其他来源，因此，尽管哥与各的语音相近，但各庄不是从哥庄转变而来的。

（2）贾与各的语音只有声母相同，认为各庄前身是贾庄，这个观点也不成立。首先，山东中东部六市各庄的比例超过 50%，廊坊、唐山也有一百多个各庄，这些地方不可能有这么多商贾，在元代和明代，山东半岛很贫穷，商业不发达，没有那么多的商贾；明代迁入廊坊和唐山的移民以农民和罪囚为主（《中国移民史·明时期》⑥），没有那么多商贾，不可能有这么多村庄是商贾建立的；其次，古代重农抑商一直是国策，不会允

① 李珍华、周长楫：《汉字古今音表》，中华书局 1999 年版。
② 丰台区地名志编委会：《北京市丰台区地名志》，北京出版社 1993 年版，第 195 页。
③ 同上书，第 296 页。
④ 同上书，第 302 页。
⑤ 同上书，第 309 页。
⑥ 曹树基：《中国移民史·明时期》，福建人民出版社 1997 年版，第 373 页。

许商贾建立那么多村庄；再次，《宛署杂记》没有记载任何"×贾庄"的村名。因此，各庄不是贾庄的转变。

（3）家在中古是入声字，到了元代，入声消失，与各的声母相同，那么，各是否是记录了家的古音呢？到了明代，刊行于万历三十年（1602年）的《重订司马温公等韵图经》，作者张孝，北京人，此书反映北京音，有声母十九个，有见组的见［k］、溪［kʰ］、晓［x］，精组的精［ts］、清［tsʰ］、新［s］，没有［tɕ］、［tɕʰ］、［ɕ］，韵母分为十三韵部，［a］与［au］分属两个韵部①。成书于万历三十九年（1611年）的《元韵谱》，作者乔中和，内丘人，此书反映河北音，有声母二十一个，有声母［k］、［kʰ］、［x］、［ts］、［tsʰ］、［s］，没有［tɕ］、［tɕʰ］、［ɕ］，分为十二韵部，［a］与［au］分属两个韵部②。成书于崇祯十五年（1642年）的《韵略汇通》，作者毕拱辰，莱州人，此书反映山东音，与前两种一样，都是有声母［k］、［kʰ］、［x］、［ts］、［tsʰ］、［s］，没有［tɕ］、［tɕʰ］、［ɕ］，分为十二韵部，［a］与［au］分属两个韵部③。

各与家的声母从中古到明末，一直都是相同的，都是［k］；韵母从中古到元代之前，没有变化，到了元代，入声消失，各变为开口呼，此后一直到明末，各和家都是开口呼，分属不同韵部；声调从中古到元代没有变化，元代入声消失，各变成上声，家仍然是平声，此后到一直明末不变。

从语音史的角度来看，明末之前，各与家的声母一直相同，韵母、声调一直不同，即便元代入声消失之后，二者的韵母也存在差别。

由此来看，在各庄开始出现的明代中前期，各庄与家庄并存，家的声母还没有从［k］变成［tɕ］，而各与家的声母都是［k］，不存在转写的必要性，各庄不是家庄的转写。

到了清代，见组声母［k］、［kʰ］、［x］与精组声母［ts］、［tsʰ］、［s］的细音变为［tɕ］、［tɕʰ］、［ɕ］，由于家［kia］是细音，所以声母变为［tɕ］，而各［kau］是洪音，声母没有变。因此，只能说各保持了各、家相同的中古音声母，家演变出了新的现代音声母。地名更容易保留比较早的读音，由于"家"的声母发生变化，又由于各庄存在，所以为

---

① 耿振生：《明清等韵学通论》，语文出版社1998年版，第175页。
② 同上书，第180页。
③ 同上书，第186页。

了易于记录村名读音，有些家庄转写为各庄，前面所举《北京市平谷县地名志》的例子能验证这个观点。

第二类观点，某各就是某格，格是村落的意思。《史记·酷吏列传》："吏苛察，盗贼恶少年投蝝购告言奸，置伯格长以牧司奸盗贼。"裴骃《集解》引徐广曰："古'村落'字亦作'格'。街陌屯落皆设督长也。"司马贞《索隐》："伯音阡陌，格音村落。言阡陌村落皆置长也。"问题是，当村落意义讲的格，司马贞注释得很明确，"格音村落"，与落同音，《集韵》："格，历各切，篱格也。或作落、笿。"是来纽铎韵入声，历各切，读音是（luò），与各的读音不同，因此，用格解释各，语义可以通，语音不通。

综上所述，分析"×各庄"的来源需要区别时间段，明代的各庄应该是独立出现的，清代的各庄有些是家庄的转写，有些是其他原因，例如，《滦县地名资料汇编》与《北京市平谷县地名志》所列举的例子。

3."×各庄"来源原因分析

至于"×各庄"演变出来的原因，有三种观点，一是认为是语音演变的结果，二是认为是阿尔泰语系的影响，三是移民造成的。

第一种观点，语音演变导致。考查各庄在全国的分布范围，可以发现，以方言区属来看，冀鲁官话全区都有；北京官话只有京津冀（除承德）有，其他区域没有；胶辽官话和中原官话只有山东省境内有，其他区域没有，从行政区划角度来分析，山东省的方言分别属于冀鲁官话、胶辽官话和中原官话，并且三个方言区都有各庄，河北省的方言分为冀鲁官话、北京官话和晋语，各庄出现在所有冀鲁官话区和一部分北京官话区域，晋语区没有，还有两个细节值得注意，一是北京的延庆没有，延庆的西面与北面是属于晋语区的张家口，二是秦皇岛的青龙满族自治县没有，青龙县属于保唐片抚龙小片。因此，各庄的分布格局与方言和地域没有关系，汉语内部的语音、词汇变化不能解释各庄的出现问题，因为语言内部发生变化，语言使用者不受限制，导致在语言使用区域内的分布格局也是不能受到地域限制的。所以，各庄的出现，不是语言演变的原因。

第二种观点，阿尔泰语系影响导致。汉语的北边是蒙古语、满语、维吾尔语等阿尔泰语系语言。从历史上看，一方面，北方的许多游牧民族从北向南迁徙，地理上从西北的新疆到东北的辽宁，时间上从先秦到清代，民族迁徙一直存在，迁徙的目的地遍布各地，西北、华北、中原，甚至西南、东南，都有迁徙来的民族分布，北方确实经常受到其他民族语言的影响，但是很长时间里，很大区域都受影响，为什么只有明初的一部分华北地区会出现各庄，而其他时间其他区域却没有出现？例如，西北地区所受的阿尔泰语系语言的影响更大，却没有出现各庄；清代是历史上少数民族统治时间最长的朝代，满语也是阿尔泰语系语言，清代出现的各庄却很少。

另一方面，明初各庄出现之前最近的民族迁徙是元代的蒙古族南迁，蒙古语属于阿尔泰语系，确实影响到汉语，例如，在词汇上有源自蒙古语的外来词，站、胡同等，在有各庄的区域，北京是元代的都城，南迁的蒙古族人数最多，但是北京的各庄数量不是最多，甚至延庆都没有，北京周边的廊坊、秦皇岛、唐山、保定有很多，而张家口、承德却没有，除了秦皇岛（20世纪80年代从唐山划分出去），以上五地都与北京接壤。河北南部和山东西部与北京的距离远远大于山东半岛与北京的距离，而前两地各庄的数量远远少于山东半岛的数量。

因此，汉语与其他语言的接触，例如，阿尔泰语系，不能解释各庄的出现问题。汉语内部与汉语外部的语言接触，都不能解释各庄的出现问题，由此可见，各庄的出现不是阿尔泰语系语言影响的结果。

第三种观点，移民导致。我们持这种观点。那么，移民是否是各庄出现以及呈现目前分布格局的原因呢？下面集中分析这个观点。

4. 移民对"×各庄"形成的影响

明初华北大量村庄出现的历史背景是洪武、永乐年间的全国大移民，《明史·食货志·户口》："太祖采其议，迁山西泽、潞民于河北。众屡徙浙西及山西民于滁、和、北平、山东、河南。又徙登、莱、青民于东昌、兖州。……太祖时徙民最多，其间有以罪徙者。……成祖核太原、平阳、泽、潞、辽、沁、汾丁多田少及无田之家，分其丁口以实北平。自是以后，移徙者鲜矣。"明太祖朱元璋在洪武年间曾大量迁徙山西移民到山东、河北（包括京津）、河南，迁徙山东东部移民到山东西部，明成祖朱棣在永乐年间曾迁徙山西移民到河北（包括京津），永乐之后，政府组织的移民活动基本结束。

朱元璋推翻了元朝的统治，建立明朝，但他的统治区域远远小于元朝的，尤其是在北方，北撤的蒙古人仍然占领内蒙古高原，到洪武三年（1370年），元顺帝死了，蒙古贵族分裂为三部，其中兀良哈部在西辽河以北的嫩江流域，鞑靼部在鄂嫩河、克鲁伦河和贝加尔湖以南，瓦剌部在额尔齐斯河流域和准格尔盆地。洪武二十二年，朱元璋设立兀良哈三卫，确立了对兀良哈部的羁縻，明朝的北界在今张家口到承德一带。朱棣"靖难之役"过程中，大量兵力被调往南方前线，兀良哈部趁机南下，致使明朝实际的北界是长城沿线。张家口、承德、延庆县、青龙县都在明长城以北，明初的移民没有到达这四个地方，所以没有各庄出现。

经过朱元璋时期与元朝的战事，华北地区人口大量减少，为了恢复生产，需要补充本地区的人口，朱元璋时期多次实施全国范围内的大规模移民，本地人口得到一定程度的恢复。但是朱棣时期又有三年的"靖难之役"，主战场在今河北（包括京津）与山东西部，尤其是河北（包括京津）是主战场，当地人口又一次急剧减少，永乐五年，北京行部给朝廷的报告这样说："顺天八府所属见在人户十八万九千三百有奇，未复业八万五千有奇。已开种田地六万三千三百四十三顷有奇，未开种十八万四百五十四顷有奇。"（《明太宗实录》卷20）"户口较洪武年间减少了将近一半，其中复业人口只占洪武时期人口的四分之一，开种的耕地也只占洪武年间的十分之一。"①

先看洪武时期山东的移民。明初山东中东部分属三个府，从东往西分别是登州府、莱州府和青州府，大致相当于今威海、烟台、青岛、潍坊、日照和淄博东部、临沂东北部，除了临沂，其余六市都是各庄比例超过50%的地区。山东西部分别属于济南府、东昌府和兖州府，大致相当于今淄博西部、临沂中西部和滨州、德州、东营、济南、莱芜、泰安、枣庄、菏泽、济宁、聊城，除了淄博，都是各庄比例少于50%的地区。

根据《中国移民史·明时期》②统计，洪武年间山东六个府都有移民迁入，登州府人口78.7万人，移民占28.2%；莱州府人口82万，移民占16%；青州府人口162.1万，移民占27.6%；济南府人口141.5万，移民占32.5%；兖州府人口101.3万，移民占56.6%；东昌府人口28.7万，移民占81.5%。各府移民的来源如表二所示：

---

① 曹树基：《中国移民史·明时期》，福建人民出版社1997年版，第327页。
② 同上书，第213页。

表二　　　　　　　　洪武时期山东外来民籍移民的原籍分布　　　　　（单位：万人）

地区	山西洪洞	河北	江苏	河南	其他省	东三府	合计
登州	11.8				2.5		14.3
莱州	6	1.8	0.2		0.8		8.8
青州北部	2	18.5	0.3	0.3			21.1
青州南部	9	2	6		3		20
济南	24.5	12.3			4.2		41
兖州东部	2.6		0.4				3
兖州西部	47.5	0.6	2.8	0.6	0.5	0.8	52.8
东昌	18	0.2	0.2			5	23.4
合计	121.4	35.4	9.9	0.9	11	5.8	184.4
百分比	65.5%	19.2%	5.4%	0.5%	6%	3.1%	100%

注：数据来自《中国移民史·明时期》①，各府排列顺序有变化。

从以上数据来看，来自山西的移民数量最多，其次是河北的，这两个省之外的移民比较少，特殊的是东昌府与兖州西部还有来自山东东部三府的移民。

下面看洪武时期的河北（包括京津）移民。明初河北省（包括京津）被划分为八府、二直隶州，八府是顺天府、永平府、保定府、河间府、真定府、顺德府、广平府、大名府，二直隶州是延庆州、保安州。顺天府相当于今北京、廊坊、天津北部、唐山西部，永平府相当于今唐山东部、秦皇岛南部，保定府相当于今保定，河间府相当于今沧州、天津南部、衡水东部，真定府相当于今石家庄、衡水西部，顺德府、广平府在今邯郸、邢台一带，大名府除了大名、魏县在今邯郸，其余的部分都在今河南，延庆州大致相当于今北京延庆县，保安州在张家口，都在长城以北，张家口其余地方归宣府镇管辖，承德、青龙县则不能完全受明政府控制。

洪武时期河北（包括京津）的真定府、顺德府几乎没有移民迁入，其余六个府有移民迁入，其中北部的顺天府和永平府的移民主要是军人和长城以北的移民，保定府、河间府、广平府、大名府的移民主要来自山西，河间府有少量山东移民②。

下面看永乐时期山东、河北接受的移民。

---

① 曹树基：《中国移民史·明时期》，福建人民出版社1997年版，第214页。
② 同上书，第373页。

表三				永乐时期山东、河北接受的移民			（单位：万人）
地区		民籍	身份	主要迁出地	军籍	主要迁出地	合计
河北	北京城	17.5	富户、工匠、官吏	南京	70	南京	87.5
		0.2	内附蒙古女直	内蒙古及东北			0.2
	顺天府	14.5	农民和罪囚	山西及各地	25	山西	39.5
	隆庆、保安州	2.2	农民和罪囚	山西、山东等地			2.2
	永平府	4	农民和罪囚	南方及各地	10	山东和山西	14
	河间府	20	农民	山东及山西	14	山东和山西	34
	保定府	2.5	农民	山西	7	小兴州	9.5
	真定府	15	农民	山西	2		17
山东	东昌府	1	农民	山西及胶东	1.5		2.5
	兖州府	6.5	农民	山西及胶东			6.5
	济南府	0.6	农民	枣强	0.6		1.2
	登州、莱州府				6	云南及四川	6
其他地区		4.6			1.1		
合计		88.6			137.2		225.8

注：数据来自《中国移民史·明时期》①，枣强属河北，小兴州属山西，其他地区包括江西、福建等。

　　永乐时期全国的移民，主要是迁入河北（包括京津），其次是山东，移民来源地，除了迁入北京城的主要是南京的富户、工匠和管理人员，其他地区的主要是来自山西和山东的农民、罪囚和军人。

　　顺天府"中南部的移民主要来自山西，东部的移民则以山东为主"。②保定府抽样行唐等八县调查自然村的建村时代和原籍，从元末以前到永乐时期建立的 311 个自然村中，原籍本区的有 172 个，原籍山西的有 96 个，原籍山东的有 1 个，原籍其他地区的有 42 个。③ 真定府抽样行唐等八县调查自然村的建村时代和原籍，从元末以前到永乐时期建立的 354 个自然村中，原籍本区的有 138 个，原籍山西的有 202 个，原籍山东的有 13 个，原籍其他地区的 1 个。并且"真定府土著的数量自西向东呈现递减的趋

①　曹树基：《中国移民史·明时期》，福建人民出版社 1997 年版，第 242 页。
②　同上书，第 336 页。
③　同上书，第 350 页。

势"。① 对应现在的行政区划，真定府西部是今石家庄，东部是今衡水西部。

永平府的移民虽然主要来自"南方及各地"，这里的南方不确定，抽样调查永平府的抚宁、迁安、迁西三县自然村的建村时代和原籍，会发现，大部分原籍山东，而不是一般意义上的长江以南的南方。

表四　　永平府的抚宁、迁安、迁西三县自然村的建村时代和原籍 （单位：个）

	本区	山东	山西	河南	南方	军籍	其他	合计
元末以前	17	5	3				3	28
元末		1						1
明初	3	20	1				2	26
洪武	3	19	2		2			26
永乐	4	55	11	1	2	21		94
合计	27	100	17	1	4	21	5	175

注：数据来自《中国移民史·明时期》。②

从以上数据来看，"大量的移民虽然说是来自'南方'，也仅仅是就永平府的地理位置而言"。③

永乐时期河北（包括京津）有移民迁入的各府，移民都有来自山西和山东的。山东的外来移民比较少，西部的主要来自山西，还有一小部分来自山东东部，济南府有极少量来自河北。

最后对比明初河南与辽东的移民。河南与山东、河北接壤，在洪武时期有移民迁入，这个时期"河南地区接纳的移民成分是相当简单的，大部分的民籍移民来自山西，只有少部分的移民来自江西、山东和其他地区。……来自江西的移民受阻于汝宁府一线，来自山东的移民很少有越过安徽界外的"。④ 洪武时期河南的移民主要来自山西，几乎没有来自山东的。到了永乐时期，河南没有移民迁入。明初曾在辽东设立辽东行都司，辽东的北部在陆地上以山海关为界，与永平府接壤，南部虽然与山东隔海相望，但都属于山东布政使司，明初辽东迁入的移民主要是军人和罪囚，不确定他们的籍贯是哪里，另外，山东东部三府有大量人口外迁至河北和

---

① 曹树基：《中国移民史·明时期》，福建人民出版社1997年版，第355页。
② 同上书，第342页。
③ 同上。
④ 同上书，第264—265页。

山东西部，那么很大程度上会有移民迁入辽东，这种移民应该是民间自发的，所以没有留下确切的移民数据，由于辽东没有确切的来自山西或山东的移民数据，因此无法判定一定会有这两地的移民。

综上所述，明初洪武、永乐时期山东、河北（包括京津）的移民，各有特点。洪武时期，山东移民主要是迁入，移民主要来自山西、河北，每个府都有山西移民迁入，除了登州府和兖州东部其他的府都有河北移民迁入，永乐时期，山东移民迁出的多于迁入的，东部三府除了从云南迁入一部分军人以外，主要是迁出，西部三府到了永乐时期有一部分来自山西和山东东部的移民迁入；河北（包括京津）的移民不稳定，洪武时期，迁入大量人口，到了永乐时期由于战争，导致人口大量减少，又从山西和山东大量迁入移民，有迁入移民的府，都有来自山西和山东的移民。

对应现在各庄的分布，北京（除了延庆、石景山）、天津、河北（除了张家口、承德、石家庄、邯郸、青龙县）、山东四省区，延庆、张家口、承德、青龙县在明初位于北界之外，没有移民迁入，邯郸也没有移民迁入，石家庄的移民主要来自山西，所以没有各庄出现，四省区其他的地方都有移民迁入，并且都有山西人和山东人，无论是土著还是移民，因此，明初同时有山西人和山东人居住的地方就会出现各庄。明初的河南由于只有山西移民迁入，而没有山东移民迁入，所以没有各庄出现，辽东没有确切的证据显示有来自山西或山东的移民，因此也没有各庄出现。

明初同时有山东人和山西人居住的地方会出现各庄，这个概念指一定区域范围内，而不是具体到村，有的村叫各庄，它所在的区域符合这个条件，但村里不一定同时有山东人和山西人，同样的还可以反推，同时有山东人和山西人的村子也不一定叫各庄。1936 年调查丰润米厂村和昌黎前梁各庄的姓氏住户，米厂村的董姓是明初永乐年间从山东河山府中山县迁来的（《冀东农村实态调查报告书·统计篇·昌黎县》，转引自范毅军《华北农村聚落的形成及其土地问题》[①]），当时村里有林、樊等姓，是否有山西人迁入，也没有记录。前梁各庄的傅、白、赵、苏姓是明初永乐年间从山西迁来的（《冀东农村实态调查报告书·统计篇·昌黎县》，转引

---

① 范毅军：《华北农村聚落的形成及其土地问题》，许倬云等《第二届中国社会经济史研讨会论文集》，汉学研究及资料服务中心 1983 年版，第 321 页。

自范毅军《华北农村聚落的形成及其土地问题》①），当时村里有土著杨、梁等姓，是否有山东人迁入，没有记录。

各庄的分布格局是由明初的移民造成的，同时有山东人和山西人居住的地方会出现各庄，至于其中的原因，除了移民原因外，一个可能的原因是为了避免重复，相互区别，各、哥、家读音相近，又有区别，《宛署杂记》所记载的村名有张各庄、张哥庄、张家庄，有田各庄、田哥庄、田家庄。现代的例子，1982 年丰润村庄更名，老庄子公社陈庄子村改为陈家庄，三女河公社陈庄子村改为陈各庄。②

清代及以后的各庄，一部分是家庄的转写，其余的部分则有另外的原因。

---

　　① 范毅军：《华北农村聚落的形成及其土地问题》，许倬云等《第二届中国社会经济史研讨会论文集》，汉学研究及资料服务中心 1983 年版，第 323 页。

　　② 丰润县地方志编委会：《丰润县志》，中国社会科学出版社 1993 年版，第 68 页。

第四章

唐山方言词汇的共时比较

唐山方言词汇内部不是完全相同的，各地词汇之间存在差异，相互之间词汇的亲近度如何，需要经过比较才能明了。唐山方言词汇在汉语方言词汇体系内的位置如何，到底与哪些地域的方言词更亲近一些，也需要经过比较才能有所了解。本章要进行的共时比较，就是要解决以上两个问题。进行比较之前，需要确定比较的标准。

第一节　比较的标准

汉语方言之间的语音差异最明显，词汇之间的差异最大，语法差异最小，语音差异当面就能听出来，而词汇数量大，不同的也多，各方言之间的语序与语法手段之间的差异比语音、语法的差异小。

一　一般的比较

唐山方言不是语言学概念，在内部有一定差异，又由于共同位于一个行政区内，所以内部有一些共同点，与外部比较也有一些特点。词汇可以划分为基本词汇与一般词汇，下面分别进行比较。

（一）唐山方言词汇的内部比较

首先看基本词汇的比较。以上午、中午、下午、前天、昨天、今天、明天、后天等八个词在唐山各区县的说法为例，探讨各地方言词的异同。

先从词的角度来看，没有一个词是全都相同的，共性最高的是中午（晌午、晌火）、前天（前儿个、前个）、明天（明儿个、明个）、后天（后儿个、后个），有两个说法；其次是今天（今儿个、根儿个、今个），有三个说法；再次是昨天（列儿个、昨儿个、列个、昨个）、下午（后半晌儿、后末晌儿、后晌儿、后晌），有四个说法；最后是上午（前半晌儿、前末晌儿、前半晌、前晌、头晌），有五个说法。八个词中，中午、前天、明天、后天、下午的词根语素完全相同，另外四个的词根语素不同，尤其是今天（词根语素：今、根）、昨天（词根语素：昨、列），词根完全不同。

表一　　　　　　　　　　　唐山各地八个方言词的异同

	上午	中午	下午	前天	昨天	今天	明天	后天
市区	前半晌儿	晌火	后半晌儿	前儿个	列儿个	今儿个	明儿个	后儿个
丰南	前末晌儿	晌火	后末晌儿	前儿个	夜儿个	今儿个	明儿个	后儿个
曹妃甸	前末晌儿	晌火	后末晌儿	前儿个	列儿个	根儿个	明儿个	后儿个
丰润	前半晌儿	晌火	后半晌儿	前儿个	列儿个	今儿个	明儿个	后儿个
玉田	前半晌儿	晌火	后半晌儿	前儿个	列儿个	今儿个	明儿个	后儿个
遵化	前半晌儿	晌火	后半晌儿	前儿个	昨儿个	今儿个	明儿个	后儿个
迁西	前半晌/头晌	晌火/晌午	后半晌	前儿个	列个	今（jī）个	明个	后个
迁安	前半晌/前晌	晌火	后半晌/后晌	前个	夜个	今个	明个	后个
滦县	前半晌儿	晌火	后半晌儿	前儿个	列儿个	今儿个	明儿个	后儿个
滦南	前晌儿	晌火	后晌儿	前儿个	夜儿个	今儿个	明儿个	后儿个
乐亭	前晌/头晌	晌火	后晌	前儿个	夜儿个/昨儿个	今儿个	明儿个	后儿个

再从区县的角度来看，迁西和迁安的儿化不发达，这一点印证第一章的论述，当地没有卷舌韵母，其他区县都有儿化现象。

其次看一般词汇的比较。在一般词汇上，唐山方言内部有共同点，也有不同点。例如，对于"烀（放少量水，盖紧锅盖，半蒸半煮地把食物弄熟）、蛛蛛（蜘蛛）、马郎（蜻蜓）、老娘子（中老年妇女）、界壁子（隔壁）、五迷三道（头脑不清楚，不辨是非）"，它们的词义在唐山各地的词义基本相同。有些词则不一样，例如对于"妗子"这个词，唐山东部与西部的词义差别很大，东部指妻子的兄弟的妻子（普通话没有对应的词语），西部指舅舅的妻子（对应普通话的"舅妈"），辈分完全不同；对于向日葵，滦南叫转子莲，玉田叫转植莲，遵化叫日头转，市区的新派叫向日葵，完全不同；对于蝴蝶，路北叫蝴贴儿，丰南叫蝴 [pʰu] 蝶，乐亭叫花扑蝶儿。

（二）唐山方言词汇的外部比较

冀鲁官话北面是北京官话，东北面是东北官话，西面是晋语，南面是中原官话，东面是胶辽官话，唐山方言与这些方言区有或深或浅的渊源关系，以上面所列举的部分词为例，以《普通话基础方言基本词汇集》① 所收词条为准，探讨它们之间的异同（以路北区代表唐山）。

表二　　　　　　　　　北方六地八个方言词的异同

	唐山	北京	长春	太原	郑州	济南	青岛
上午	前半晌儿	晌午、头晌儿、前晌儿	晌午、前晌、头晌	上午、前晌	前半晌儿	头（晌）午	上午、头午
中午	晌火	中午、晌午	中午、晌午	中午、晌午	晌午	晌午	晌午（头儿）
下午	后半晌儿	下午、后晌儿	下午、后晌、下晌	下午、后晌	后半晌儿	过午	下午、过午
前天	前儿个	前天、前儿（个）	前天、前儿个	前天、前日	前儿（个）	前天	前天
昨天	列儿个	昨天、昨儿（个）	昨天、昨个儿、夜个儿	昨天、夜来、夜天	夜儿（个）	昨天、夜来	夜来
今天	今儿个	今天、今儿（个）	今天、今儿个儿	今天、今日	今儿（个）	今天、今明儿	今天、今儿
明天	明儿个	明天、明儿（个）	明天、明日	明天、明个儿	明儿（个）	明天	明天
后天	后儿个	后天、后儿（个）	后天、后儿	后天、后日	后儿（个）	后天	后天
舅妈	妗子	舅母	舅妈	舅母、舅妈	妗	舅母、妗子	舅母、妗子
蜻蜓	马螂	马螂	马螂	儿蜻	虹虹	蜓蜓	蜓蜓
蝴蝶	蝴贴儿	蝴蝶儿	蝴蝶儿	蝴蝶（儿）	蝴蝶儿	蝴蝶	蝴蝶儿、蛾儿
向日葵	向日葵	向日葵、转蒂莲	向日葵	葵花	照日葵	向日葵、朝阳花	朝日花、转悠壳儿

先从词的角度来看，没有一个词是七个地方的说法完全相同的，每个词都对应多个说法，尤其是四个一般词汇，都有词根语素完全不同的说法，舅妈的方言对应词最复杂，在词形上有单音词（妗）与复音词（舅母、舅妈、妗子）两种，在合成词的构词格式上有，复合式（舅母、舅妈）和附加式（妗子）两种。

再从地域的角度来看，唐山与北京最近，两地的儿化音比较多，与山东的两地差距最大，尤其是唐山与济南都属于冀鲁官话区，两者的差距仍

① 陈章太、李行健主编：《普通话基础方言基本词汇集》，语文出版社1996年版。

然很大。

二　标准的选择

以上的比较只是一般比较，对于用来比较的词汇并没有进行严格的选择。实际上，对于方言词汇进行内部比较，有助于探讨唐山各地方言词汇之间的异同点与亲疏关系；进行外部比较，有助于探讨唐山方言词汇的来源，探讨唐山方言词汇到底与哪个方言区的词汇在来源上更密切一些。进行比较就涉及比较的标准，包括两个，一是选择哪些方言区进行比较，二是选择哪些词汇进行比较。

唐山方言进行内部各区县市的比较，需要选择方言点。唐山市下辖路南区、路北区、开平区、古冶区、丰润区、丰南区、曹妃甸区、玉田县、乐亭县、滦县、滦南县、迁西县、遵化市、迁安市以及芦台农场、汉沽农场。芦台农场、汉沽农场在天津境内，面积小，人口少，与唐山方言的关系不密切，暂不探讨这两地的方言。从历时来源与地理位置来看，路南、路北、开平、古冶四个区，属于市辖区，地理上相邻，在方言上非常接近，可以看作一个整体，其余三个区，丰润区前身是丰润县，丰南区前身是丰南县，曹妃甸区前身主体是唐海县，都可以分别看作是一个方言点。因此唐山市内用于比较的方言点是十一个：市区（包括路北、路南、开平、古冶）、丰南、曹妃甸、玉田、丰润、遵化、迁西、迁安、滦县、滦南、乐亭。

唐山方言与外部进行比较，对于方言点的选择需要兼顾历史和当代。从历史上看，唐山的迁入移民主要来自山东和山西，所以唐山方言受山西的晋语、山东的胶辽官话、中原官话的影响。到了清代，许多唐山人到东北经商，唐山方言又影响了东北官话。到了近代，源自河北省外的唐山的产业工人，以来自山东的最多，其次是来自河南的，① 因此，唐山方言词汇也受到中原官话的影响，并且，从方言来源看，冀鲁官话是位于中原官话与北京官话、胶辽官话中间的方言，难免受到中原官话的影响。唐山方言属于冀鲁官话保唐片，紧邻北京官话，深受北京官话的影响。但是，明初来自山西的移民数量少，时代远，影响也有限，所以对于外部方言点，就从冀鲁官话、北京官话、中原官话（河南）和胶辽官话（山东）中选

---

① 闫永增：《以矿兴市：近代唐山城市发展研究（1878—1948 年）》，博士学位论文，厦门大学，2007 年。

取。冀鲁官话分为保唐片、石济片和沧惠片，保唐片选取保定，石济片选取济南，沧惠片选取南皮。北京官话选取最有影响力的京师片的北京。中原官话选择河南的郑州和位于山东西部的菏泽，郑州位于河南的中部，方言比较稳定和具有代表性，菏泽东部是冀鲁官话，菏泽是唐山早期移民的重要来源地之一。胶辽官话在山东分为青州片和登连片，选取青州片的五莲和登连片的烟台，五莲西部是冀鲁官话，烟台位于山东半岛的东端，距离冀鲁官话比较远，方言有一定稳定性。

对于用于比较的方言词进行选择，有不同的标准。20 世纪 60 年代日本学者王育德《中国五大方言分裂年代的语言年代学试探》① 从 200 基本词入手，讨论五大方言之间的相似度，并在此基础上讨论了五大方言分化的年代。随着计算机技术的成熟，越来越多的学者（郑锦全《汉语方言亲疏关系的计量研究》② 与《汉语方言沟通度的计算》③，王世元、沈钟伟《方言关系的计量表述》④，游汝杰、杨蓓《广州话、上海话和普通话词汇接近率的计量研究》⑤）以方言词汇为处理对象，用定量统计的方法探讨方言之间的亲密关系，取得了很多成果。

进行比较就要选择用于比较的词表和词目。目前，调查所使用的词表含量数量并不相同。有的使用的词汇量小，一般使用斯瓦迪士（Swadesh）的 100 词或 200 词，例如王育德《中国五大方言分裂年代的语言年代学试探》使用 200 词。有的使用的词汇量大，郑锦全《汉语方言亲疏关系的计量研究》用 905 条进行比较，杨蓓《吴语五地词汇相关度的计量研究》⑥ 进行比较的词目有 784 条，詹伯慧、张日昇《珠江三角洲方言词汇对照》⑦ 比较粤语和北京话采用的词目有 1001 个。

词目的多少会影响到结论的统计数字。例如同为统计粤语和北京话的异同，王育德《中国五大方言分裂年代的语言年代学试探》依据 200 词进行统计，认为二者相同的约为 71%，而詹伯慧、张日昇《珠江三角洲

① 王育德：《中国五大方言分裂年代的语言年代学试探》，［日］《言语研究》1960 年第 38 期。

② 郑锦全：《汉语方言亲疏关系的计量研究》，《中国语文》1988 年第 2 期。

③ 郑锦全：《汉语方言沟通度的计算》，《中国语文》1994 年第 1 期。

④ 王世元、沈钟伟：《方言关系的计量表述》，《中国语文》1992 年第 1 期。

⑤ 游汝杰、杨蓓：《广州话、上海话和普通话词汇接近率的计量研究》，邹嘉彦主编《汉语计量和计算机研究》，香港城市大学语言资讯科学研究中心 1998 年版。

⑥ 杨蓓：《吴语五地词汇相关度的计量研究》，《语言文字应用》2003 年第 1 期。

⑦ 詹伯慧、张日昇：《珠江三角洲方言词汇对照》，广东人民出版社 1988 年版。

方言词汇对照》依据 1001 词进行统计，认为二者相同的仅为 14%。两个统计结果大相径庭，相差非常悬殊。实际上斯瓦迪士的词表是语言年代学的标准，注重历史来源分析，适用于探讨语言之间的亲属关系和分化年代。王育德的统计数据认为北京话和粤语之间的相似度有 71%，这是说明两者之间有比较密切的关系。詹伯慧、张日昇用于比较的 1001 词的范围就比较大，包含的词的类别更广，更符合汉语词汇的面貌，然而，北京话和粤语之间今有 14% 的词汇相似度，这个数字有点低，两者之间的语音差别比较大，这是我们都能感受到的，但是书面语记录下来的词汇，即使存在差异，也不至于差别到 80% 以上的词汇都不相同。

董绍克等《汉语方言词汇比较研究》① 设计了"基本词汇千词表"用于比较，广州话与普通话完全不同的词有 532 个。这个词表也并非完美无缺，作者也说"也有的词目，方言中既没有相当的词，也没有相当的词组，如'初伏、中伏、末伏'三个词厦门、广州两个方言没有相应的说法，遇到这种情况只好'阙如'。"② 从现代汉语方言出发设计"基本词汇千词表"，并且用于比较，是一种可贵的尝试。

以不同的词表和词目探讨方言词汇之间的关系，得出的结论自然有差别，这取决于探讨的出发点和目的。要探讨方言词汇之间的亲属关系，可以使用斯瓦迪士 100 词或 200 词；要探讨当代方言词汇之间的差异，可以另外设计词表，设计词表的时候需要遵循语言规律，用于比较的词汇既要反映方言面貌，还要反映时代和社会面貌，即所选的词要反映方言的名词、动词、形容词、量词、介词等，还不能年代太久远，因为方言词汇也存在更替，此外，选用的方言词汇数量不宜太多，太多的话不容易操作。

基于以上考虑，我们选用斯瓦迪士的 100 词进行方言词汇之间的亲疏异同比较，对唐山方言进行内部比较和外部比较。这一部分参照刘丹青《语法调查研究手册》"基本词汇"③ 而完成，"以下词项主要根据著名的 Swadesh 200 条基本词汇表建立（见徐通锵《历史语言学》，商务印书馆 1995 年版第 17 章的介绍及所附该表)"④。斯瓦迪士 100 词见本节附录。由于斯瓦迪士 100 词没有量词，我们还选择了五个常用量词进行比较，分

---

① 董绍克等：《汉语方言词汇比较研究》，商务印书馆 2003 年版，第 151 页。
② 同上书，第 150 页。
③ 刘丹青：《语法调查研究手册》，上海教育出版社 2008 年版，第 595—602 页。
④ 同上书，第 595 页。

别是（括号内的）：一（个）人、一（头）猪、一（只）狗、一（棵）树、一（顿）饭。各个方言点 100 词的词条，唐山市各点与卢龙、郑州、五莲，全部采用方言合作人的提供的例证；保定、济南与烟台以《普通话基础方言基本词汇集》所收条目为基础，再与方言合作人提供的例证相互参照；北京除《普通话基础方言基本词汇集》所收条目外，由北京师范大学张学涛博士补齐。

另外选择一部分一般词汇对唐山方言进行外部比较，探讨唐山方言与其他各地方言的异同。一般词汇选用的是《汉语方言地图集》（词汇卷)① 中除去斯瓦迪士 100 词中相同的词以及词义调查的部分，剩余 156 个，具体见第三节。

附：斯瓦迪士 100 词

1. I 我
2. you 你
3. we 我们
4. this 这
5. that 那
6. who 谁
7. what 什么
8. not 不
9. all 全部
10. many 许多
11. one 一
12. two 二
13. big 大
14. long 长
15. small 小
16. woman 女人
17. man 男人
18. person 人
19. fish 鱼
20. bird 鸟
21. dog 狗
22. louse 虱子
23. tree 树
24. seed 种子
25. leaf 叶子
26. root 根
27. bark 树皮
28. skin 皮、皮肤
29. flesh 肉
30. blood 血
31. bone 骨头
32. grease 脂肪
33. egg 蛋
34. horn 角

---

① 曹志耘主编：《汉语方言地图集》（词汇卷），商务印书馆 2008 年版。

35. tail 尾巴	36. feather 羽毛
37. hair 头发	38. head 头
39. ear 耳朵	40. eye 眼睛
41. nose 鼻子	42. mouth 嘴
43. tooth 牙	44. tounge 舌头
45. claw 爪子	46. foot 脚
47. knee 膝盖	48. hand 手
49. belly 肚子	50. neck 脖子
51. breasts 乳房	52. heart 心
53. liver 肝	54. drink 喝
55. eat 吃	56. bite 咬
57. see 看	58. hear 听
59. know 知道	60. sleep 睡
61. die 死	62. kill 杀
63. swim 游泳	64. fly 飞
65. walk 走	66. come 来
67. lie 躺	68. sit 坐
69. stand 站	70. give 给
71. say 说	72. sun 太阳
73. moon 月亮	74. star 星星
75. water 水	76. rain 雨
77. stone 石头	78. sand 沙子
79. earth 地面	80. cloud 云
81. smoke 烟	82. fire 火
83. ash 灰（烬）	84. burn 燃烧
85. path 路	86. mountain 山
87. red 红	88. green 绿
89. yellow 黄	90. white 白
91. black 黑	92. night 晚上
93. hot 热	94. cold 冷
95. full 满	96. new 新
97. good 好	98. round 圆

99. dry 干　　　　　　　　　100. name 名字

第二节　唐山方言区内比较

一　词汇的异同

经过调查，100 个基本词在唐山各区县市有不尽相同的呈现形式，只有一个说法的有 68 个，其余 32 个存在多个说法。

（一）只有一种说法的基本词，有 68 个，只有 2 个与普通话不同，其余 66 个与普通话相同。2 个与普通话不同的基本词是"什么、脂肪"，在唐山方言里分别是"啥、膘"；66 个与普通话相同的基本词是：我、你、我们、这、那、不、一、二、大、长（形容词）、小、人、鱼、狗、树、树皮、皮、肉、血、骨头、蛋、尾巴、头发、鼻子、嘴、牙、舌头、脚、手、肚子、心、肝、喝、吃、咬、听、知道、睡、死、杀、飞、走、来、坐、给、说、月亮、星星、水、雨、石头、沙子、烟、火、山、红、绿、黄、白、黑、热、冷、满、新、圆、干（形容词）。

（二）有多种说法的基本词，有 32 个，具体说法如下表。

表一　　　　　　　　　　唐山各地说法不同的基本词

地点＼词目	谁	全部	许多	女人	男人
市区	谁	都	忒多	女的	男的
丰南	谁	都	忒多	女的	男的
曹妃甸	谁	都	忒多	女的	男的
丰润	谁	都	忒多	女的	男的
玉田	谁	全都	特别多	女的	男的
遵化	谁	都	忒多	女的	男的
迁西	谁	都	忒多	女人	男人
迁安	哪	都	可多	女人	男人
滦县	谁	都	忒多	女的	男的
滦南	哪	都	忒多	女的	男的
乐亭	哪	都	忒多	女的	男的·

续表

地点＼词目	鸟	虱子	种子	叶子	根（名词）
市区	鸟儿	虱子	种子	叶子	根
丰南	鸟儿	虱子	种子	叶子	根
曹妃甸	鸟儿	虱子	种子	叶子	根儿
丰润	雀儿	狗蹦子	种子	叶子	根
玉田	雀儿	虱子	种子	叶子	根儿
遵化	雀儿	虱子	种子	叶子	根
迁西	雀儿	虱子	种子	叶子	根儿
迁安	鸟儿	虱子	种子	叶儿	根
滦县	雀儿	虱子	种儿	叶儿	根儿
滦南	雀儿	虱子	种子	叶儿	根儿
乐亭	雀儿	虱子	种子	叶子	根儿

续表

地点＼词目	角	羽毛	头	耳朵	眼睛
市区	犄角	羽毛	头/脑袋	耳朵	眼睛
丰南	犄角	羽毛	头/脑袋	耳朵	眼睛/眼珠子
曹妃甸	角儿	羽毛	脑袋	耳头（dou）	眼睛
丰润	犄角	毛	脑袋	耳朵	眼
玉田	角儿	毛	脑袋	耳朵	眼/眼珠子
遵化	角	毛	头	耳朵	眼
迁西	角	毛	头/脑瓜子	耳朵	眼珠子
迁安	犄角	毛	脑袋	耳朵	眼睛
滦县	犄角	毛	脑袋	耳头	眼珠子
滦南	犄角	毛	脑袋	耳头	眼睛
乐亭	犄角	毛	脑袋	耳朵	眼睛

续表

词目\地点	爪子	膝盖	脖子	乳房	看
市区	爪子	波棱盖儿	脖子	妈儿/闷儿	看
丰南	爪子	波勒盖儿	脖子	妈妈儿	看
曹妃甸	爪子	波棱盖儿	脖子	妈妈儿	看
丰润	爪子	波棱盖儿	脖子	妈妈儿	看
玉田	爪子	波勒盖儿	脖子	妈妈儿	瞅
遵化	爪子	波棱盖儿	脖子	妈妈儿	看
迁西	爪子	波棱盖儿	脖子	妈妈儿	瞅
迁安	爪子	波棱盖儿	脖子	闷儿	看
滦县	爪儿	波棱盖儿	脖梗子	妈妈儿	看
滦南	爪子	波勒盖儿	脖子	妈妈儿	瞅
乐亭	爪子	圪勒瓣儿	脖子	妈妈儿	瞅

续表

词目\地点	游泳	躺	太阳	地面	站
市区	游泳	躺	太阳/日头	地面	站
丰南	浮澡	躺	日头	地上	站
曹妃甸	游泳	躺	日头	地面	站
丰润	游泳	躺	日头	地头	站
玉田	游泳	躺	日头	地下	站
遵化	游泳	躺	日头	地面	站
迁西	游泳	躺	日头	地面	站
迁安	游泳	躺	太阳	地面	立
滦县	凫水	躺	日头	地面	站
滦南	洗澡	躺	日头	地皮儿	站
乐亭	游泳	倒着	日头	地面	站

续表

地点 ＼ 词目	云	灰（烬）	燃烧	路	晚上
市区	云彩	灰	烧	路	晚上/黑介
丰南	云彩	灰	烧	道儿	后晌/黑介
曹妃甸	云彩	灰	烧	道儿	后晌
丰润	云彩	灰儿	着	道儿	黑介
玉田	云	灰	着	道儿	后晌
遵化	云彩	灰	烧	道儿	黑介
迁西	云彩	灰	烧	道儿	后晌/黑介
迁安	云彩	灰	着	道	黑介
滦县	云彩	灰	着	道儿	黑介
滦南	云彩	灰	烧	道儿	黑间
乐亭	云	灰	烧	道	后晌

续表

地点 ＼ 词目	好	名字
市区	好/强	名字
丰南	好/强	名字/名儿
曹妃甸	好	名儿
丰润	好	名字
玉田	好	名儿
遵化	好	名儿
迁西	好	名字
迁安	好	名字
滦县	好	名儿
滦南	好	名儿
乐亭	奥	名儿

二　比较结果的分析

(一) 基本词的比较结果

通过比较，100 个基本词中，只有一个说法的有 68 个，其余 32 个存在多个说法，可以从不同角度进行分类。

1. 从说法多少来看，有两个说法的有 21 个，有三个说法的有 8 个，有四个说法的有 2 个，有五个说法的有 1 个，具体如下。

两个说法的词 (21 个)：谁 (谁、哪)、全部 (全部、全都)、女人 (女人、女的)、男人 (男人、男的)、鸟 (鸟儿、雀儿)、虱子 (虱子、狗蹦子)、种子 (种子、种儿)、叶子 (叶子、叶儿)、根 (根、根儿)、羽毛 (羽毛、毛)、耳朵 (耳朵、耳头)、爪子 (爪子、爪儿)、脖子 (脖子、脖梗子)、看 (看、瞅)、躺 (躺、倒着)、站 (站、立)、太阳 (太阳、日头)、云 (云、云彩)、灰 (烬)　(灰、灰儿)、燃烧 (着、烧)、名字 (名字、名儿)。

三个说法的词 (8 个)：许多 (可多、忒多、特别多)、角 (角、角儿、犄角)、头 (头、脑袋、脑瓜子)、眼睛 (眼、眼睛、眼珠子)、乳房 (妈儿、妈妈儿、闷儿)、膝盖 (波勒盖儿、波棱盖儿、圪勒瓣儿)、路 (路、道、道儿)、好 (好、强、奥)。

四个说法的词 (2 个)：游泳 (游泳、洗澡、浮澡、凫水)、晚上 (晚上、黑介、黑间、后晌)。

五个说法的词 (1 个)：地面 (地面、地上、地下、地头、地皮儿)。

2. 从分布形式来看，以上 32 个基本词存在多个不同分布形式，其中有两个说法的太阳、名字都存在着三种不同组合分布形式：太阳 (太阳、太阳/日头、日头)、名字 (名字、名字/名儿、名儿)。

有三个说法的头、眼睛都存在着四种不同组合分布形式：头 (头、头/脑袋、脑袋、头/脑瓜子)、眼睛 (眼睛、眼睛/眼珠子、眼珠子、眼)。

因此，32 个基本词，有两种分布形式的有 21 个，有三种分布形式的是 8 个，有四种分布形式的是 2 个，有五种分布形式的是 1 个。

3. 以上 32 个基本词，不同的说法之间有的词形之间有共同点，有的词形之间没有联系。有共同点的是 17 个，没有共同点的是 15 个，具体如下。

　　词形有共同点（17 个）：全部（全部、全都）、许多（可多、忒多、特别多）、女人（女人、女的）、男人（男人、男的）、种子（种子、种儿）、叶子（叶子、叶儿）、根（根、根儿）、角（角、角儿、犄角）、羽毛（羽毛、毛）、耳朵（耳朵、耳头）、眼睛（眼、眼睛、眼珠子）、爪子（爪子、爪儿）、脖子（脖子、脖梗子）、地面（地面、地上、地下、地头、地皮儿）、云（云、云彩）、灰（烬）（灰、灰儿）、名字（名字、名儿）。

　　词形没有共同点（15 个）：谁（谁、哪）、鸟（鸟儿、雀儿）、虱子（虱子、狗蹦子）、头（头、脑袋、脑瓜子）、膝盖（波勒盖儿、波棱盖儿、圪勒瓣儿）、乳房（妈儿、妈妈儿、闷儿）、看（看、瞅）、游泳（游泳、洗澡、浮澡、凫水）、躺（躺、倒着）、站（站、立）、太阳（太阳、日头）、燃烧（着、烧）、路（路、道、道儿）、晚上（晚上、黑介、黑间、后晌）、好（好、强、奥）。

　　4. 通过分析以上 32 个基本词在各个区县市的分布，可以探讨各个区县市的方言词汇与普通话的差异度。

表八　　　　　　　　唐山各地与普通不同的词数　　　　　　（单位：个）

地点	与普通话不同的词数
市区	14
丰南	18
曹妃甸	17
丰润	17
玉田	18
遵化	15
迁西	14
迁安	15
滦县	24
滦南	21
乐亭	21

　　从上表可以看出，市区、迁西、遵化、迁安方言词汇与普通话的差距相对较小，乐亭、滦南、滦县方言词汇与普通话差距相对较大，其他区县市的差距度处于两者中间。从方言小片的归属来看，乐亭、滦县、滦南属

于保唐片昌滦小片，其余的属于保唐片蓟遵小片，尤其迁西、遵化、迁安位于唐山西北部与北部，紧邻北京官话区。蓟遵小片西面与北面紧邻北京官话区，而昌滦小片位于蓟遵小片的东部，可能是地理因素导致差异度不同，距离北京官话区越近，与普通话的差距越小。这一点可以从七大方言区与普通话的差距上得到进一步印证。以入声为例，普通话没有入声，《汉语方言地图集》（语音卷）[①] 显示，北方的方言除了晋语有一个入声之外，其他方言没有入声，而南方的方言有2—4个入声不等。

5. 分析以上32个基本词在各区县市的分布的异同数，可以探讨各个区县市方言词之间的关系。具体如下表。

表九　　　　　　　　唐山各地基本词不同的数目　　　　　（单位：个）

	市区	丰南	曹妃甸	丰润	玉田	遵化	迁西	迁安	滦县	滦南	乐亭
市区		9	10	11	18	10	13	11	16	15	16
丰南	9		10	12	14	10	14	18	17	14	15
曹妃甸	10	10		12	12	7	10	15	11	9	11
丰润	11	12	12		13	7	10	13	12	14	14
玉田	18	14	12	13		12	13	19	17	11	11
遵化	10	10	7	7	12		8	16	10	12	12
迁西	13	14	10	10	13	8		15	15	12	13
迁安	11	18	15	13	19	16	15		17	11	14
滦县	16	17	11	12	17	10	15	17		11	14
滦南	15	14	9	14	11	12	12	18	11		9
乐亭	16	15	11	14	11	12	13	17	14	9	
总计	132	136	110	122	144	108	127	159	144	129	136

通过这个表格，可以发现，各区县市之间不同词数少于10的有：市区与丰南（9）、曹妃甸与遵化（7）、曹妃甸与滦南（9）、丰润与遵化（7）、迁西与遵化（8）、滦南与乐亭（9）。以上六组之间，除曹妃甸与遵化之外，其余五组之间都是相互接壤的。市区位于唐山市中央，南边是丰南；遵化位于唐山西北角，东临迁西，东南是丰润；滦南位于唐山东边，南边是乐亭，西南是曹妃甸。

[①] 曹志耘主编：《汉语方言地图集》（语音卷），商务印书馆2008年版，第124页。

差别最大的是迁安与玉田（19），其次是迁安与丰南（18）、迁安与滦南（18）、市区和玉田（18），三次涉及迁安，说明迁安的基本词与唐山其他各区县市的差别比较大。

再看各区县市不同词数的总和，数据级差如下。

表十　　　　　　　　　唐山各地基本词不同的总数　　　　　　　　（单位：个）

级差	地点
最小（＜120）	遵化（108）、曹妃甸（110）
较小（121—130）	丰润（122）、迁西（127）、滦南（129）
中间（131—140）	市区（132）、丰南（136）、乐亭（136）
较大（141—150）	玉田（144）、滦县（144）
最大（＞151）	迁安（159）

从以上数据来看，遵化、曹妃甸与唐山其他各区、县、市之间的方言词关系最密切，迁安最疏远。

6. 对比第4条与第5条，分析各区、县、市基本词与普通话相同的词数大于等于与普通话不同的词数的统计结果，可以探讨各区、县、市方言词汇之间的亲密度是否大于与普通话的亲密度，具体数据如下表。

表十一　　　唐山各地之间不同基本词数大于其与普通话之间不同的对比　（单位：个）

	与唐山其余各区县市不同的词数											与普通话不同的词数
	市区	丰南	曹妃甸	丰润	玉田	遵化	迁西	迁安	滦县	滦南	乐亭	
市区					18				16	15	16	14
丰南								18				18
曹妃甸												17
丰润												17
玉田	18							19				18
遵化								16				15
迁西								15	15			14
迁安		18	15		19	16	15		17	18	17	15
滦县												24
滦南												21
乐亭												21

从上表可以看出，各区、县、市之间不同的词数，除迁安之外，基本上少于与普通话不同的词数，不同的地点数目如下表。

表十二　　　　　　　　　　表十一的对比结果

数目（个）	地点
0	曹妃甸、丰润、滦县、滦南、乐亭
1	丰南、遵化
2	玉田（与市区、迁安）、迁西（与迁安、滦县）
4	市区（与玉田、滦县、滦南、乐亭）
8	迁安（与除市区、丰润之外的地区）

从上表可以看出，曹妃甸、丰润、滦县、滦南、乐亭与唐山其余各地不同的词数都小于它与普通话不同的词数，数目为 1 的有两处：丰南、遵化。市区为 4，迁安为 8。

除了迁安、市区之外，其余各区、县、市的方言词之间还是很密切的。尤其是滦县、滦南和乐亭，它们尽管与普通话差距比较大，但是与唐山内部各区、县、市（除迁安之外）的关系还是很密切的。迁安与普通话的关系最远，市区处于中间位置。

曹妃甸与普通话词汇的关系比较密切，与唐山其他各地的词汇关系也很密切，这是因为曹妃甸区的前身唐海建立的时间晚，外来人口多，自身的方言特色并不明显。

市区方言词汇有自己的特色，但也受普通话等外部方言影响，所以与其余区县市方言的关系不太密切，处于中间状态。之所以说市区方言受普通话影响，主要源自三组数据，一是市区与普通话不同的词数最少；二是滦县、滦南、乐亭三地与市区的不同词数多于与普通话不同的词数，而这三地与普话差别比较大；三是迁安与只有与市区不同的词数最少，与其余各地不同的词数多。

迁安方言与唐山除市区之外各地方言的差别很大，与普通话的差别也比较大。迁安西北面是迁西，南面是滦县，东边隔青龙河与卢龙（属于秦皇岛）相望，东北边以长城为界与青龙满族自治县（属于秦皇岛）相邻。迁安与迁西、滦县的方言词差别很大，与卢龙的差别也比较大，100 个基本词里，存在差别的有 14 个，数量稍小于迁安与普通话不同的 15 个，具体如下表。

表十三 　　　　　　　　　　**迁安与卢龙不同的基本词**

地点＼词目	谁	女人	男人	虱子	种子
迁安	哪	女人	男人	虱子	种子
卢龙	谁	女的	男的	狗蹦子	种儿

表十四 　　　　　　　　　　　　**续表**

地点＼词目	根	眼睛	脖子	乳房	看
迁安	根	眼睛	脖子	闷儿	看
卢龙	根儿	眼	脖梗子	妈儿	瞅

表十五 　　　　　　　　　　　　**续表**

地点＼词目	站	太阳	云	灰（烬）
迁安	立	太阳	云彩	灰
卢龙	站	日头	云	灰儿

可以看出，迁安的方言词汇具有一定独特性。

（二）基本量词的比较。五个量词在唐山各区县市的不同说法如下表。

表十六 　　　　　　　　　　**唐山各地量词的异同**

地点＼词目	个	头	只	棵	顿
市区	个	个	个	棵	顿
丰南	个	头	只/条	棵/根	顿
曹妃甸	个	头	只	棵	顿
丰润	个	头	只	棵	顿
玉田	个	头	只	棵	顿
遵化	个	头	只	棵	顿
迁西	个	头	条	棵	顿
迁安	个	头	只	棵	顿
滦县	个	个	个	个	顿
滦南	个	个	个	棵	顿
乐亭	个	头	只	棵	顿

　　对于量词的不同，可以从三个角度分析。一是区域之间量词的异同，二是量词的在各地的不同替代，三是量词的称量范围。

　　首先看各区县市与普通话不同的词数，具体数目如下表。

表十七　　　　　唐山各地量词与普通话不同的数目　　　（单位：个）

地点	与普通话不同的词数
市区	2
丰南	2
曹妃甸	0
丰润	0
玉田	0
遵化	0
迁西	1
迁安	0
滦县	3
滦南	2
乐亭	0

　　11 个地点，市区、丰南、迁西、滦县、滦南的量词与普通话有差别。五地与普通话不同的量词之间，也存在异同，具体如下表。

表十八　　　唐山与普通话量词不同的地区之间量词的异同数目　（单位：个）

	市区	丰南	迁西	滦县
丰南	3			
迁西	2	2		
滦县	1	3	3	
滦南	0	3	2	1

　　从表中数据可以看出，市区与滦南的基本量词相同。

　　其次从量词在各地不同的替代来看，每个量词在各地有不同替代。与普通话完全相同的是个、顿，普通话也用这两个量词称数人和饭。与普通话不同的是称数猪、狗、树的量词，普通话用头、只、棵，在唐山有不同替代。

　　对于称数猪的量词头，在市区、滦县、滦南还可以用个。对于称数狗

的量词只，在丰南、迁西还可以用条，在滦县、滦南还可以用个。对于称
数树的量词棵，在丰南还可以用根，在滦县还可以用个。

最后从量词的称量范围来看，唐山方言中量词"个"的称量范围比
普通话大。个除了可以称数人之外，在市区、滦南还可以称数猪、狗，在
滦县还可以称数猪、狗、树。

第三节　唐山方言与外部的比较

一　词汇的异同

（一）基本词汇的比较

100 基本词汇在唐山、保定、北京、郑州、菏泽、济南、五莲、烟台
的有不尽相同的呈现形式，在各地说法完全相同的是 57 个，其余 42 个存
在不同说法。

1. 只有一种说法的基本词，共 59 个，并且全部与普通话相同，它们
是：这、不、一、二、大、长（形容词）、小、人、鱼、虱子、树、树
皮、皮、肉、血、骨头、蛋、尾巴、头发、耳朵、鼻子、嘴、牙、舌头、
爪子、手、肚子、心、肝、喝、咬、听、知道、死、杀、飞、走、来、
坐、给、说、水、雨、石头、烟、火、灰、山、红、绿、黄、白、黑、
热、冷、满、新、圆、干（形容词）。

2. 有多种说法的基本词，共 41 个，具体如下表。

表一　　　　　　　　　　北方各地说法不同的基本词

地点 ＼ 词目	我	你	我们	那	谁
唐山	我	你	我们	那	谁
保定	我	你	我们/俺们	那	谁/哪个
北京	我	你	我们	那	谁
郑州	我/俺	你	我们/俺	那	谁
菏泽	我/俺	你	俺/咱	那	谁
济南	我/俺	你/恁	我们/俺	那	谁
五莲	我/俺	你/恁	我们/俺	那/兀	谁
烟台	我/俺	你	我们/俺	那/兀	谁

表二

词目\地点	什么	全部	许多	女人	男人
唐山	啥	都	忒多	女的	男的
保定	什么	都	可多	女人/女的/娘儿们	男人/男的
北京	什么	都	多	女的	男的
郑州	啥	全部	多	女的/娘儿们	男的/爷儿们
菏泽	啥	都	多	女人	男人
济南	什么/么个	全部	很多	女人/女的/娘们儿	男人/男的/爷们儿
五莲	什么	全都	若干	女的/娘们儿	男的/劳力
烟台	什么	全部	老些	女人	男人

表三

词目\地点	鸟	狗	种子	叶子	根（名词）
唐山	鸟儿	狗	种子	叶子	根儿
保定	鸟儿	狗	种子	叶子	根儿
北京	鸟儿	狗	种儿	叶儿	根
郑州	鸟儿	狗	种子	叶子	根
菏泽	鸟儿	狗	种子	叶子	根
济南	鸟儿	狗	种子	叶子	根
五莲	鹎子	狗	种儿	叶儿	根儿
烟台	雀儿	狗子	种	叶儿	根儿

表四

词目\地点	脂肪	角	羽毛	头	眼睛
唐山	膘	犄角	毛	头/脑袋	眼睛
保定	膘	犄角	羽毛	头/脑袋	眼
北京	膘	角	羽毛	头/脑袋	眼睛
郑州	膘	角	羽毛	头/脑袋	眼
菏泽	脂	角	毛	头	眼
济南	脂	角	羽毛	头/脑袋	眼
五莲	脂	角	毛	头	眼
烟台	脂	角	毛	头	眼

表五

词目 地点	脚	膝盖	脖子	乳房	吃
唐山	脚	波棱盖儿	脖子	妈儿/闷儿	吃
保定	脚丫子/脚丫儿	圪拉瓣儿	脖子	奶头儿/咂儿	吃
北京	脚丫子	膝盖儿/波棱盖儿	脖子	乳房/咂儿	吃
郑州	脚	波老盖儿	脖子	妈儿	吃
菏泽	脚	圪拉拜子	脖子	妈妈	吃
济南	脚丫子	波罗盖/圪拉瓣儿	脖子/脖梗子	奶子/抱抱	吃
五莲	脚/脚丫子	波罗盖	脖子	奶子	吃
烟台	脚丫子	波棱盖儿	脖子	奶子	歹（同音字）

表六

词目 地点	看	睡	游泳	躺	站
唐山	看	睡	游泳	躺	站
保定	看	睡	游泳/洑水	躺	站
北京	瞅/看	睡	游泳/凫水	躺	站
郑州	看	睡	游泳/洑水	躺	站
菏泽	看	睡	游泳/洑水	躺	站
济南	看	睡	游泳/凫水	躺	站
五莲	看	眠	游泳/凫水	趔	站
烟台	看	睡	游泳/洑水	躺	立

表七

词目 地点	太阳	月亮	星星	沙子	地面
唐山	太阳/日头	月亮	星星	沙子	地面
保定	太阳/老爷儿/日头	月亮	星星	沙子	地面
北京	太阳/老爷儿/日头	月亮	星星	沙子	地面
郑州	太阳/日头	月亮/月奶奶	星	沙	地面
菏泽	太阳/老爷爷	月姥娘	星	沙子	溜地
济南	太阳/老爷爷儿	月亮	星	沙子	地面
五莲	太阳/日头	月明/月妈妈儿	星	沙子	地下
烟台	太阳/日头	月亮	星儿	沙	地下

表八

地点 \ 词目	云	燃烧	路	晚上	好
唐山	云彩	烧	路	晚上/黑介	好/强
保定	云彩	着	路/道儿	晚上/黑家	好/强
北京	云	烧/着	路/道儿	晚上	好/强
郑州	云彩	着	路	黑家	好
菏泽	云彩	烧	路	晚上/黑夜	好
济南	云彩	烧/着	路	晚上/后晌	好/强/赛
五莲	云彩	烧/着	路	后晌	好/强
烟台	云彩	烧	路/道儿	黑儿天	好/强

表九

地点 \ 词目	名字
唐山	名字
保定	名字
北京	名字/名儿
郑州	名儿
菏泽	名儿
济南	名字
五莲	名儿
烟台	名儿

（二）一般词汇的比较

冀鲁官话分为三个片，保唐片、石济片和沧惠片，唐山属于保唐片，济南属于石济片，增加属于沧惠片的南皮。

选用的一般词汇是《汉语方言地图集》（词汇卷）中除去100基本词、词义调查的部分，共156个，它们是：雷、下雨、虹、雹子、今天、明天、去年、稻子、麦秸、玉米、面儿（玉米~）、红薯、马铃薯、花生、蚕豆、萝卜、辣椒、茄子、西红柿、向日葵、种猪、母猪、阉（~公猪）、宰（~猪）、猪圈、下（鸡~蛋）、鸡蛋、猴子、老虎、老鼠、蛇、窝（鸟~）、小孩儿、客人、爷爷、奶奶、外祖父、外祖母、爸爸、妈妈、舅妈、丈夫、妻子、娶、儿子、儿媳妇、女儿、婿、外孙、脸、左手、右手、拳头、脚、屁股、屎、阴茎、女阴、肏、穿、系（～鞋带）、脱（～鞋）、衣裳、袖子、夹（～菜）、倒（～酒）、煮、煠（～油条）、馒头、包子、菜（～菜）、猪舌头、醋、饿、渴、村儿（一个～）、胡同、房子（一座～）、屋子（一间～）、窗户、炕、坟墓、锅、柴火、菜刀、筷子、桌子、瓶子、盖子、梳子、肥皂、雨伞、东西、事情、闻（用鼻子～）、叫（～他一声）、哭、骂、打（～人）、抱、拔（～萝卜）、抓（～小偷）、抬、挑（～担）、蹲、跳、踩、跑、逃、擦、砍、埋、藏（～起来）、放（～在桌子上）、掉、捡、找（～钥匙）、挑（～选）、欠（～他十块钱）、要（我～这个）、想（让我～一下）、怕、玩儿、洗澡、粗、细、高、矮、厚、薄、宽、窄、弯、密、稀、亮（指光线）、淡（菜～）、疼、快（刀子～）、快（坐车比走路～）、晚（来～了）、肥（猪～）、胖（人～）、瘦、漂亮（她很～）、对（账算～了）、错（账算～了）、二十、个（一～人）、头（一～猪）、只（一～狗）、棵（一～树）、辆（一～车）、件（一～事情）、行（一～字）、顿（一～饭）、块（一～钱）、毛（一～钱）。

二　比较结果的分析

（一）基本词汇与一般词汇的比较结果

1. 100 基本词，唐山与各地说法不同的词数并不一致，具体如下表。

表十　　　　　　　　唐山与北方各地基本词不同的数目　　　　　（单位：个）

地点	保定	北京	郑州	菏泽	济南	五莲	烟台
词数	16	17	21	20	23	28	27

唐山与保定不同的词数最少，与五莲不同的词数最多，从次方言区的差别度来看，唐山与冀鲁官话（保定）、北京官话（北京）的关系比较密切，与中原官话的关系比较疏远，与胶辽官话（五莲、烟台）的关系最疏远。冀鲁官话、中原官话、胶辽官话各选取了两个点，唐山与中原官话内、冀鲁官话内两个点不同的词数相差不大，比较均衡，说明唐山方言词与这两个次方言区的关系比较稳定；特殊的是冀鲁官话的两个点，唐山与保定很近，与济南比较疏远，甚至疏远过中原官话。因此，从来源上看，唐山方言词与北京官话的关系比较密切，与保定的关系也很密切，与冀鲁官话整体的关系还需要探讨。

2. 一般词汇。统计唐山与北京、南皮、济南的一般词汇相同的数目，具体如下。

表十一　　　　　　唐山与三地一般词相同的数目与比例　　　　（单位：个）

	北京	唐山	南皮
唐山	104（66.7%）		
南皮	102（65.4%）	103（66%）	
济南	94（60.3%）	102（65.4%）	108（69.2%）

注：括号内为百分比。

唐山、济南、南皮之间两地共同的词数在 102—108 个之间，比例在 65.4%—69.2% 之间，说明冀鲁官话内部的方言词汇比较一致，尤其是济南和南皮之间相同的最多。冀鲁官话与北京官话的关系并不一致，唐山、南皮的方言词汇与北京的差距比较小，济南的方言词汇与北京的差距比较大。

（1）分析冀鲁官话内部唐山与济南、南皮之间方言词汇不同的部分。

唐山与济南不同的方言词有 54 个，其中有共同词根语素的是 26 个，没有共同词根语素的是 28 个。28 个没有共同词根语素的方言词（括号里顿号之前是唐山的，顿号之后是济南的）：玉米（玉秫/玉秫秫、棒子）、红薯（白薯、地瓜）、马铃薯（土豆儿、地蛋）、花生（落花生/花生、长果）、辣椒（酱母子、辣椒）、向日葵（转子莲、朝阳花）、种猪（跑楞子、种猪）、母猪（老骒、母猪）、阉（劁、择）、宰（杀、宰）、老鼠（耗子、老鼠）、舅妈（妗子、舅母）、丈夫（老爷们儿、男人）、妻子（老娘们儿、内人）、女婿（姑爷、闺女女婿）、阴茎（鸡巴、雀子/鸟）、夹（夹、机＝）、馒头（馒头、馍馍）、房子（房子、屋）、闻（听、闻）、叫（招呼、喊）、打（打、揍）、拔（薅、拔）、蹲（蹲、跕［K－］堆）、捡（捡、拾）、亮（亮、明/明快）、头（个、头）、件（个、件儿）。

唐山与南皮不同的方言词有 53 个，其中有共同词根语素的是 27 个，没有共同词根语素的是 26 个。26 个没有共同词根语素的方言词（括号里顿号之前是唐山的，顿号之后是南皮的）：玉米（玉秫/玉秫秫、棒子）、红薯（白薯、山芋）、辣椒（酱母子、辣椒）、种猪（跑楞子、种猪）、母猪（老骒、母猪）、宰（杀、宰）、蛇（长虫、蛇）、爸爸（爸爸、爹）、妈妈（妈、娘）、丈夫（老爷们儿、老头/老头子）、妻子（老娘们儿、老婆/媳妇)、屁股（屁股、腚)、夹（夹、搛)、倒（倒、斟/满)、馒头（馒头、饽饽)、屋子（房子、屋子)、闻（听、闻)、叫（招呼、叫)、拔（薅、拔)、抓（逮、抓)、踩（踩、踹)、放（搁、放)、捡（捡、拾)、头（个、口/头)、只（只、个)、件（个、件)。

在一般词汇方面，唐山与冀鲁官话内部另外两点的关系均衡。

（2）分析唐山与北京之间方言词汇不同的部分。

唐山与北京不同的方言词有 52 个，其中有共同词根语素的是 36 个，没有共同词根语素的是 16 个。16 个没有共同词根语素的方言词（括号里顿号之前是唐山的，顿号之后是北京的)：蛇（长虫、蛇)、舅妈（舅妈、妗子)、丈夫（掌柜的、老头/老头子)、屁股（屁股、腚)、屎（屎、屃屃/屎)、倒（倒、斟/满)、馒头（馒头、饽饽)、村儿（村儿、庄儿)、踩（踩、踹)、逃（逃、跑)、放（搁、放)、捡（捡、拾)、怕（忕、怕)、只（条、个)。

以上两种对比，可以发现，唐山与北京的一般词汇相同度最大，大于与冀鲁官话内部另外两点的相同度。

100 基本词的异同有助于判断方言来源上的接近程度，而一般词的异同显示的是方言之间互动程度的大小。冀鲁官话内部一般词汇的互动比较均衡，但与北京官话的互动则不均衡，最北边的唐山与北京官话互动多，最南边的济南与北京官话互动少。因此，在一般词汇上，唐山与北京互动的程度大于与冀鲁官话内部的济南、南皮的互动。

无论从 100 基本词还是一般词汇来看，唐山方言词与北京官话的密切程度都大于与冀鲁官话另外两片的密切程度。

新近的方言语音研究结论显示，唐山方言所在的保唐片，学者倾向于划归北京官话。钱曾怡主编《汉语官话方言研究》："可以预见，保唐片方言'脱冀入京'的演变趋势将会越来越明显。我们目前仅是暂时维持保唐片在冀鲁官话中的地位。"[1] 后来的学者也赞同这个观点，张世方《北京官话语音研究》[2]、张树铮《论保唐片方言的归属》等，例如张树铮认为："它古清入字今散归四声的特点其实与北京（东北）官话一致，而与冀鲁官话的石济片和沧惠片扞格不入。从现状看，保唐片方言与北京官话在许多语音特征上相同或相似；从历史看，它们都是燕云十六州割让

---

① 钱曾怡主编：《汉语官话方言研究》，齐鲁书社 2010 年版，第 130 页。

② 张世方：《北京官话语音研究》，北京语言大学出版社 2010 年版，第 46 页。

于辽后在古幽燕方言基础上疏离中原地区影响而发展起来的。因此我们认为，应当将保唐片方言归于北京官话。"①

所以，从词汇和语音的角度看，唐山方言可以划归北京官话。

（二）基本量词的比较

基本量词在各地的使用情况如下表。

表十二　　　　　　　　　北方各地量词的异同

地点＼词目	个	头	只	棵	顿
唐山	个	个	个	棵	顿
保定	个	头	条/个	棵	顿
北京	个	头	条	棵	顿
郑州	个	个	个	个/棵	顿
菏泽	个	个	个	棵	顿
济南	个	头	条/个	棵	顿
五莲	个	个	个	棵	顿
烟台	个	个	条	棵	顿

对于量词的不同，可以从三个角度分析。一是区域之间量词的异同，二是量词的在各地的不同替代，三是量词的称量范围。

首先看各区县市与普通话不同的词数，具体数目如下表。

表十三　　　　　　　北方各地与普通话量词不同的数目　　　　（单位：个）

地点	与普通话不同的词数
唐山	2
保定	1
北京	1
郑州	3
菏泽	2
济南	1
五莲	2
烟台	2

---

① 张树铮：《论保唐片方言的归属》，《山东大学学报》2012 年第 4 期，第 147 页。

　　各地与普通话都有不同。即便北京话也与普通话不完全相同。以上五个基本量词，唐山、菏泽、五莲完全相同，但分别属于冀鲁官话、中原官话、胶辽官话，因此基本量词不能作为判断方言同源关系的依据。

　　其次看量词在各地的不同替代。八地之间，对于称数人和饭的量词全都相同，分别都是人、顿。对于称数猪、狗、树的量词存在差异。在称数猪、狗方面，唐山与郑州、菏泽、五莲相同，全都用个，保定、北京都用头。在称数狗方面，八地全部与普通话不相同，没有使用"只"的，唐山、郑州、菏泽、五莲用个，北京、烟台用条，保定、济南兼用条和个，这是在五个基本量词里面差别最大的一个。在称数树方面，郑州兼用个和棵，其余七地用棵。

　　最后看量词的称量范围。量词"个"的称数范围比普通话要大，比较的各地，除了都能称数人之外，在烟台还能称数猪，在唐山、菏泽、五莲还能称数猪、狗，在郑州还能称数猪、狗、树。量词"条"在保定、北京、济南、烟台可以用于称数狗。

第五章

唐山方言词汇的历史

本章探讨唐山方言词汇的历史，主要依据是地方志中记载的方言词，以及史梦兰的《燕说》，地方志包括清代的《滦州志》和《玉田县志》，民国的《滦县志》和《迁安县志》。分为两个阶段，一是清代唐山方言词汇，二是民国唐山方言词汇。本章的研究角度分为两个，一是本体分析，分析方言词汇本身的面貌，二是比较，比较本地方言词汇的历时演变。

对于记录方言词汇的用字，古人已经认识到难以选择，清代《玉田县志》卷七《方言》："往往有音无字，难以实指，或权用假借，或仿李氏《音监》，以翻切明之，各种依类系缀，用便检阅。"方言词汇有时有音无字，要记录它们只好用别的字来代替，所以有时候记录同一个词，不同的著作可能会出现不同的情况，有方言本字的词会相同，《燕说》卷三："补绽曰补靪。"《滦州志》卷八《方言》："补绽曰补靪。"两种著作用的是相同的本字，到了现在，我们已经不用"补靪"这个词形了，《现代汉语词典》："【补丁】（补钉、补靪）名①补在破损的衣服或其他物品上的东西。"① 无方言本字的词可能会不同，《燕说》卷三："醵钱作食曰打瓶夥。"《滦州志》卷八《方言》："醵钱作酒食曰打平夥。"汉字简化以后，除了表示"多"义的夥，独立之外，其余都归并到伙，现在多使用打平伙这个词形，全国很多方言区都有打平伙这个词，《汉语方言大词典》："打平伙：众人出钱聚餐。……也作'打平火'、'打平和'。"② 使用这个词的方言有东北官话、北京官话、冀鲁官话、中原官话、晋语、江淮官话、西南官话、吴语、湘语、赣语、客家话，汉语方言区除了胶辽官话、兰银官话和粤语都有用例，还可以只用平伙，《汉语方言大词典》："共同出钱置办酒食。西南官话。四川崇庆。1926 年《崇庆县志》：'平

---

① 中国社会科学院语言研究所词典编辑室：《现代汉语词典》（第 6 版），商务印书馆 2012 年版，第 103 页。

② 许宝华等：《汉语方言大词典》，中华书局 1999 年版，第 1034 页。

伙，同出钱具酒食也。'"① 从来源看，"打平火"出现的时间最早，在明代，《二刻拍案惊奇》卷三九："有个纱王三，乃是王织纱第三个儿子，平日与众道士相好，常合伴打平火。"还可以拆开，《二刻拍案惊奇》卷二二："公子不肯，众人又说：'不好独难为他一个，我们大家凑些，打个平火。'"

第一节　唐山方言词汇的形成

唐山方言属于汉语北方方言的冀鲁官话保唐片，是北方方言在唐山发展演变的结果。必须反映本地人民生活，才能满足本地人民的交际需要，这是唐山方言形成的根本原因，另外移民也对唐山方言的形成产生极大影响。

一　方言发展的结果

关于北方方言出现的时间，有不同意见，徐通锵《历史语言学》根据语言年代学的理论，测算出北方方言与其他方言分化的年代大致如下：

与赣语：元初至元末（1218—1352）

与湘语：北宋晚期至南宋晚期（1111—1249）

与吴语：五代末期至南宋初（959—1139）

与粤语：北宋真宗年间至南宋初（1002—1177）

与客家话：中唐德宗年间至北宋初（801—989）

与闽语：东汉末至刘宋初（196—427）

这个结果，笔者认为"测算出来的年代都偏晚"②。游汝杰《汉语方言学导论》认为："到了南宋时代汉语方言的宏观地理格局基本形成，后代变化不大，即北方有北方话，江浙有吴语、江西有赣语、福建有闽语、湖南有湘语、广东有粤语、广西有平话的前身、客话则主要散处闽西、赣南和粤北。"③ 南宋时期，北方方言已经出现了，这时北方是金，金代定

①　许宝华等：《汉语方言大词典》，中华书局1999年版，第1187页。

②　徐通锵：《历史语言学》，商务印书馆1995年版，第465页。

③　游汝杰：《汉语方言学导论》，上海教育出版社1992年版，第95页。

都今北京，此后北京话逐渐形成，最终成为官话，北方方言能够追溯到金。在金代，迁安县已经出现，此地有从外地迁来的人口，至于当地的方言，已经无从考证。此后，唐山方言就跟随北方方言一起发展演变，直到现在。

唐山历史上不同时代流传下来的方言词各不相同，现存确切的记录方言词的文献是清代的和民国的，关于这两个时代的唐山方言词，见第四章。

二　本地人民生活的反映

唐山方言是本地人民进行言语交际的工具，为了满足本地人民的交际需要，承载本地生活、物产等信息，例如唐山的地方物产［饹馇、玉田青（产自玉田的一种白菜）］、风土人情［大操（丧事主持人）］、本地人民的思想感情［肉（意为迟钝、慢性子）］等，都需要反映到方言中。因此，狭义的唐山方言词汇具有地方特色，这是本地人民的生活所决定的。

三　外来人口的影响

外来的移民给唐山方言词汇的发展演变带来了一些外来因素。

（一）明初迁入的移民

明初的明太祖朱元璋洪武年间、明成祖朱棣永乐年间，两次全国范围内的大移民，对唐山方言产生了巨大影响并且留下语言遗迹，使唐山出现了大量的"×各庄"，关于这个问题，在第三章已经论述过。

（二）明朝中后期驻扎的军队

戚继光在隆庆元年（1567年）至万历十一年（1583年）驻守迁西、迁安，带来大批江浙一带的士兵，《明史·戚继光传》："谭纶督师辽、蓟，乃集步兵三万，征浙兵三千，请专属继光训练。帝可之。"有三千江浙士兵，加上他们的家属，人数会更多。到了明朝后期，吴语已经形成，这些江浙的方言也是吴语。

现在迁西、迁安方言没有卷舌韵母，《迁西县志·方言》第一章《语言》第二节"韵母"："迁西方音最显著的特点是没有卷舌韵母［ɚ］，普通话的［ɚ］音节，迁西方言读作［ɜə］复合元音。"[①]《迁安县志·方言》第一节"方言概说"："迁安方音最显著的特点是没有普通话的卷舌韵母［ɚ］。"[②]《唐山方言与普通话》："在迁西、迁安方言中 er 不论作为

---

① 迁西县地方志编委会：《迁西县志》，中国科学技术出版社1991年版，第660页。
② 迁安县地方志编委会：《迁安县志》，中国社会科学出版社1994年版，第553页。

单音节出现，还是表示儿化，发音时舌位都过于靠前，并且没有卷舌动作。"①

卷舌韵母 er 是普通话和北方方言普遍具有的一个韵母，《汉语官话方言研究》调查了北方方言区 70 个点"儿"的读音，有 53 个点读 er②。这个比例是很高的。在其他方言区，"儿"的读音几乎都不是 [ɚ]，《汉语方音字汇》调查的武汉、合肥、扬州、苏州、温州、长沙、双峰、南昌、梅县、广州、阳江、厦门、潮州、福州、建瓯，属于汉语其余的六大方言，全部"儿"的读音全都不是 [ɚ]③。《汉语方言地图集》（语音卷）显示，长江中游以南（除去湖南西北部）几乎没有卷舌韵母④。可以认为，卷舌韵母 [ɚ] 是普通话与北方方言所特有的。

关于卷舌韵母 [ɚ] 产生的时间，《中原音韵》支思韵的"儿、二、耳"等日母字变为卷舌元音 [ɚ]。法国传教士金尼阁《西儒耳目资》（1626 年）把"儿"等标音为 [ul]，不标辅音声母，说明它们的读音已经开始变化了，这个音实际上就是卷舌韵母 er，前面的 u 读音接近 ɑ，后面的 l 表示卷舌动作，陆志韦⑤认为："这音已经是现代国语的'儿'。"方以智《切韵声原》（1641 年）："儿为独字，姑以人谁切附此。"当时"儿"的读音已经发生变化，已经不再与"人"等日母字同声母，所以称为"独字"，可以认为已经读为 [ɚ] 了。"总之，到 17 世纪，卷舌元音 [ər] 就开始形成了。"⑥

到了明朝后期，江浙一带的吴语已经形成（吴语形成的时间最晚在南宋），这些江浙士兵的方言也是吴语，直到现在，吴语的"儿、耳、二"等字的读音都不是 er，以此反推，在四百多年前的明朝后期，读音更不可能是 er。江苏昆山人王应电《同文备考》的附录叫《声韵会通》（1540 年），把韵母分了类，其中有兮类、资类、支类、余类、耶类等，没有一类的读音是 er。

卷舌韵母 [ɚ] 形成的时间是 17 世纪，迁西、迁安方言处在北方方

① 赵立新、戴连第主编：《唐山方言与普通话》，花山文艺出版社 2000 年版，第 136 页。

② 钱曾怡主编：《汉语官话方言研究》，齐鲁书社 2010 年版，第 27—29 页。

③ 北京大学中国语言文学系语言学教研室编：《汉语方音字汇》，语文出版社 2003 年版，第 71 页。

④ 曹志耘主编：《汉语方言地图集》（语音卷），商务印书馆 2008 年版，第 205 页。

⑤ 陆志韦：《金尼阁〈西儒耳目资〉所记的音》，《燕京学报》1947 年第 33 期，第 124 页。

⑥ 向熹：《简明汉语史》，商务印书馆 2010 年版，第 338 页。

言的中心却没有卷舌韵母［ɚ］，说明当地方言演变的这个过程中断了，当地没有跟随周边方言的步调一起演变，说明是受到外来因素的干扰导致中断的。戚继光调任迁西、迁安的时间是 16 世纪末，正好早于卷舌韵母［ɚ］形成的时间，在明代，两地大规模迁入的非北方方言移民只有戚继光带来的江浙士兵，并且吴语没有卷舌韵母，江浙士兵虽然人数少，但他们是跟随戚继光消灭倭寇的主力，声望高，相应的他们的方言影响力也会比较大。可以认为，现在迁西、迁安没有卷舌韵母是受吴语的影响。

（三）清代驻守的士兵

清朝建立以后，从顺治开始在遵化开建皇陵，俗称清东陵，东陵埋葬着顺治、康熙、乾隆、道光、同治等五个皇帝，还有孝庄、慈禧等人，东陵建设的时间几乎贯穿整个清朝，清政府长期派八旗兵驻守东陵，现在遵化有三个满族乡，八旗兵带来的北京话，使当地形成了北京话方言岛①。《遵化县志·方言》第二章"词汇"第二十三节"满族的亲属称谓"收录了一部分称谓语。"太：奶。阿妈：父亲。奶：母亲。爹：叔。叔叔：伯父。姑爸：姑。"② 这些称谓语和汉族的不同。

唐山的长城沿线一直是军事重地，明政府派有重兵把守，到了明末，后金多次从唐山的长城关隘进攻南下，到了清代，虽然这里不再是前线，清政府还是在沿线的关隘派兵驻守，由于有外地籍贯的士兵长期驻守，官话成了他们的通用语，所以迁西、迁安长城沿线一代的方言比较接近普通话。

（四）清末以来的外国人

清末在唐山发现煤矿，随后清政府建立开滦煤矿，招聘技术人员与工人，来到唐山的技术人员有些是外国人，管理人员有些是广东人，工人则来自很多地方，随后出现了一些与外语或煤矿有关的方言词，例如，叫投篮叫秀啊，叫下煤矿矿井的工人叫老板子。前者"秀啊"实际上是英语单词"shoot"（投球）的音译。

以上四次规模比较大的外来人口迁入，对唐山方言都产生了一定影响，但是影响的程度不一样，现在，明初移民的影响仅限于村名，江浙士兵的影响仅限于迁西、迁安的卷舌韵母，清代驻军的影响仅限于唐山北部，开矿之后的影响主要在词汇，并且在逐渐退出交际，不再使用。

---

① 张阳：《清东陵北京话方言岛语音调查》，硕士学位论文，中央民族大学，2011 年。
② 遵化县志编委会：《遵化县志》，河北人民出版社 1990 年版，第 608 页。

第二节 清代唐山方言词汇

本节依据的材料主要是清代史梦兰的《燕说》和夏子鐊等编纂的《玉田县志》，王文鼎、王大本等编纂的《滦州志》。史梦兰是乐亭人，《燕说》、《滦州志》记录的方言词主要反映唐山方言东区的方言词汇面貌，《玉田县志》的则主要反映西区的方言词汇面貌。

本节主要解决三个问题：一是清代唐山方言词汇概况，二是清代唐山方言词的源流，三是《红楼梦》与唐山方言词汇的关系。

本节所有词条之前的序号为本书作者所加，目的是便于从附录一的第二部分中查找核对。

一 清代唐山方言词汇概况

（一）《燕说》方言词概况

《燕说》，清末学者史梦兰作。史梦兰，字香厓，号砚农，又自号竹素园丁，直隶乐亭县（今唐山乐亭县）人，生于嘉庆十八年（1813 年）四月二十九日，殁于光绪二十四年（1898 年）十二月二日。史梦兰学问淹通，著述宏富，著作除《燕说》之外，还有《论语翼注骈枝》、《全史宫词》、《止园笔谈》、《永平诗存》、《畿辅艺文考》、《叠雅》、《异号类编》、《谣谚拾遗》等，此外还主编了《乐亭县志》、《迁安县志》、《抚宁县志》和《永平府志》。《清史列传》有传。现存《燕说》为同治丁卯年（1867 年）所刻，收入史梦兰止园庄板《止园丛书》中。

据《燕说·序》可知，史梦兰作《燕说》缘起是，"余尝读扬子《方言》，知委巷之谈，动关训典，习焉不察，遂忘其祖。……然辨物称名之际，传声写貌之间，往往有尧童灶妾习其语，而学士大夫不能举其字者，余心歉焉"。民间口语和书面语最初是有联系的，只是时间长了，人们已经不知道现在口语的本字是什么了，作者对此感到惭愧，于是作《燕说》，编写此书的目的，《序》："以雅诂俗，以彼证此。"即为以书面语解释口语，查找口语词的源头。因此，《燕说》是一部考证方言本字、查找方言源头的训诂著作。

《燕说》共四卷，卷一收录 107 条，卷二 173 条，卷三 155 条，卷四 164 条，共 599 条，其中卷四有三条各收录两条俚语，所以全书共收 602

条俚语，这些俚语基本是方言词，例如邋遢、把滑、赁、打夯等，卷四最后是有些是方言语，例如一出、一宗、不中用、可怜见等。卷一收录一般动词、形容词，个别是名词，基本上是双音词；卷二收录的词以人的肢体动作词为主，全是单音词；卷三收录与天文、地理、农具、日用器具、乐器、建筑、服饰等有关的词语，单音词、多音词都有；卷四收录与人体、饮食有关的词语，以及名量搭配、惯用语。

《燕说》解词的体例，完整的体例是每条先列出方言本字，本字生僻的列读音，再列出最早的出处，最后列异体字，有的还有按语，最简单的则只列方言本字。例如：

　　　取物曰㩳揫。揫，先侯切，漱平声。《字林》："㩳揫，取也。"或作捒。（卷一）

　　79. 妇容美好曰俏。（卷二）

　　32. 钓丝之半系以荻梗曰浮子，视其没则知鱼之中钩。韩退之《钓鱼诗》云："羽沉知食駃。"则唐世盖浮以羽也。（卷三）

第一例，先列方言本字，然后列生僻字的读音，再列出处，最后是异体字。㩳揫现在是吴方言词，《汉语方言大词典》："【㩳揫】：①＜动＞寻衅。吴语。浙江苍南金乡。~起讲七讲八。②＜动＞取。吴语。浙江象山。乾隆二十四年《象山县志》：'~，《广韵》：取也。出陆氏《字林》。'"[1] 现在唐山方言不用㩳揫了，表达取物的词最常用的是"取 [tɕʰiou²¹⁴]"，读音与现代汉语普通话的读音 [tɕʰy²¹⁴] 韵母不同（附录《燕说》词条只列现在唐山方言还在使用的词，并且添加编号，不再使用的没有列入，没有编号。"㩳揫"现在唐山方言已经不再使用，所以没有编号。《燕说》词条编号下同）。

第二例，只列方言本字。现在俏这个词，在普通话里是褒义的，《现代汉语词典》："俏：①形 俊俏；样子好看；行动灵活：打扮得真~｜走着~步儿。"[2] 在方言里多含有贬义色彩，《汉语方言大词典》："俏：①

---

① 许宝华等：《汉语方言大词典》，中华书局1999年版，第6033页。

② 中国社会科学院语言研究所词典编辑室：《现代汉语词典》（第6版），商务印书馆2012年版，第1047页。

<形>美好；好（多含贬义）。"①五莲方言（笔者家乡方言，属于胶辽官话）的俏是贬义色彩的，例如"这么冷的天，不穿棉袄，真是俏。"冬天穿棉袄显得肥大，年轻人为了好看不爱穿棉袄，长辈就认为他们俏，为了好看宁愿受冻。现在唐山方言形容女性貌美，很少用俏，多用俊。

第三例，先列方言本字，再列举出处，最后是按语，浮子现在是普通话的词语，《现代汉语词典》："【浮子】 名 鱼漂。"② 方言中也用，五莲方言用浮子这个词。现在唐山方言还在用，有些地方用别的名称，据《河北方言词汇编》③，丰润叫"鱼漂儿"，滦县、乐亭叫"漂漂"。

由于《燕说》的目的是考证方言本字，因而考证出的本字字形与当时或后世通用的字形并不完全相同。

49. 几案曰棹。案：棹同櫂，又直角切。《正字通》："倚卓也。"杨亿《谈苑》："咸平、景德中，主家造檀香倚卓。"（卷三）

桌椅的桌，最初的字形是"卓"，宋·赵与时《宾退录》卷一："（蔡）京遣人廉得有黄罗大帐、金龙朱红倚卓、金龙香炉。"宋·史绳祖《学斋占毕》卷二："盖其席地而坐，不设卓倚，即古之设筵敷席也。"后来才变为"桌"，明·文秉《列皇小识》卷二："上与讲官俗共一桌，真不啻天颜咫尺矣。"《正字通·木部》："桌，呼几案曰桌。"也曾经借用过"棹"，《朱子语类》卷九十："同人在旅中遇有私忌，于所舍设棹，炷香可否？"后来在字形演变过程中，"棹"淘汰，只剩下"桌"，沿用至今。在文献出现的时间上，"棹"早于"桌"，所以《燕说》定的本字是"棹"，而不是使用更广泛的"桌"，由于这个原因，《燕说》在引用《正字通》的时候，宁远选择"倚卓也"，而不引用"呼几案曰桌"。

（二）《玉田县志》、《滦州志》方言词概况

夏子鎏等编纂的《玉田县志》，刊于光绪十年（1884 年），卷七《舆地志·方音方言》收录玉田方言词条，收方言词 374 条。有的一条是一个方言词，有的一条包含多个方言词，有的不是方言词，而是方言用语，

---

① 许宝华等：《汉语方言大词典》，中华书局 1999 年版，第 4247 页。
② 中国社会科学院语言研究所词典编辑室：《现代汉语词典》（第 6 版），商务印书馆 2012 年版，第 401 页。
③ 李行健主编：《河北方言词汇》，商务印书馆 1995 年版，第 148 页。

有的是方言使用的词而不是方言词。例如：

1. 畲儿者：犹云何故，盖怎么二字之讹。

畲儿者：怎么了？今作"咋儿着"。

6. 谓就为奏，又为作为奏：如人即时来曰奏来，事即时办曰奏办。又作工曰奏工夫。

奏：就。即将来到叫奏来，即将作某事叫奏办。

奏：作。干活叫奏工夫。

9. 冷不及的：犹云不妨。

冷不及的：没有防备。

12. 犯不上：犹云不相干。亦云合不着。

犯不上：不相干，或者不值得。《红楼梦》第三十二回："林姑娘也犯不上生气，他既会剪，就叫他做。"

19. 别架：禁戒之词。犹云莫要。

别架：用于劝阻别人的词。又叫莫要。今作"别价"。《儿女英雄传》第七回："又听得一个苍老声音说道：'事情到了这里，我们还是好生求他，别价破口。'"

20. 咱们：犹云我辈。

咱们：我们。宋·周密《癸辛杂识续集·文山书为北人所重》："〔主人笑曰〕咱们祖上亦是宋氏，流落在此。"

355. 大爷大娘：伯父母也。

大爷：伯父。

大娘：伯母。

以上七条的情形各不相同。第6条，奏是同形词，一个是"就"的同音词，一个是"作"的同音词。第1条，畲儿者（今作"咋儿着"）表示疑问，至今仍在使用。第9条，冷不及的是方言惯用语，在文献里没有用例。第12条，犯不上是方言惯用语，在《红楼梦》里有用例。第19条，别架（今作"别价"）是方言语，而不是方言词。第20条，咱们这个词在清代的玉田方言里出现了，但这个词不是方言词。第355条，包含两个方言词大爷、大娘。

王文鼎、王大本等编纂的《滦州志》，刊于光绪二十四年（1898

年），卷八《封域志·方言》收录滦州方言词，收方言词69条。每一条收录的方言词数并不相同，其中第1条是方言读音。

> 1. 读滦曰若兰。
>
> 读滦与兰同音，滦的韵头u去掉，至今仍是如此。
>
> 2. 呼父曰爹。母曰妈。
>
> 爹：父亲。《广雅·释亲》："爹，父也。"
>
> 妈：母亲。宋·赵彦卫《云麓漫钞》卷三："韩退之《祭女挐文》自称曰阿爹，阿八，岂唐人又称母为阿八？今人则曰妈。"
>
> 11. 称卑幼曰相公。
>
> 相公：地位低、年龄小的人。
>
> 34. 物相似曰活脱。
>
> 活脱：物体很相似。宋·杨万里《冬暖》诗："小春活脱是春时，霜熟风酣日上迟。"

以上四条各不相同。第1条，记录方言语音，滦县的滦，读音与兰[lan³⁵]相同，这个读音至今仍然如此。第2条有两个方言词，爹、妈。第11条，相公的这个词义是方言里的，没有文献用例。第36条，活脱是方言词，有文献用例。

另外，清代《丰润县志》卷之三《土音》记载了三条语音：讹读作挪，我读作挪上声，爱读作乃去声。反映出的语音现象是开口呼零声母前加［n］。这个语音现象维持到现在。

（三）三书方言词比较

三部著作都记录了唐山方言词，但是所记录方言词数目不一，并且对方言词的注解也不尽相同。原因在于三部著作的性质不相同，《玉田县志》和《滦州志》是志书，重在原汁原味地记录，所以记载的方言词更接近方音；《燕说》是训诂性质的研究著作，重在考查方言的来源，所以记载的方言词重在使用本字。

三部著作记载的方言词相同或相近的部分，可以用来比较各地方言词的异同；不同的部分可以用来计算方言词的总量。

下面比较相同或相近的方言词。

1. 完全相同的词（《玉田县志》简称《玉》，《滦州志》简称《滦》，数字表示第几条）。

（1）词形、词义完全相同　共有 17 组，具体如下。

> 暑怨（《燕说》卷一第 35 条、《滦》39）
>
> 打（《燕说》卷二第 35 条、《滦》62）
>
> 担（《燕说》卷二第 37 条、《滦》68）
>
> 傻（《燕说》卷二第 81 条、《滦》46）
>
> 毽（《燕说》卷三第 67 条、《滦》56）
>
> 崽子（《燕说》卷四第 43 条、《滦》27）
>
> 穷棒子（《燕说》第四卷第 41 条、《滦》29）
>
> 玩（《燕说》卷四第 47 条、《滦》48）
>
> 咱们（《燕说》卷四第 72 条、《玉》20）
>
> 打秋风（《玉》248、《滦》50）
>
> 老爷（《玉》351、《滦》23）
>
> 爹（《玉》353、《滦》2）
>
> 妈（《玉》353、《滦》2）
>
> 爷爷（《玉》352、《滦》3）
>
> 奶奶（《玉》352、《滦》3）
>
> 叔叔（《玉》356、《滦》5）、婶子（《玉》356、《滦》5）

　　以上 17 组，从相同的数量来看，《燕说》与《滦州志》相同的有 8 组，并且都是动词与抽象名词，原因可能有两个，一是《燕说》成书较早，给后来的方言著作提供参考，二是史梦兰是乐亭人，长期居住在昌黎，而滦县位于昌黎以西，乐亭以北，至今仍然与昌黎、乐亭同属冀鲁官话保唐片滦昌小片，方言几乎相同，所以两书相同的方言词也多。《燕说》与《滦州志》记录的都是唐山东部的方言，《玉田县志》与这两部书有 9 组相同的词，但都是称谓语，说明还是有一定共同点的。

　　以上 17 组方言词可以分为两小类，一是暑怨、担、老爷，到现在词形已经发生变化，二是其余 14 组，至今词形没有发生变化。

　　35. 恨人曰暑怨。（《燕说》卷一）

　　暑怨：怨恨别人。今作"抱怨"。元·杨显之《潇湘雨》楔子：

"船便开，倘若有些不测，只不要抱怨我。"《红楼梦》第一回："主
仆三人，日夜作些针线，帮着父亲用度。那封肃虽然每日抱怨，也无
可奈何了。"

39. 恨人曰暑怨。(《滦》)

暑怨：怨恨别人。今作"抱怨"。

37. 以羽毛布帛去尘曰担。(《燕说》卷二)

担：用羽毛或布扎成的工具除尘。今作"掸"。《红楼梦》第六
十七回："猛抬头看见那边葡萄架底下有人拿着掸子，在那里掸甚
么呢?"

68. 以羽毛布帛去尘曰担。(《滦》)

担：用羽毛或布扎成的工具除尘。今作"掸"。

351. 老爷老姥：外祖父母也。姥读同老。(《玉》)

老爷：外祖父。今作"姥爷"。明·沈榜《宛署杂记·民风二》：
"外甥称母之父曰老爷，母之母曰姥姥。"

23. 称母之父曰老爷，母之母曰老老。(《滦》)

老爷：母亲的父亲。今作"姥爷"。

352. 爷爷奶奶：祖父母也。(《玉》)

爷爷：祖父。《三国志平话》卷中："你爷爷种瓜为生。"

奶奶：祖母。《红楼梦》第一一九回："像那巧姐儿的事，原该
我做主的。你琏二哥胡涂，放着亲奶奶，倒托别人去。"

3. 祖父曰爷爷，祖母曰奶奶。(《滦》)

爷爷：祖父。

奶奶：祖母。

现在，暑怨的词形变为抱怨，担的词形变为掸，老爷的词形变为姥
爷，爷爷、奶奶的词形不变，以上四个词都沿用到现在。

(2) 词义相同，词形不同。共有6组，具体如下。

腌臜 (《燕说》卷一第9条)、袭咱 (《玉》212)

邋遢 (《燕说》卷一第10条)、拉杳 (《玉》63)

战栗 (《燕说》卷一第24条)、颠夯 (《玉》177)

梯己 (《燕说》卷四第45条)、梯奚 (《玉》198)

打瓶伙（《燕说》卷四第 46 条）、搭贫伙（《玉》54）、打平伙（《滦》43）

老姥（《玉》351）、老老（《滦》23）

以上 6 组，都是《玉田县志》与《燕说》、《滦州志》不同，说明《玉田县志》借鉴另外两部书的可能性很小。下面分别解说。

第一组，《燕说》的腌臜，记录的是词的本义与原始词形，《玉田县志》的䫴咱记录的是词的方音，腌 [a⁵⁵]，䫴 [na⁵⁵]，符合当时当地的方音，开口呼零声母前加 [n]。现在使用的词形是腌臜。

第二、第三、第四、第六组，沿用到现在的词形分别是邋遢、掂掇、梯己、姥姥。

24. 以手量物轻重曰战敠。（《燕说》卷一）

战敠：用手估量物体的轻重。今作"掂掇"。《儿女英雄传》第四回："安公子当下便有些狐疑起来，心里掂掇道：'这女子好生作怪!'"

177. 颠夺：思忖也。（《玉》）

颠夺：思考估量。今作"掂掇"。

351. 老姥：外祖母也。姥读同老。（《玉》）

老姥：外祖母。今作"姥姥"。明·沈榜《宛署杂记·民风二》："外甥称母之父曰老爷，母之母曰姥姥。"

23. 称母之父曰老爷，母之母曰老老。（《滦》）

老老：母亲的母亲。今作"姥姥"。

其中《燕说》战敠记录的是本义，《玉田县志》颠夺记录的是引申义。

第五组，这个词到现在仍然是方言词，《现代汉语词典》（第 6 版）没收，打平伙这个词形比较常用一些。受外来词的影响，表示共同出钱置办饮食的词，比较常用的是 AA 制，《现代汉语词典》（第 6 版）："AA制：指聚餐或其他消费结账时各人平摊出钱或各人算各人账的做法。"[①]

2. 词形相同，词义有差别。有 2 组。

---

① 中国社会科学院语言研究所词典编辑室：《现代汉语词典》（第 6 版），商务印书馆 2012 年版，第 1750 页。

9. 器物坏弃曰扔。(《燕说》卷二)

扔：丢掉，抛弃。《红楼梦》第十四回："每日大家早来晚散，宁可辛苦这一个月，过后再歇息，别把老脸面扔了。"

223. 扔：抛掷也。或作上声。或读若棱。(《玉》)

扔：投掷。《红楼梦》第九十三回："〔贾琏〕便从靴掖儿里头拿出那个揭帖来，扔与他瞧。"

34. 同事者曰伙倛。……又俗谓同资本合谋商贩者曰伙计。(《燕说》卷四)

伙倛：一块儿做事的人之间的称呼。明·阮大铖《燕子笺·试窘》："我们是接场中相公的，伙计，今年规矩森严，莫挤近栅栏边去。"共同出钱合伙做生意的人，相互称呼也叫伙计。

363. 伙计：农商聚处之称。(《玉》)

伙计：对聚在一起的农民、商人的称呼。

第一组，对于扔的含义，《燕说》与《玉田县志》的记录不同，《燕说》认为是丢掉、抛弃、丢弃；而《玉田县志》的记录是投掷，即现在的扔过去或扔过来，与《燕说》不一致。第二组，对于伙计一词的含义，《燕说》与《玉田县志》的记录又不同，《燕说》认为有两个含义，一是一块儿做事的人之间的称呼，二是共同出钱合伙做生意的人的相互称呼；而《玉田县志》的记录是对聚在一起的农民、商人的称呼，与《燕说》不同。

3. 词义相同，词形不同。有2组。

41. 惊遽声曰嚄嚇。(《燕说》卷一)

嚄嚇：叹词，表示惊讶。

55. 惊遽声曰嚄。(《滦》)

嚄：叹词，表示惊讶。《史记·外戚世家》："武帝下车泣曰：'嚄！大姊，何藏之深也！'"

355. 大爷大娘：伯父母也。(《玉》)

大爷：伯父。

大娘：伯母

6. 伯父曰大爹，又大大、大伯，皆伯之称也。伯母曰伯娘，又

称大妈。(《滦》)

大爹：伯父，又叫大大、大伯。

伯娘：伯母，又叫大妈。

第一组是《燕说》卷一第41条的嚆嚇，和《滦州志》第55条的嚆，词义相同，都是表示惊讶的声音，词形不同。第二组，《玉田县志》的第355条和《滦州志》的第6条，在清代的玉田和滦县，对于伯父、伯母的称呼不同，在玉田，对伯父可以叫大爷，对伯母可以叫大娘；在滦县，对伯父可以叫大爹、大大、大伯，对伯母可以叫伯娘、大妈。差别很大。

4. 词形不同，词义不同。有1组。

39. 被侵渔曰遭獭。(《燕说》卷一)

遭獭：侮辱，侵害。今作"糟蹋"。《红楼梦》第八十四回："只是我看他那生来的模样儿也还齐正，心性儿也还实在，未必一定是那种没出息的，必致糟蹋了人家的女孩儿。"

14. 糟蹋：毁谤也。又曰糟践。又凡毁弃各物也。(《玉》)

糟蹋：毁坏东西。又叫糟践。毁坏各种东西都叫糟蹋。《红楼梦》第十九回："他吃了倒好，搁在这里白糟蹋了。"

这一组词，实际是同一个词糟蹋的不同词形，词义有差别。《燕说》记录的词义是侮辱、侵害，《玉田县志》记录的词义是毁坏东西，词义有差别。

以上四个小类，共计29组，第一类、第二类、第四类是同一个词的关系，第三类是不同的词的关系，从差异度来看，《燕说》与《滦州志》相同点多一些，这两部书与《玉田县志》的差异稍微大一些，尤其第二类和第四类是词义有差别，全是《燕说》与《玉田县志》不同。这说明在清代，现在唐山东西部的方言词汇有一定差别。但是相对于三部书记录的一千多条方言词来说，这点差异并不算大。

二　清代唐山方言词的源流

这是两个问题，一是来源，即方言词从起源到清代的演变；二是流传，即方言词从清代到现代的演变。

（一）清代唐山方言词的起源

探讨古代方言词的来源，只能从文献上寻找线索。由于编写目的不同，《燕说》、《玉田县志》、《滦州志》的方言词在传世文献中出现的比例不同，《燕说》是训诂性质的研究著作，重在考查方言词的来源，所以记载的方言词大多数都有文献用例。《玉田县志》和《滦州志》是志书，重在原汁原味地记录，所以记载的方言词大部分没有文献用例。

《燕说》以卷一为例，共 44 条，出现在《燕说》之前的文献的有 35 条，另外 9 条则出现在《燕说》之后的文献中，或没有文献用例。35 条有文献用例的方言词出现的具体时代如下表。

表一		《燕说》部分方言词的首见年代					（单位：条）	
时代	战国	两汉	魏晋南北朝	唐	两宋	金元	明	清
条数	1	1	4	3	5	6	7	8

基本上是时代越晚，数量越多，举例如下。

15. 养曰将养。

将养：抚养。《墨子·非命上》："内无以食饥衣寒，将养老弱。"

31. 空廓曰旷荡。

旷荡：辽阔，宽广。汉·张衡《南都赋》："上平衍而旷荡，下蒙笼而崎岖。"

22. 振物去尘垢曰抖擞。

抖擞：震动物体以便去除灰尘。北魏·贾思勰《齐民要术·作豉法》："急抖擞箪，令极净，水清乃止。"

29. 物相击声曰砢砰。

砢砰：形容因辗压、摩擦、撞击等造成的声响。唐·韩愈、孟郊《城南联句》："驰门填偪仄，竞墅辗砢砰。"

42. 无端曰平白。

平白：无缘无故。宋·袁吉甫《论会子札子》："若每贯作五贯折支，则在官之数，未免平白折陷。"

2. 美貌曰标致。盖为风标姿致之意。

标志：漂亮，秀丽。元·无名氏《鸳鸯被》第一折："闻知他有个小姐，生的十分标致。"

30. 孔穴曰窟窿，一作库鹿。

窟窿：孔，洞。《水浒传》第十九回："倘或正眼儿觑着，休道你是一个小小州尹，也莫说蔡太师差干人来要拿我们，便是蔡京亲自来时，我也搠他三二十个透明的窟窿。"

6. 窘迫人曰刁难。

刁难：故意使人为难。清·李渔《玉搔头·极谏》："难道要刁难几刻，好索他的润笔不成？"

以上 8 条都是在前代有文献用例的，按时代先后顺序排列。下面 2 条没有出现在《燕说》之前的文献里。

20. 更易曰掉换。

掉换：替换，调换。《二十年目睹之怪现状》第四十八回："直等到了站头，当堂开拆，见了个空白，他那里想得到是半路掉换的呢。"

27. 振翼声曰扑漉。

扑漉：鸟振动翅膀的声音。

掉换出现在清末的《二十年目睹之怪现状》里，时间比《燕说》要晚，扑漉在文献里没有用例。

再以《玉田县志》为例，全书共 374 条，只有 82 条的文献用例早于《玉田县志》，82 条共有方言词 88 个，其中有一个方言词（第 351 条的老姥）没有用例，其余的 87 个方言词出现的具体时代如下。

表二　　　　　　　《玉田县志》部分方言词的首见年代　　　　（单位：条）

时代	宋代以前	两宋	元	明	清
词数	3	5	8	15	56

基本上是时代越晚，数量越多，举例如下。

353. 爹妈：父母也。又称父曰爸爸。

爹：父亲。《广雅·释亲》："爹，父也。"

妈：母亲。宋·赵彦卫《云麓漫钞》卷三："韩退之《祭女挐文》自称曰阿爹，阿八，岂唐人又称母为阿八？今人则曰妈。"

120. 能奈：智力也。又曰本事。

能奈：本领。又叫本事。元·郑光祖《三战吕布》第一折："若会俺孙元帅，要见明白，再不敢小觑俺无能奈。"宋·罗烨《醉翁谈录·序平康巷陌诸曲》："暇日群聚金莲棚中，各呈本事，求欢之者，皆五陵年少及豪贵子弟。"又作能耐。《红楼梦》第九十九回："内中有一个管门的叫李十儿，便说：'你们这些没能耐的东西着什么急呢！'"

152. 脓包：无能也。

脓包：无能的人。《西游记》第四回："猴王笑道：'脓包！脓包！我已饶了你，你快去报信！'"

12. 犯不上：犹云不相干。亦云合不着。

犯不上：不相干，或者不值得。《红楼梦》第三十二回："林姑娘也犯不上生气，他既会剪，就叫他做。"

以上 4 条都是在前代有文献用例的，按时代先后顺序排列。其余的 292 条，大多数没有文献用例，小部分的文献用例晚于《玉田县志》。

7. 摹不著：犹云不知也。摹读牟妖切，又不能得者亦云然。

摹不著：不知道，或者得不到。今作"摸不着"。

28. 也许：犹云或者。又曰也兴。

也许：或者。又叫也兴。《孽海花》第三十三回："也许矮子今天就来。去不得，去不得！"

以上 2 例，第一例没有文献用例，第二例的文献用例晚于《玉田县志》。

总结《燕说》与《玉田县志》方言词在文献上出现的年代，都是时代越晚，出现的越多，这一点符合方言词汇产生的规律。时代越早的词，词义越古，越不容易在民间口语里保存，只有新近产生的，符合百姓日常生活交际需要，才容易在方言里流传使用。

（二）清代唐山方言词到现代的演变

《燕说》、《玉田县志》、《滦州志》记录的方言词，有些流传到现在，有些现在唐山本地已经很少用到了，下面以《燕说》为例进行说明。

《燕说》共有 602 条方言词，沿用到现在的是 279 条，另外的 323 条，现在唐山本地已经几乎不再使用。

1. 沿用的词

沿用的词，是指从《燕说》到现在还在使用的方言词，这一类方言词没有唐山特有的方言词，都是与其他地方一起使用的方言词。唐山方言现在属于北方方言冀鲁官话，这类词有许多是与北方方言其他官话区共有的。

沿用的词有 279 条，分共为两类，一类是词形不变的词，有 189 个；一类是词形变化的词，有 90 个。

（1）词形不变的词。

这类词一直沿用到现在，没有发生变化，例如矬、絮叨、掉换、旷荡、卖弄、平白、把滑（以上卷一）、抻、戳、掐、搐、捎、擘、亏（以上卷二）、汪、坝、炕、打夯、沤、楥、麻捣（以上卷三）、趿、妞儿、瘛、一出、穷棒子、人情、人事（以上卷四），等等。

36. 讥人自夸曰卖弄。《后汉书·朱浮传》："浮代窦融为大司空，坐卖弄国恩免。"（卷一）

71. 得力曰亏。亏本为欠缺之义，俗为效力者反曰亏。按：吕云浮《六书音义辨证》载成祖谓仁孝皇后曰："媳妇儿好，他日我家事亏他撑持。"则此言明初已然，盖尽力者不无亏伤也。（卷二）

53. 以碎麻和灰土曰麻捣。按：《唐六典》："（京兆岁送）麻捣二万斤。"《梦溪笔谈》："韩王治第，麻捣钱一千二百余贯。"知其名由来已久。（卷三）

63. 一番曰一出。《世说》："（林公）答人云：'今日与谢孝剧谈一出来。'"（卷四）

以上四个方言词现在仍然还在用，每个词都列出方言本字和最早出处，第二条还解释了词义产生的原因。

第一条，卖弄的含义是故意显示、炫耀，不过现在唐山本地人较少使用卖弄，使用比较多的是卖弄的同义词显摆，例如，"她老爱在别人面前显摆她家有钱。"

第二条，"得力曰亏"，这里亏是幸亏、多亏的意思，即表示由于别人的帮助，得到好处或者避免了不幸。亏的这个用法在北方方言中的冀鲁官话、胶辽官话、中原官话以及徽语方言区都广泛存在，例如胶辽官话，"这回亏着你，不的话就找不着路了。"《燕说》认为亏的得力义出现在明初，实际上在元代就出现了，元·关汉卿《玉镜台》第四折："学士，这多亏了你也。"

第三条，麻捣是扮和了泥灰的碎麻，可以用来涂墙，在其他地方也有，例如河北盐山、青县、南皮，河南获嘉。《梦溪笔谈》例出自卷二十四《杂志一》。

第四条，一出的含义是一回、一次，例如，"你怎么闹了这么一出？"

这一类词有的变成了普通话的词语，或者本身就是通用语的词，例如，卖弄、亏；有些变成很多方言区都使用的词语，例如麻捣。

（2）词形变化的词。

这一类词有90个，到现在词形发生了变化，变化的原因有两个，一是由于《燕说》的目的是考证方言本字，所以只列最早的字形，而不列最通用的字形，因而有些词的词形与现在不同；二是时代发展，语音、词义发生变化，导致词形有变化。

①方言本字与今用字不同

这类词有82个，例如猫条（苗条）、眈悮（耽误）、遭獭（糟蹋）（以上卷一，括号内为现在的词形，下同）、浏（溜）、担（掸）、乞（挖）、熄（退）（以上卷二）、马闸子（马扎子）、衕衕（胡同）、乌腊（乌拉）、补靪（补丁）（以上卷三）、火（豁）、弹（蛋）、一僧（一遭）、拾没（什么）（以上卷四），等等。

3. 长曰猫条。《客座赘语》："南都言人之长曰猫条。"（卷一）

37. 以羽毛布帛去尘曰担。担，音亶，与笪同。《广雅》："击也。"《玉篇》："拂也。"俗以通担负之担，谬。《礼·内则》："桃曰胆之。"注："桃多毛，拭治去之，令青滑如胆也。"并可与担字通用。（卷二）

67. 皮鞋曰乌腊。《事物原始》："辽东军人着靴名护腊。"护腊当即乌腊，今奉天出乌腊草，用以荐履最暖。（卷三）

69. 不知而问曰拾没。俗讹为什么，见《字典》。（卷四）

第一条，媌的本义是纤美，《方言》第一："秦晋之间，凡好而轻者，谓之娥；自关而东，河济之间，谓之媌。"在西汉时期，女子长得美并且纤瘦，在陕西山西一带叫娥，在河北山东一带叫媌。苗单用的时候没有纤美这个含义，所以《燕说》定的本字是媌，但是现在表示女性身材细长柔美的词是苗条，而不是媌条，《现代汉语词典》："【苗条】：（女子身材）细长柔美。"① 在汉语史上，实际上苗条出现的时间比媌条早，媌条出现在明代（《客座赘语》的作者是明代的顾起元），而苗条在元代就出现了，元·无名氏《替杀妻》第三折："那婆娘打扮来便似女猱，全不似好人家苗条。"

第二条，《玉篇·手部》："担，拂也。"后来写作"掸"，《现代汉语词典》："掸：动用掸子或别的东西轻轻地抽或拂，去掉灰尘等。"② 掸出现的历史比担稍微晚一点，北魏·贾思勰《齐民要术·作酢法》："掸去热气，令如人体，于盆中和之。"光绪二十四年（1899 年），杨文鼎等编纂的《滦州志》卷八《方言》也赞同《燕说》的观点，《滦州志·方言》："以羽毛布帛去尘曰担。"

第三条，乌腊是一种草，产在东北，茎叶晒干后可以放在鞋子或靴子里用以保暖，清·魏源《圣武记》卷一："有乌腊草，近水而生，长细温软，荐履行冰雪中，足不知寒。"最初的词形是乌腊，现在变为乌拉，或者靰鞡，《现代汉语词典》："【乌拉】：名东北地区冬天穿的一种鞋，用皮革制成，里面垫乌拉草。也作靰鞡。"③

第四条，以前许多方言区使用拾没这个词，《汉语方言大词典》④ 列出的方言区包括北方方言的冀鲁官话、中原官话，以及吴语、闽语，拾没就是现在的什么，《燕说》这么认为，当时的人也这么认为，清·梁绍壬《两般秋雨盦随笔·拾没》："《字典》：'不知而问曰拾没'……今北人所谓什么也。"但是，唐山本地对于"不知而问"使用的最多的，不是什么，而是"啥"，去声，一般不说"那是什么？"而说"那是啥？"这一点，清代杨文鼎等编纂的《滦州志》卷八《方言》就已经指出来了，《滦州志·方言》："不知而问曰厦，犹云什么，亦云拾没，见《字典》。作

① 中国社会科学院语言研究所词典编辑室：《现代汉语词典》（第 6 版），商务印书馆 2012 年版，第 900 页。
② 同上书，第 256 页。
③ 同上书，第 1383 页。
④ 许宝华等：《汉语方言大词典》，中华书局 1999 年版，第 4014 页。

厦，犹云作什么。咱着。犹云怎么着。"《滦州志》不仅记了方言的义，还记了方言的音，比《燕说》的记录更准确，现在唐山方言还在使用，只是字形变为"啥、作啥、咋着"，"啥"读去声。

②语音、词义发生变化

语音或者词义发生变化，导致词形发生变化，这类词有 8 个，例如：

23. 手披物曰拨擸。擸，郎达切，音辣。《集韵》："拨擸，手披也。"或作捛。（卷一）

85. 应声曰阿。《老子》："唯之与阿。"则阿为应声。（卷二）

拨擸的含义是用手把物分开，到现代汉语里词形发生变化，《现代汉语词典》："【拨拉】bō·la＜口＞动拨①：～算盘子。"① "拨：①手脚或棍棒等横着用力，使东西移动：～门｜～船◇～开云雾。"②

《汉语方言大词典》："【拨擸】①＜动＞用手或棍类拨动，扒拉。北京官话。北京［pa（u）⁵⁵ laᵒ］把土～开再找｜拿棍子在草丛中～出一条小道儿｜他～开人群，钻了出去。②＜动＞分开。一中原官话。山东曲阜。清桂馥《札朴·乡言正字》：'手披曰～。'二晋语。山西太谷。1931年《太谷县志》：'手披曰～。'③＜动＞挨个儿挑选或数书目。北京官话。北京［pa（u）⁵⁵ laᵒ］～来，～去，就剩下这几个能干活儿的了。"③

《汉语方言大词典》："【拨捛】＜动＞披；用手分物。胶辽官话。山东牟平。1936年《牟平县志》：'披曰～。'山东临朐。1935年《临朐续志》：'以手分物曰～。'"④

《汉语方言大词典》："【拨啦】①＜动＞拨开。北京官话。北京［pa（u）⁵⁵ laᵒ］把这些碍脚的东西～开。"⑤

《燕说》记载的拨擸，到现代汉语，在普通话和方言里演变成四个词形：拨拉、拨擸、拨捛、拨啦，音有细微变化，义有新义产生。

现在，唐山方言语音的特点之一是在开口呼零声母前加［ŋ］，口语

---

① 中国社会科学院语言研究所词典编辑室：《现代汉语词典》（第 6 版），商务印书馆 2012 年版，第 96 页。

② 同上。

③ 许宝华等：《汉语方言大词典》，中华书局 1999 年版，第 3295 页。

④ 同上。

⑤ 同上。

中表示应答的词是"啊"［ŋə］，从"阿"到"啊"［ŋə］，语音发声变化，词形也变了。

2. 现在唐山几乎不用的词

现在唐山已经不再使用的方言词，随着历史发展、社会进步，有些事物、现象消失，相应的方言词就会消失；还有一些是被新的方言词代替，不再使用，这类词有 323 个。失传的词分为两类，一是所有方言区都不使用的词，二是唐山方言不使用而别的方言区还在使用，前一类是很难统计的，很难确定一个方言词是否真的退出了实际应用，因此我们不统计两个小类的具体数量。

> 延缓曰捱。捱，宜佳切，音厓。（卷二）
>
> 铁臭曰鉎。鉎音星。《集韵》："铁衣也。"亦作鍟。（卷三）
>
> 饮水曰哈。哈，色洽切，音啑，本作歃。《玉篇》："以口歃饮。"
> 《淮南子·泛训论》："尝一哈水而甘苦知矣。"又音合。（卷四）
>
> 睡曰困。志海禅师有"饥来吃饭困来眠"之语，尤西堂用作睏。
> 按：《字典》无睏字。（卷四）

以上四个词，现在唐山方言已经不用了，但是山东方言还在使用，以五莲方言（属于胶辽官话）为例，捱的意思是拖延，例如"有病就上医院，别捱着了。"铁锈叫鉎疏（引自《五莲县志》[1]），喝水叫哈水，睡觉叫眠，"你困不困?"在五莲方言的含义是"你睡不睡?"其中鉎疏这个词，《山东方言研究》认为是山东方言保留的古语词[2]。"饮水曰哈"这一条，据《河北省志·方言志》[3]，河北的廊坊、唐山、沧州、保定、石家庄、大名、张家口，喝的读音都是［xɣ］，声母、韵母与普通话相同，廊坊属于北京官话区，唐山、沧州、保定、石家庄属于冀鲁官话区，大名属于中原官话，张家口属于晋语区，根据《普通话基础方言基本词汇集》[4]，只有山东的烟台、青岛、诸城，喝的读音是［xa］，都属于胶辽官

---

① 五莲县志编委会：《五莲县志》，中国人民大学出版社 1992 年版，第 640 页。

② 钱曾怡主编：《山东方言研究》，齐鲁书社 2001 年版，第 141 页。

③ 河北省地方志编辑委员会：《河北省志·方言志》，方志出版社 2005 年版，第 358 页。

④ 陈章太、李行健主编：《普通话基础方言基本词汇》，语文出版社 1996 年版，第 3094—3094 页。

话区。

三　《红楼梦》与清代唐山方言词汇的关系

《红楼梦》一书有大量方言，有大量文章探讨《红楼梦》的基础方言，提出了很多观点，影响较大的有"东北方言说"、"山东方言说"等观点，① 此外，还有丰润方言说、绛州方言说等观点，仅仅"江淮方言说"又可以分为南京、苏州、扬州、镇江等地方言说。

实际上，曹雪芹写作《红楼梦》时住在北京，使用的最多的是北京话，同时为了刻画人物，吸收了大量全国各地的方言，《红楼梦》乙卯本第三十九回脂批："此书中若干人说话语气及动用前照饮食诸类，皆东西南北兼用……亦南北相兼而用无疑矣。"这条脂批明确指出，《红楼梦》使用的方言是全国各地都有的，没有拘泥于一地。出现这种各地方言都有的局面，是曹雪芹"披阅十载，增删五次"的结果。

张爱玲在《红楼梦魇》中较早注意到了《红楼梦》的方言修改问题，尤其是《初详红楼梦》篇，"曹雪芹早年北返的时候，也许是一口苏白。照理也是早稿应多吴语，南京口音则似乎保留得更长"。② 《红楼梦》的方言兼用全国各地，又经过作者的增删，但还是留下一些蛛丝马迹，作者将宁荣二府安排在"京都"，但小说中的故事、人物却大都来自江南，例如，小说第三十三回写宝玉挨打时，贾母风风火火赶到，对贾政笞挞宝玉甚为愤怒，其中说道："我和你太太、宝玉立刻回到南京去!"所以南方方言词会多一些。

对比《红楼梦》的早期抄本，可以发现，曹雪芹在批阅、增删的过程中，多次增删方言词，例如甲戌本第十六回，赵嬷嬷来到贾琏凤姐屋子，贾琏给赵嬷嬷捡了两盘菜，甲戌、己卯、庚辰、舒序、梦稿、列藏、戚序诸本中写凤姐道："嬷嬷狠咬不动那个，到没的矼了他的牙。""矼"为江淮方言词，《汉语方言大词典》："矼：牙齿或身体被硬东西硌了。江淮官话。"③ 甲辰本改为"没的到吃了他的牙"，程甲、程乙本改为"硌了他的牙。""硌"是北方方言词。这种情况，还有很多例子，后面会做详细探讨。

---

① 林刚、刘晨：《〈红楼梦〉方言研究二十年述评》，《湖南社会科学》2011 年第 4 期。

② 张爱玲：《红楼梦魇》，上海古籍出版社 1995 年版，第 61 页。

③ 许宝华等：《汉语方言大词典》，中华书局 1999 年版，第 3177 页。

胡文彬《〈红楼梦〉的方言构成及其演变》："《红楼梦》的主体语言和语言韵味、语法结构是以北京话为中心，并吸收了广大北方地区的方言，包括个别的蒙古语词汇与满族词汇。与此同时，作者根据故事情节、人物刻画的需要，还采用了相当数量的江南语言。作者在'批阅十载，增删五次'的过程中已经对《红楼梦》中的方言进行了渐进式地修改。特别是在'去'南话方面，表现尤为突出。"①

与《红楼梦》的方言词紧密相连的是作者曹雪芹的祖籍问题。关于曹雪芹的祖籍，争论较大的是丰润说与辽阳说。1931 年，《故宫周刊》第84、85 两期刊载了李玄伯先生《曹雪芹家世新考》一文，在这篇文章中李玄伯先生提出了"曹寅实系丰润人而占籍汉军"的观点，曹雪芹祖籍丰润说的源头。依据是尤侗《松茨诗稿序》中的一段话和《丰润县志》中有关曹邦的记载。

胡适于 1948 年 2 月 14 日在上海《申报·文史》第 10 期上发表了《曹雪芹家的籍贯》一文，认为"曹雪芹的家世，倒数上去六代，都不能算是丰润县人。……尤侗这篇序不够证明他家是丰润人，只够证明曹寅曾同丰润诗人曹冲谷认作本家弟兄"。反驳丰润说。

1953 年，周汝昌先生的《红楼梦新证》② 出版，在该书第三章第一节《丰润县人》中，重新论证丰润说。

1957 年，丰润人贾宜之先生在《文学遗产增刊》第五辑上发表了《曹雪芹的籍贯不是丰润——评周汝昌先生〈红楼梦新证〉》一文，反驳周先生的丰润说。贾宜之所依据的主要是《丰润县志》和《缜阳曹氏族谱》，通过对这些历史文献的考证，贾宜之指出："我们看不出丰润曹氏宗族里有曹雪芹这一支，同时经查找《丰润县志》和丰润曹氏明清两代墓志铭等，也找不出曹雪芹的祖先原籍是丰润的任何痕迹。"他的结论是："曹雪芹的祖籍问题，由父而祖，祖而曾祖，曾祖而高祖，都是世居辽阳。再者从《八旗通谱》里，我们知道曹雪芹的祖先自可能追考的始祖起，一直是世居辽阳地方的，文献足征，铁证如山，故辽阳者，其雪芹之祖籍也。"至此，辽阳说出现。

张庆善《曹雪芹祖籍论争述评》："在 1963 年由于发现了《五庆堂重

---

① 胡文彬：《〈红楼梦〉的方言构成及其演变》，《辽东学院学报》2009 年第 2 期，第99 页。

② 周汝昌：《红楼梦新证》，棠棣出版社 1953 年版。

修辽东曹氏宗谱》，人们普遍接受了辽阳说。"① 1980 年 7 月冯其庸先生的《曹雪芹家世新考》② 再次重申辽阳说。

黄一农《曹雪芹高祖曹振彦旗籍新考——从新发现的满文材料谈起》通过分析满文材料，"发现曹家在崇德朝虽隶属多尔衮所主的镶白旗，但一直是该旗宗室阿济格王府下的汉姓包衣，此一新发现恐将松解曹雪芹祖籍在丰润一说的主要证据"。③

曹雪芹与丰润曹氏关系密切，这是肯定的。《红楼梦》里的玉田胭脂稻产自玉田，玉田在丰润西边，在清代丰润和玉田都属于遵化州。那么《红楼梦》里面有没有玉田一带的方言词呢？探讨这个问题，不是要发掘《红楼梦》里的丰润方言词，也不是用所谓的方言词来证明曹雪芹的祖籍。而是探讨一下既然曹雪芹与丰润曹氏关系密切，《红楼梦》的语言是否受到丰润方言的影响。

（一）研究《红楼梦》方言词的原则

1. 注意《红楼梦》版本的选择

《红楼梦》经过曹雪芹"批阅十载，增删五次"，前后的语言有所变化，流传下来的各个版本，各有不同。我们选择人民文学出版社的版本，并且只用前八十回，并参阅各个早期抄本。

2. 注意方言词的时间性，应该以清代的方言词作为验证标准

目前研究《红楼梦》的方言词大多是以当代的方言词作为验证标准，这是不恰当的。前面《燕说》所记载的方言词的演变能够说明这个问题。前面《燕说》、《玉田县志》、《滦州志》三部书所记录的方言存在地域差异。我们选择《玉田县志》，因为玉田紧邻丰润。

3. 方言只能是佐证，不能是确证

方言词使用的地域很广，作者在创作的时候可能会吸收其他地区的方言词。

4. 正确选择方言词

《玉田县志》记录的方言词有些是词组，尽管词组里的词可能出现在《红楼梦》里，但二者不是一回事，这样的方言词我们不收。例如第 118

---

① 张庆善：《曹雪芹祖籍论争述评》，《红楼梦学刊》1998 年第 1 辑，第 282 页。

② 冯其庸：《曹雪芹家世新考》，文化艺术出版社 1980 年版。

③ 黄一农：《曹雪芹高祖曹振彦旗籍新考——从新发现的满文材料谈起》，《文史哲》2012 年第 1 期，第 55 页。

条："作面子：为观美也。凡全人之耻曰留面子。"（作面子：为了面子上好看。凡是保全别人的羞耻的叫留面子。）在《红楼梦》里，没有"作面子"，但是"面子"出现了两次，《红楼梦》第五十二回："薛姨妈、李婶、尤氏等齐笑说：'真个少有。别人不过是礼上面子情儿，实在他是真疼小叔子小姑子。'"《红楼梦》第六十五回："（兴儿语）如今合家大小除了老太太、太太两个人，没有不恨他的，只不过面子情儿怕他。""面子"意为情面，也不是方言词。两相比较，"作面子"不同于"面子"，我们不把"作面子"看作是出现在《红楼梦》里的方言词。而第 2 条，"煞哩：犹云何谓也。"这一条是口语说法，煞是疑问代词，是词组的核心部分，哩是语气词，不是核心部分，显示煞是方言词，我们认为煞哩是含有方言词的方言语。

而有些方言词，尽管词形不同，但语音和词义相同，就可以看作是同一个词，例如第 318 条："一休：一夜也。休读上声，盖宿之讹。"原文已经注意到了，"一休"是"一宿"的讹变，二者是同一个词。

（二）《红楼梦》词汇与《玉田县志》方言词的关系

《玉田县志》收录的 374 个词条，除去称谓词，有 25 条与各个版本的《红楼梦》（前八十回）有关系，它们是：煞哩（第 2 条，序号为笔者所加，下同）、犯不上（第 12 条）、糟蹋（第 14 条）、一块儿（第 41 条）、打嘴（第 69 条）、瞅空儿（第 81 条）、瞧瞧（第 81 条）、管约儿（第 92 条）、能奈（第 120 条）、本事（第 120 条）、各人（第 121 条）、串门子（第 135 条）、打急慌（第 139 条）、硬朗（第 146 条）、不害臊（第 155 条）、嬉憨（第 181 条）、打秋风（第 247 条）、劳切（第 261 条）、赌气（第 273 条）、数落（第 286 条）、一休（第 318 条）、端者（第 332 条）、套间（第 340 条）、搭包（第 345 条）、坎肩儿（第 346 条）。

以上 25 条方言词与《红楼梦》的关系可以分为五类，下面以《红楼梦》（庚辰本）为例，分别说明，庚辰本有用例的直接注明第几回，庚辰本没有而其他版本有的则注明版本。

由于曹雪芹为了避免不必要的麻烦，故意模糊《红楼梦》的时代背景，第一回："然朝代年纪、地舆邦国，却反失落无考。"因此《红楼梦》里的称谓与当时的称谓存在一定差别，不能用于对比。

1. 关系类型

（1）词义相同、词形相同。

　　这类是指《玉田县志》的方言词与《红楼梦》中的用例完全相同，词义、词形都相同，共有 13 个。

　　12. 犯不上：犹云不相干。亦云合不着。（《玉田县志》）

　　　　第二十二回："你既这样说，你特叫一班戏来，拣我爱的唱给我看。这会子犯不上吡着人借光儿问我。"

　　　　第三十二回："林姑娘也犯不上生气，他既会剪，就叫他做。"

　　14. 糟蹋：毁谤也。又曰糟践。又凡毁弃各物也。（《玉田县志》）

　　　　第十九回："这是他的屋子，由着你们糟蹋，越不成体统了。""他吃了倒好，搁在这里白糟蹋了。"

　　　　第二十三回："撂在水里不好，你看这里的水干净，只一流出去，有人家的地方脏的臭的混倒，仍旧把花糟蹋了。"

　　　　第三十四回："王夫人道：'嗳哟，你不该早来和我说。前儿有人送了两瓶子香露来，原要给他点子的，我怕他胡糟蹋了，就没给。'……袭人道：'只拿两瓶来罢，多了也白糟蹋。等不够再要，再来取也是一样。'……王夫人道：'那是进上的，你没看见鹅黄笺子？你好生替他收着，别糟蹋了。'"

　　　　第四十一回："你虽吃的了，也没这些茶糟蹋。"

　　41. 一块儿：相聚也。（《玉田县志》）

　　　　第二十八回："林黛玉也不叫宝玉，便起身拉了那丫头就走。那丫头说等着宝玉一块儿走。"

　　69. 打嘴：遗羞也。（《玉田县志》）

　　　　第六回："先不先，他们那些门上的人也未必肯去通信。没的去打嘴现世。""我们家道艰难，走不起，来了这里，没的给姑奶奶打嘴，就是管家爷们看着也不象。"

　　　　第五十二回："偏是他这样，偏是他的人打嘴。""眼皮子又浅，打嘴现世的，不如戳烂了！"

第七十三回："林之孝家的见他的亲戚又给他打嘴，自己也觉没趣；迎春在座也觉没意思。"

81. 瞅空儿：伺隙也。凡看视曰瞅瞅。或曰瞧瞧。空读去声。(《玉田县志》)

第五回："我怎么没见过？你带他来我瞧瞧。"

第六回："原是特来瞧瞧嫂子你，二则也请请姑太太的安。"

第二十六回："依我说，你竟家去住两日，请一个大夫来瞧瞧，吃两剂药就好了。"

第五十六回："园里把咱们的宝玉叫了来，给这四个管家娘子瞧瞧，比他们的宝玉如何？"

瞧瞧在庚辰本共出现133次，在程甲本第六十四回出现4次，第六十七回出现2次。

120. 能奈：智力也。又曰本事。(《玉田县志》)

第七十二回："不是我说没了能奈的话，要象这样，我竟不能了。"

120. 能奈：智力也。又曰本事。(《玉田县志》)

第六回："这凤姑娘今年大还不过二十岁罢了，就这等有本事，当这样的家，可是难得的。"

第二十回："便得罪了他，就有本事承任，不犯带累别人！"

第二十三回："我不知道，你有本事你说去。"

第二十五回："不是我说句造孽的话，你们没有本事！"

第二十七回："有本事从今儿出了这园子，长长远远的在高枝儿上才算得。"

第三十五回："想什么吃，只管告诉我，我有本事叫凤丫头弄了来咱们吃。"

第五十回：“你有本事，把‘二萧’的韵全用完了，我才伏你。”

第六十回：“你没有屄本事，我也替你羞。”

第六十一回：“不然他们得了益，不说为这个，倒像我没了本事问不出来。”

第六十五回：“我有本事先把你两个的牛黄狗宝掏了出来，再和那泼妇拼了这命。”

第六十五回：“凡丫头们二爷多看一眼，他有本事当着爷打个烂羊头。”

第六十八回：“既没这本事，谁叫你干这事了。”

第六十九回：“咱们命中无子，好容易有了一个，又遇见这样没本事的大夫。”

第七十一回：“各家门，另家户，你有本事，排场你们那边人去。”

第七十八回：“况且有本事的人，未免就有些调歪。”

135. 串门子：出入人家也。（《玉田县志》）

第七十七回：“时多浑虫外头去了，那灯姑娘吃了饭去串门子，只剩下晴雯一人，在外间房内爬着。”

146. 硬朗：犹强健也。（《玉田县志》）

第五十三回：“贾珍命人拉起他来，笑说：‘你还硬朗。’”

第五十七回：“趁早儿老太太还明白硬朗的时节，作定了大事要紧。”

155. 不害臊：无耻也。臊读去声。（《玉田县志》）

第三十二回：“那会子不害臊，这会子怎么又臊了？”

第五十回：“不这样说呢，还有脸先要五十两银子，真不害臊！”

286. 数落：斥责也。数读上声，落读劳去声。或云数搭。又云数数

落落。(《玉田县志》)

第三十三回:"进来被王夫人数落教训,也无可回说。""数落一场,又哭'不争气的儿'。"

第六十九回:"邢夫人听说,慌的数落凤姐儿一阵,又骂贾琏。"

340. 套间:内复室也。(《玉田县志》)

第三回:"今将宝玉挪出来,同我在套间暖阁儿里,把你林姑娘暂安置碧纱橱里。"

第七十二回:"贾琏便躲入内套间去。"

345. 搭包:腰带也。(《玉田县志》)

第二十四回:"一面说,一面果然从搭包里掏出一包银子来。"

以上13个方言词,除了瞧瞧、糟蹋是多义词外,其他方言词的词义都与《红楼梦》的用例相同。瞧瞧的含义有四个,在《红楼梦》里都有用例,例如第五回用例的含义是看看,第六回用例的含义是探望、问候,第二十六回用例的含义是诊断,第五十六回用例的含义是察看、观察。糟蹋在《玉田县志》有两个词义,《红楼梦》的用例的词义是第二个,即"毁弃各物",毁坏东西。另外,能奈,今作能耐,需要注意的是,能奈只出现了1次,而能奈的同义词本事却出现了15次,次数比能奈多。

(2)词义相同、词形不同。

这类是指《玉田县志》的方言词与《红楼梦》中的用例词义相同、词形不同,共有7个。

2. 煞哇:犹云何谓也。煞读作平声。(《玉田县志》)

《红楼梦》(甲戌本)第六回:"这是什么爱物儿? 有煞用呢?"

第六回:"(刘姥姥)说着又推板儿道:'你那爹在家怎么教你来? 打发咱们作煞事来? 只顾吃果子咧。'"

81. 瞅空儿：伺隙也。凡看视曰瞅瞅。或曰瞧瞧。空读去声。（《玉田县志》）

第七十七回："倘或那丫头瞅空寻了死，反不好了。"

92. 管约儿：有制服也。（《玉田县志》）

《红楼梦》（甲戌本）第四回："只是薛蟠起初之心，原不欲在贾宅居住者，生恐姨父管约拘禁，料必不自在的。"
第九回："一任薛蟠横行霸道，他不但不去管约，反助纣为虐讨好儿。"

181. 嬉憨：爱也。盖喜欢之讹。（《玉田县志》）

第十六回："别放你娘的屁！我的东西还没处撂呢，稀罕你们鬼鬼祟祟的？"
第二十九回："林黛玉将头一扭，说道：'我不稀罕。'宝玉笑道：'你果然不稀罕，我少不得就拿着。'"
第四十七回："我倒不稀罕他，只怕老太太满了。"
第六十回："稀罕吃你那糕，这个不是糕不成？"
第六十二回："这两面三刀的东西！我不稀罕。"

261. 劳叨：絮语也。（《玉田县志》）

第二十回："李嬷嬷见他二人来了，便拉住诉委屈，将当日吃茶，茜雪出去，与昨日酥酪等事，唠唠叨叨说个不清。"
第五十二回："如今他们见咱们挤在一处，又该唠叨了。"
第五十五回："李纨急得只管劝，赵姨娘只管还唠叨。"
第六十二回："惟有他的令也比人唠叨，倒也有意思。"

318. 一休：一夜也。休读上声，盖宿之讹。（《玉田县志》）

第二回："甄家娘子听了，不免心中伤感。一宿无话。"

"一宿无话"，还出现在第十四回、十五回、十六回、二十回、二十四回、二十五、二十七、二十八、三十八、四十八、五十、五十二、五十三、五十九回。

《红楼梦》（程甲本）第六十四回："因贾琏是远归，遂大家别过，让贾琏回房歇息。一宿晚景，不必细述。"

332. 端者：捧持物也。（《玉田县志》）

第二十回："宝玉见他才有汗意，不肯叫他起来，自己便端着就枕与他吃了，即命小丫头子们铺炕。"

第三十五回："那玉钏儿见生人来，也不和宝玉厮闹了，手里端着汤只顾听话。"

第四十二回："老嬷嬷端着一张小机，连忙放在小桌前，略偏些。"

以上7个方言词，煞喤，今作煞呀，煞是疑问代词；瞅空儿和管约儿分别是瞅空和管约的儿化结果；嬉憨，今作稀罕；劳忉，今作唠叨；一休应做一宿，《玉田县志》编者注意到了二者的关系；端者，今作端着。

最需要注意的是第三个词管约儿，《红楼梦语言词典》："管约：管教约束。"① 词义与《玉田县志》的相同。庚辰本第九回的"管约"，各版本相同，都是"管约"。甲戌本第四回的"管约拘禁"，己卯本同作"管约拘禁"，戚宁本、列藏本、蒙府本、卞藏本作"管约拘紧"，庚辰本"管的紧约"，舒序本、梦稿本作"管束拘紧"，甲辰本、程甲本、程乙本作"管束"。

检索清代小说116种（以早期白话文小说为主，《红楼梦》用庚辰本），管约只出现1次，在庚甲辰本《红楼梦》。只有《歧路灯》有一个类似的词，《歧路灯》第八回："却也有七分喜，喜这小主人，指日便有收管约束。"管约的词义近似于收管约束。《歧路灯》作者李绿园，河南宝丰人。检索清代笔记220种，没有出现管约。

因此，在目前条件下，可以认为，管约是玉田独有的方言词。②

① 周定一主编：《红楼梦语言词典》，商务印书馆1995年版，第309页。
② 高光新：《〈红楼梦〉"管约"解》，《红楼梦学刊》2015年第1辑，第339页。

（3）词义不同、词形相同。

这类是指《玉田县志》的方言词与《红楼梦》中的用例词义形同、词形不同，只有两个：各人、赌气。

121. 各人：自己也。又云自各儿。（《玉田县志》）

第十一回："门外一齐答应了一声，都各人端各人的去了。"

第二十二回："然后各人拈一物作成一谜，恭楷写了，挂在灯上。"

第二十三回："每一处添了两个老姆姆，四个丫头，除各人奶娘亲随丫鬟不算外，另有专管收拾打扫的。"

第二十四回："邢夫人向他两个道：'你们回去，各人替我问你们各人母亲好。'"

第二十五回："（马道婆）又悄悄的教他道：'把他两个的年庚八字写在这两个纸人身上，一并五个鬼都掖在他们各人的床上就完了。'"

第二十七回："坠儿道：'便是听了，管谁筋疼，各人干各人的就完了。'"

第二十九回："便是各人的主子懒怠去，他也百般撺掇了去，因此李宫裁等都说去。""（张道士语）都没什么敬贺之物，这是他们各人传道的法器，都愿意为敬贺之礼。""紫鹃一面收拾了吐的药，一面拿扇子替林黛玉轻轻的扇着，见三个人都鸦雀无声，各人哭各人的，也由不得伤心起来，也拿手帕子擦泪。"

第三十六回："（宝玉语）从此后只是各人各得眼泪罢了"

第三十八回："李纨笑道：'等我从公评来。通篇看来，各人有各人的警句。'"

第三十九回："宝钗笑道：'这倒是真话。我们没事评论起人来，你们这几个都是百个里头挑不出一个来，妙在各人有各人的好处。'"

第四十回："（宝玉语）也不要按桌席，每人跟前摆一张高几，各人爱吃的东西一两样，再一个什锦攒心盒子，自斟壶，岂不别致。"

第四十一回："别人不过拣各人爱吃的一两点就罢了；刘姥姥原不曾吃过这些东西，且都作的小巧，不显盘堆的，他和板儿每样吃了些，就去了半盘了。"

第四十二回："（刘姥姥语）日后大了，各人成家立业，或一时有不遂心的事，必然是遇难成祥，逢凶化吉，却从这'巧'字上来。"

第四十五回："（王熙凤语）又给你园子地，各人取租子。……他们各人出了阁，难道还要你赔不成？""凤姐想了一想，说道：'没有别的法子，只叫他把你们各人屋子里的地罚他扫一遍才好。'""（王熙凤语）赖嫂子回去说给你老头子，两府里不许收留他小子，叫他各人去罢。"

第四十八回："（薛宝钗语）我劝你今儿头一日进来，先出园东角门，从老太太起，各处各人你都瞧瞧，问候一声儿，也不必特意告诉他们说搬进园来。"

第四十九回："所以今日会齐了来访投各人亲戚。""宝钗笑道：'真俗语说"各人有缘法"。'"

第五十回："各人房中丫鬟都添送衣服来，袭人也遣人送了半旧的狐腋褂来。"

第五十五回："（探春语）这也问你们各人，那一个主子不疼出力得用的人？"

第五十六回："没有一个我们天天各人拿钱找人买头油又是脂粉去的理。"

第五十七回："（薛宝钗语）你以后也不用白给那些人东西吃，他尖刺让他们去尖刺，很听不过了，各人走开。"

第六十一回："（彩云语）连太太在家我们还拿过，各人去送人，也是常事。"

第六十三回："晴雯道：'他们没钱，难道我们是有钱的！这原是各人的心。那怕他偷的呢，只管领他们的情就是。'"

第六十七回："（薛宝钗语）各人家有各人的事，咱们那里管得。""凤姐儿骂道：'什么糊涂忘八崽子！叫他自己打，用你打吗！一会子你再各人打你那嘴巴子还不迟呢。'""凤姐又问道：'谁和他（尤二姐）住着呢。'兴儿道：'他母亲和他妹子。昨儿他妹子各人抹了脖子了。'"

第七十回："大家商议，虽有几个应该发配的，奈各人皆有原故。'""众人都笑道:'各人都有,你先请罢。'"

　　第七十二回:"(王熙凤语)明儿再过一年,各人搜寻到头面衣服,可就好了!"

　　第七十四回:"(王熙凤语)况且他们也常进园,晚间各人家去,焉知不是他们身上的?"

　　第七十七回:"(迎春语)依我说,将来终有一散,不如你各人去罢。""又吩咐上年凡有姑娘们分的唱戏的女孩子们,一概不许留在园里,都令其各人干娘带出,自行聘嫁。"

　　各人在《玉田县志》里所记的词义是自己。在《红楼梦》里出现44次,《红楼梦语言词典》:"各人:每个人。"[①] 以上所有例证,都是每个人的意思,与《玉田县志》所记的词义不同。

　　273. 赌鳖儿:隐相争敌。亦曰赌气。(《玉田县志》)

　　第八回:"一面悄推宝玉,使他赌气。"

　　第十五回:"那张家急了,只得着人上京来寻门路,赌气偏要退定礼。"

　　第十七回:"说毕,赌气回房,将前日宝玉所烦他作的那个香袋儿——才做了一半——赌气拿过来就铰。""说着,赌气上床,面向里倒下拭泪。"

　　第十九回:"一面说,一面赌气将酥酪吃尽。""说着,赌气去了。""想是我才冒撞冲犯了你,明儿赌气花几两银子买他们进来就是了。""说着,便赌气上床睡去了。"

　　第二十回:"说着,便赌气回房去了。"

　　第二十一回:"你劝我也罢了,才刚又没见你劝我,一进来你就不理我,赌气睡了。"

　　第二十二回:"林黛玉见他去了,便知回思无趣,赌气去了。"

　　第二十四回:"不言卜家夫妇,且说贾芸赌气离了母舅家门,一径回归旧路。"

　　第二十六回:"红玉便赌气把那样子掷在一边。"

① 周定一主编:《红楼梦语言词典》,商务印书馆1995年版,第282页。

第二十九回："（宝玉）口里说不出话来，便赌气向颈上抓下通灵宝玉，咬牙恨命往地下一摔。"

第三十二回："前儿我听见把我做的扇套子拿着和人家比，赌气又铰了。""据我看来，他并不是赌气投井。"

第三十三回："原来宝玉会过雨村回来听见了，便知金钏儿含羞赌气自尽。""那金钏儿便赌气投井死了。""你也不必和我使性子赌气的。"

第三十四回："薛蟠见妹妹哭了，便知自己冒撞了，便赌气走到自己房里安歇不提。"

第三十五回："玉钏儿真就赌气尝了一尝。"

第三十六回："独龄官冷笑了两声，赌气仍睡去了。""这会子大毒日头地下，你赌气子去请了来我也不瞧。"

第四十四回："贾琏听见这话，方趔趄着脚儿出去了，赌气也不往家去，便往外书房来。"

第四十六回："他嫂子自觉没趣，赌气去了。"

第四十八回："说毕，赌气睡觉去了。"

第五十二回："那媳妇听了，无言可对，亦不敢久立，赌气带了坠儿就走。"

第五十三回："甚至于有一等憎畏凤姐之为人而赌气不来的。""于叔夜因赌气去了，那文豹便发科诨道：'你赌气去了，恰好今日正月十五，荣国府中老祖宗家宴，待我骑了这马，赶进去讨些果子吃是要紧的。'"

第五十四回："我这一进去，他又赌气走了，不如咱们回去罢。"

第五十七回："你就赌气跑了这风地里来哭，作出病来唬我。""谁赌气了！"

第五十九回："莺儿听见这般蠢话，便赌气红了脸。""莺儿便赌气将花柳皆掷于河中，自回房去。"

第六十一回："莲花儿赌气回来，便添了一篇话，告诉了司棋。"

第六十二回："彩云赌气一顿包起来，乘人不见时，来至园中，都撇在河内。"

第六十九回："说着，赌气去了。"

第七十一回："因赌气回房哭泣，又不使人知觉。"

第七十四回："说着，便赌气起身去了。"

第七十五回："话说尤氏从惜春处赌气出来，正欲往王夫人处去。""昨日我和你那边的令伯母赌气，你可知道否？"

第七十九回："薛蟠忍不住便发了几句话，赌气自行了"

第八十回："你这会子又赌气打他去。""因此无法，只得赌气喝骂薛蟠说：'不争气的孽障！'"

赌气在《玉田县志》里所记的词义是暗地里竞争。在《红楼梦》出现46次，《红楼梦语言词典》："因不满而闹别扭，生气。"[①] 以上所有例证，都是因不满而闹别扭或者生气的意思，与《玉田县志》所记的词义不同。

（4）词义、词形不完全相同。

这类是指《玉田县志》的方言词与《红楼梦》中的用例，在词义和词形上有相同之处，又不完全相同，只有一个：打急慌。

139. 打急慌：争斗也。又得财济困也。（《玉田县志》）

第三十六回："先时在外头关，那个月不打饥荒，何曾顺顺溜溜的得过一遭儿。"

第七十二回："倘或说准了，这会子说得好听，到有了钱的时节，你就丢在脖子后头，谁去和你打饥荒去。"

《玉田县志》所记的打急慌的词义有两个，第一个是争执、争吵，第二个是借债。《红楼梦》的打饥荒也有两个词义，一是经济困难，第三十六回的例证是这个意思；二是还债，第七十二回的例证用这个词义。

打急慌和打饥荒的词义有共同点，借债就是经济困难，但也有不同点，《红楼梦》的例证有还债义，《玉田县志》没有；二者的词形不完全相同，读音相近。综合形、音、义的异同，二者之间是同一个词的不同词形的关系。

（5）方言词不同。

这类是指《玉田县志》的方言词与《红楼梦》中的用例存在地域差

---

① 周定一主编：《红楼梦语言词典》，商务印书馆1995年版，第203页。

异，共有两个：打秋风、坎肩儿。

247. 打秋风：所谓飔也。又曰打尊儿，惟博场云然。盖总如南方所谓打抽丰、打把拾也。（《玉田县志》）

第三十九回："忽见上回来打抽丰的刘姥姥和板儿又来了。"

346. 坎肩儿：衣无袖者。南方曰背心。（《玉田县志》）

《红楼梦》（程乙本）第八回："宝玉掀帘一迈步进去，先就看见薛宝钗坐在炕上作针线，……玫瑰紫二色金银鼠坎肩儿。"

《红楼梦》（程乙本）第四十回："剩的配上里子，做些个夹坎肩儿给丫头们穿。"

第八回："玫瑰紫二色金银鼠比肩褂。"

第四十回："剩添上里子，做夹背心子给丫头们穿。"

第三回："只见一个穿红绫袄青缎掐牙背心的丫鬟走来笑说道……"

第二十四回："只见鸳鸯穿着水红绫子袄儿，青缎子背心，束着白绉绸汗巾儿，脸向那边低着头看针线，脖子上戴着花领子。"

第二十六回："细挑身材，容长脸面，穿着银红袄儿，青缎背心，白绫细折裙。"

第四十六回："只见他穿着半新的藕合色的绫袄，青缎掐牙背心，下面水绿裙子。"

第五十七回："一面说，一面见他穿着弹墨绫薄棉袄，外面只穿着青缎夹背心。"

第一个打秋风，意为假借各种名义向人索取财物。《玉田县志》认为就相当于当时南方的打抽丰，《红楼梦》使用的正好是打抽丰。

打秋风和打抽丰都出现在明代。检索明代小说 29 种（以早期白话文小说为主），打抽丰出现 7 次，《醒世恒言》3 次，《初刻拍案惊奇》、《二刻拍案惊奇》、《型世言》、《明珠缘》各 1 次；打秋风出现 2 次，《警世通言》、《石点头》各 1 次。检索明代笔记 229 种，打抽丰没有出现；打秋风出现 3 次，《七修类稿》、《万历野获编》、《尧山堂外纪》各 1 次。总计打抽丰出现 7 次，打秋风出现 4 次，《醒世恒言》和《警世通言》的作者都是冯梦龙，分不出打抽丰与打秋风的地域分布差异。

检索清代小说 74 种（以早期白话文小说为主），打抽丰出现 23 次，《红楼梦》1 次，《歧路灯》5 次，《李笠翁小说十五种》4 次，《海上尘天影》2 次，《春柳莺》、《豆棚闲话》、《二十年目睹之怪现状》、《儿女英雄传》、《后水浒传》、《后西游记》、《九命奇冤》、《绿野仙踪》、《平山冷燕》、《巧连珠》、《续金瓶梅》各 1 次；打秋风出现 9 次，《风月梦》3次，《儒林外史》2 次，《补红楼梦》、《红楼圆梦》、《平山冷燕》、《侠义风月传》各 1 次。需要注意的是，《儿女英雄传》是清代中期用北京话写成的小说，作者文康，八旗子弟，《续金瓶梅》的作者丁耀亢，山东中部的诸城（今属五莲县）人，用的是山东话，使用的都是打抽丰，而不是打秋风。

因此，打抽丰和打秋风的区别不是地域问题，应该是使用习惯问题，南方和北方都有二者的用例。虽然《玉田具志》的论断不确切，但不妨碍它与《红楼梦》的用例不同。

程乙本第八回的"坎肩儿"，卜藏本作"坎肩褂"，甲戌本、乙卯本、庚辰本、蒙府本、戚宁本、甲辰本、舒序本、列藏本、梦稿本、程甲本都作"比肩褂"。程乙本第四十回的"坎肩儿"，乙卯本、庚辰本、蒙府本、戚宁本、甲辰本、舒序本、列藏本、程甲本作"背心子"，只有梦稿本作"坎肩儿"，并且是修改过的，"坎"和"儿"是涂改后添加在原文右侧的字迹。

总之，《红楼梦》坎肩儿的异文包括坎肩褂、比肩褂和背心子。

坎肩儿是坎肩在口语中儿化的结果。坎肩有两种，一种是长度到臀或腰，左右开裾，有对襟、琵琶襟、一字襟、人字襟等样式，这种短的坎肩也叫背心，清·徐珂《清稗类钞·方言类·八旗方言》："巴图鲁坎肩儿，多钮背心也。"用背心来解释坎肩儿；另一种是长度到脚，主要有对襟和大襟右衽等样式，这种长的坎肩又叫褂襕，一般是女子在春秋或早晚的时候穿的，两种坎肩共同的特点是没有袖子，穿着都很方便。

坎肩，或者背心，起源很早。一说起源于东汉的裲裆，汉·刘熙《释名·释衣服》："裲裆，其一当胸，其一当背，因以名之也。"清·王谦疏正补："今俗谓之背心，当背当心，亦两当之义也。"裲裆就是两片衣料构成的上衣，一片遮住前胸，一片遮住后背。一说起源于隋代的半臂，明·王圻《三才图会·衣服三》："半臂：《实录》曰：'隋大业中内官多服半臂，除即长袖也。唐高祖减其袖谓之半臂，今背子也。江淮之间或曰绰子，士人竞服。'隋始制之也，今俗名搭护，又名背心。"半臂没有袖子，又叫背子、绰子、搭护或者背心。后来也人赞同这个观点，《清稗类钞·服饰类·半臂》："半臂，汉时名绣䯓，即今之坎肩也，又名背心。隋大业时，内官多服半臂。"仔细分析裲裆和半臂，尤其对照《三才图会》中半臂的图样，可以发现两者的形制不完全相同，裲裆是用两片衣料连缀而成的，半臂是没有袖子的上衣，两者的不同点在清代的坎肩都得到了继承。例如清代的巴图鲁坎肩儿，是男性穿的，《清稗类钞·服饰类·巴图鲁坎肩儿》："京师盛行巴图鲁坎肩儿，各部司员见堂官，往往服之，上加缨帽，南方呼为一字襟马甲，例须用皮者，衬于袍套之中。觉暖，即自探手解上排钮扣，而令仆代解两旁钮扣，曳之而出，藉免更换之劳。后且单夹棉纱一律风行矣。"脱巴图鲁坎肩儿的时候，自己解开胸前领口下横向一字排开的扣子，仆人代为解开两边竖排的扣子，就能搋出来，这种坎肩既继承了裲裆的由两片衣料构成的特点，又继承了半臂没有袖子的特点。

背心的实物出现得很早，但是作为词语，到了宋代才出现，宋·施德操《北窗炙輠》卷下："〔王沂公〕在太学读书时，至贫，冬月止单衣，无绵背心。寒甚，则二兄弟乃以背相抵，昼夜读书。"最晚在南宋就出现背心一词了。坎肩一词则出现在清代。

坎肩和背心的所指相同，两者的差别除了出现时间不同之外，还有应用地域的不同。清代夏子鐊等编纂的《玉田县志》，刊行于光绪十年（1884 年），卷七《舆地志·方音方言》收录玉田方言词，有 374 个词条，第 346 条是坎肩儿（序号为笔者所加），原文是"坎肩儿：衣无袖者。南方曰背心。"这里明确指出，坎肩儿是没有袖子的上衣，在南方叫背心。《汉语大词典》："坎肩：不带袖子的上衣（多指夹的、棉的、毛线织的）。古时也称半臂，南方多称背心。"坎肩和背心是同一种服饰，存在使用地域范围的差异。以北京话创作的《儿女英雄传》、以山东话创作的《醒世姻缘传》等文学作品，使用的都是坎肩，并且没有背心。

因此，《红楼梦》第四十回早期版本中的背心子，到后期的梦稿本、程乙本被北方话的坎肩儿代替，是《红楼梦》去方言化的结果。

坎肩和褂是两种不同的服饰，共同点是穿在外面，男女都可以穿，不同点是褂有袖子。《清稗类钞·服饰类·外褂》："褂，外衣也。礼服之加于袍外者，谓之外褂。男女皆同此名称，惟制式不同耳。"褂穿在袍的外面。坎肩加了袖子就不叫坎肩了，《清稗类钞·服饰类·巴图鲁坎肩儿》："其加两袖者曰鹰膀，则宜于乘马，步行者不能着也。"巴图鲁坎肩儿加了袖子，就成了鹰膀，《红楼梦》第四十九回宝玉就穿过一件鹰膀褂。

　　褂也分为短的和长的，短的又叫马褂，有对襟、琵琶襟、大襟等样式，往往在领口、袖口和襟缘加衣边装饰；长的比袍略小，主要是对襟式，领口、袖口和下摆不加衣边装饰，是日常生活中常穿的服饰。

　　《红楼梦》里的褂出现的次数比较多，除去第八回的 1 次，另外还有 15 次，分别是第三回王熙凤"外罩五彩刻丝石青银鼠褂"，宝玉"外罩石青起花八团倭锻排穗褂"，第九回宝玉"褂襟子"（不详什么褂），第十九回宝玉"外罩石青貂裘排穗褂"，第四十二回贾母"穿着青皱绸一斗珠的羊皮褂子"，第四十九回李纨"穿一件青哆罗呢对襟褂子"，史湘云"穿着贾母与他的一件貂鼠脑袋面子大毛黑灰鼠里子里外发烧大褂子"，宝玉"罩一件海龙皮小小鹰膀褂"，第五十回宝玉的"半旧的狐腋褂"，第五十一回袭人"外面穿着青缎灰鼠褂"，并且包袱里带着"皮褂"，王熙凤送给袭人"石青刻丝八团天马皮褂子"、"雪褂子"，第五十二回宝玉的"大红猩猩毡盘金彩绣石青妆缎沿边的排穗褂子"，第六十二回袭人说宝玉"孔雀褂子"，也就是第五十二回提到的雀金裘。除了袭人的两件，其余都是贾府主子才能穿的，袭人是宝玉的大丫环，由于回家，需要显示贾府的气派，所以可以穿褂子，王熙凤对此还不满意，又另外送了两件褂，以壮大声势，尤其是石青刻丝八团天马皮褂子，这是朝服的样式，显示了贾府的地位和等级，这里很明显地表明，王熙凤很重视宝玉的事情，没有把袭人当普通丫环看待，几乎是当作宝玉的妾，也就是半个主子来看待。褂的材质有银鼠、貂皮、羊皮、呢料、海龙皮、狐皮、灰鼠等等，即使贾母穿的羊皮褂也是一斗珠的，不宜得到，总之都是名贵或者难得的材质。工艺有刻丝、彩绣等，制作难度大。以上都是为了显示褂的价值，不是普通人能穿。

　　比肩褂是褂的一种。比肩作为一种服饰，起源于元代，《元史·舆服志一》："服银鼠，则冠银鼠暖帽，其上并加银鼠比肩。"原注：俗称曰襻子答忽。比肩是天子冬天在内庭大型宴会时加在质孙（一种冕服）上的服饰，用银鼠皮做成，材质高档，穿着的时机是冬天的内庭宴会上，在正装上面加比肩，既能保暖，又不失皇家尊严，非常得体。宝钗的比肩褡是穿在袄的外面的，虽然是在闺房内，但宝钗天性庄重自律，穿的也是不太随便的衣服。

《红楼梦》中的背心，除了第四十回的1次，还有5次，第三回"一个穿红绫袄青缎掐牙背心的丫鬟"，第二十四回"鸳鸯穿着水红绫子袄儿、青缎子背心"，第二十六回袭人"青缎背心"，第四十六回鸳鸯"青缎掐牙背心"，第五十七回紫鹃"外面只穿着青缎夹背心"。以上5次，穿背心的都是丫环，材料全都是青缎，样式普通，个别有掐牙。丫环、婢女穿背心是吴地的风俗，《清稗类钞·奴婢类·搭脚娘姨》："吴谚有曰：'娘姨弗搭脚，落里有绉纱马甲。'落里，何处也。绉纱马甲，湖绉坎肩也。谓既得欢于主人，主人自必以坎肩赠之。"丫环、婢女受到主人赏识，会得到主人送的坎肩。

现在回过头来看程乙本第八回的坎肩儿，首先穿的人是宝钗，身份是主子，不是丫环，其次是"玫瑰紫二色金银鼠"的，颜色是玫瑰紫，材质是银鼠，与丫环穿的背心所用的青缎不符，因此，这里的坎肩儿改动不恰当，不符合宝钗的身份，也不符合背心的颜色与材料。早期其他版本的比肩褡，是褡的一种，符合宝钗的身份，也符合褡的材料与颜色要求。

程乙本和梦稿本第八回之所以把背心子改为坎肩儿，有三方面的原因，一是由于坎肩是北方的词，背心是南方的词，体现了这两个版本去方言化的改动行为；二是不熟悉吴地的风俗；三是以当时北京的风俗来决定替换，没有深入分析《红楼梦》创作时的社会背景，忽略了服饰的演变过程。

清代的服饰从前期到后期有转变，北京的服饰也发生了变化。前期清朝于马上得天下，衣着都是束身简洁，便于骑射，统治者也注重保持固有的服饰传统，崇德元年（1636年），皇太极曾经训诫："先时儒臣巴克什达海、库尔缠屡劝朕改满洲衣冠，朕不从，辄以为朕不纳谏，朕试设为比喻，如我等于此聚集，宽衣大袖，左佩矢，右挟弓，忽遇硕翁科罗巴图鲁劳萨，挺身突入，我等能御之乎，若废骑射，宽衣大袖，待他人割肉而后食，与尚左手之人，何以异耶。"皇太极反对改变满族服饰，不准穿宽大的衣服。乾隆三十七年（1773年），清高宗重申："夫万物本乎天，人本乎祖，推原其义，实天远而祖近，设使轻言改服，即已先忘祖宗，将何以上祀天地。"这段话说明两个问题，一是必须遵循祖宗家法，不能改变服制，不能穿宽大的衣服；二是当时已经有很多满族人改变传统服制，穿宽大的衣服了，所以乾隆才说这番话。可以认为，从乾隆时期开始，清代的服饰朝着宽大的方向发展。民间风气甚至影响到宫廷服饰，以便服为例，"道光以后，宽襟博袖服饰的出现明显地昭示了满族生活的改变。"①

坎肩也发生了变化。《红楼梦》早期版本中的背心都是束身的。例如庚辰本：

> 只见他穿着半新的藕合色的绫袄，青缎掐牙背心，下面水绿裙子。蜂腰削背，鸭蛋脸面，乌油头发，高高的鼻子，两边腮上微微的几点雀斑。（第二十四回）
>
> 那贾芸口里和宝玉说着话，眼睛却溜瞅那丫鬟：细挑身材，容长脸面，穿着银红袄儿，青缎背心，白绫细折裙。——不是别个，却是袭人。（第二十六回）

因为背心束身，才显出鸳鸯"蜂腰削背"，袭人"细挑身材"。到了清代后期，坎肩都变得宽大，并且材质与样式都发生了很大变化，受民间穿着风气，以及坎肩的穿着方便的特性的影响，中上层人也能穿，前面所引《清稗类钞》表明，各部的官员也穿坎肩，并且有多种样式。程乙本和梦稿本没有考虑到《红楼梦》整体上对穿背心的时代、地域背景与身份地位的设置，而是以当时北京的习俗为依据，进行了直接更改。

到了清代中后期，坎肩、褂都是日常生活中经常穿的便服，已经分不出身份等级的差别了，但是，无论短的坎肩（背心）与短的褂（马褂），还是长的坎肩（褂襴）与长的褂，都存在有无袖子的区别，如前所述，坎肩加了袖子就成了鹰膀褂。

坎肩与褂的过渡状态就是在坎肩上加半袖，不是整袖，加半袖的坎肩也不是鹰膀褂，应该就是卞藏本所说的坎肩褂，这种形制的上衣，既像坎肩又像褂，所以有这么一个看似矛盾的名称。这种衣服清代也有记载，福格《听雨丛谈·军机坎》："军机坎，制如马褂而右襟，袖与肘齐，便于作字也。道光初年，创自军机处。因军机入值，最早最宴，衬于长褂之内，寒易著，暖易解，故又曰褂衬，又曰半袖。以杂色缎帛皆可为之，不

---

① 殷安妮：《清代宫廷便服综述》，《艺术设计研究》2012 年第 2 期，第 30 页。

必定如马褂之用青色也。数十年来，士农工商皆效其制，以为燕服，镶缘愈华，益失其义。"这一段话说明很多事情，一是军机坎的形制像马褂，有袖子，但袖子的长度到胳膊肘，所以也叫半袖；二是军机坎穿或脱很方便，这是坎肩的特点，马褂不具备这个特点，所以军机坎是坎肩，而不是褂；三是军机坎起源于道光初年的军机处，后来民间才效仿着穿；四是军机坎制作简易，已经成为百姓的日常衣服，但是越来越奢华。以上四点的第一、第二、第四点，都符合坎肩褂的特点，唯有第三点值得商榷，能进军机处的人，都是皇帝的重臣，《清史稿·职官志一》："时入直者皆重臣。"人数不多，平常百姓是难得见他们一面的，数量不多的朝廷重臣能影响广大百姓的穿着风尚，不太可能。况且，重臣是不敢随便带头改变惯例，穿不符合礼制的衣服的。原文的一句值得注意，穿军机坎"便于作字"，由于军机坎袖子的长度仅仅到肘部，不影响写字，应该是民间为了写字方便，同时又为了御寒，在通行的坎肩的基础上制出这种形制的衣服，后来军机处的大臣们也穿，由于军机处的大臣们也穿，就出现了军机坎的名称。从这个推断来看，军机坎的民间起源时间早于道光初年，道光之前是嘉庆，卞藏本的抄写年代一般认为是乾隆末到嘉庆初，"早不过乾隆晚期，晚不过嘉庆前期"。[①]两者相互印证，时间能够符合。

因此，卞藏本的坎肩褂，也是有来源的，但是这个更改，也没有考虑到《红楼梦》创作之初的所设置的社会背景，宝钗是不能穿坎肩的，当时是否有坎肩褂，还值得探讨。卞藏本的抄写者只是依据当时北京的穿着习俗，进行了直接更改，《红楼梦》第八回宝玉探望宝钗的时候，宝钗在炕上做针线活，天气寒冷，如果宝钗穿的是坎肩褂，既能保暖，又不妨碍做针线活，比穿坎肩更合理，但相比起比肩褂来，还是比肩褂更适合宝钗的身份。

综上所述，程乙本第八回把比肩褂改为坎肩儿是不恰当的，虽然符合时代、地域变化，但不符合宝钗的身份，卞藏本把比肩褂改为坎肩褂，也不符合原文所设置的社会背景。程乙本和梦稿本第四十回把背心子改为坎肩儿，是用北方通用词替换南方通用的词。[②]

2. 说明的问题

（1）前面的五种类型，第一类和第二类可以合并为一大类，是词义

---

① 蔡义江：《〈红楼梦〉"卞藏本"异文说》，《红楼梦学刊》2007 年第 2 辑，第 45 页。
② 高光新：《〈红楼梦〉"坎肩儿"考辨》，《红楼梦学刊》2014 年第 2 辑，第 345 页。

相同的，共有 20 个，数量最多。尤其是管约儿，是玉田独有的方言词。

第三类和第四类可以合并为一大类，是词义有差别的，共有 3 个。虽然数量少，但是使用频率大，尤其是第三类出现次数多，比较常用的词存在词义差别，说明，作者对玉田方言不是很熟悉。

第五类表明了《红楼梦》使用的词汇有更改现象，后期的版本把早期使用的南方的词语替换成了北方的词语。

（2）在《玉田县志》有记录的方言词，只能说明这些词在玉田通行，而不能认为是仅限于玉田使用，其他地区也可能使用。在《红楼梦》出现的 25 条在其他文学作品里也有用例，有些甚至不是方言词，通用语也有用例。以《儿女英雄传》为对比，25 条在《儿女英雄传》出现的是：糟蹋、一块儿、打嘴、瞧瞧、能奈、本事、各人、串门子、打急慌、硬朗、不害臊、劳切、赌气、数落、一休、端者、套间、搭包、坎肩儿。共有 19 条。《儿女英雄传》的成书时间比《玉田县志》还要早，说明这些词在清中期的北京话里已经存在了，所以不能认为是玉田特有的方言词，至少是从北京到玉田都在使用的方言词。

没有出现的 6 个是：煞喂、犯不上、瞅空儿、管约儿、嬉憨、打秋风。除了管约儿是玉田独有的，其余的 5 个在其他文学作品里有用例。

煞喂（明·凌濛初《北红拂》第二齣："随他评论煞'娶而不告'。"）

犯不上（《三侠五义》第三十四回："就是爱喝好酒，也犯不上要一坛来。"）

瞅空儿（《绿野仙踪》第六回："瞅空儿向傍边一闪"）

嬉憨（《三侠五义》第三十四回："就是全给老杨，我也是不稀罕的。"）

打秋风（《儒林外史》第四回："张世兄屡次来打秋风，甚是可厌。"）

凌濛初是明代后期浙江人。《金瓶梅》是明代的小说，使用了大量山东方言。《三侠五义》作者石玉昆（约 1790—1880），清代天津人，此书首次刊行于光绪五年（1879 年），稍早于《玉田县志》。《绿野仙踪》是乾隆早期的一本小说。《儒林外史》作者吴敬梓，清初安徽全椒人。以上五个词在使用时间与地域上，都不仅限于清代或者玉田，因此也不能认为是玉田独有的方言词。

（3）从前两条的分析来看，词义相同的方言词不能认为就是玉田方言独有的词，词义不同的方言词表明《红楼梦》所使用的方言与玉田方言差别比较大，只有一个"管约儿"是玉田特有的方言词，但有 5 个词义不同的词，尤其是还有两个明确标明地域差异的词，可以认为，《红楼梦》有玉田方言的影子，但没有广泛使用玉田方言。

出现这种状况的原因，在于《红楼梦》的作者。《红楼梦》乙卯本第三十九回脂批："此书中若干人说话语气及动用前照饮食诸类，皆东西南北兼用……亦南北相兼而用无疑矣。"这条脂批表明，《红楼梦》使用了全国各地的方言，没有局限于一地，出现这种局面是曹雪芹"披阅十载，增删五次"的结果。

（4）清代玉田与丰润是遵化直隶州仅有的两个属县，玉田在丰润的西面。从《玉田县志》方言词与《红楼梦》方言词的异同来看，以及《红楼梦》提到的玉田特有的胭脂稻，可以认为曹雪芹对玉田方言有所了解，但并没有掌握与熟练运用使用。玉田和丰润紧邻，两地方言差异很小，现在两地都属于冀鲁官话保唐片蓟遵小片①，那么，在清代，两地方言上也必定有较多的共同之处。通过方言词对比，可以认为，曹雪芹对玉田附近的丰润方言也有一定了解，但不会太熟悉。

第三节　民国唐山方言词汇

本节依据的材料主要是民国《滦县志》、《迁安县志》。《滦县志》记录的方言词主要反映滦县的方言词汇面貌，《迁安县志》记录的方言词主要反映迁安的方言词汇面貌。滦县与迁安接壤，滦县在迁安的南边，都在唐山的东部。

本节主要解决两个问题，一是民国唐山方言词概况，二是民国唐山方言词的源流。

---

① 中国社会科学院语言研究所、澳大利亚人文科学院：《中国语言地图集》，香港朗文（远东）出版公司 1987 年版，B02。中国社会科学院语言研究所等：《中国语言地图集》（汉语方言卷），商务印书馆 2012 年版，B1 – 3。

一　民国唐山方言词汇概况

（一）方言词的数量

袁棻等编纂的《滦县志》，刊于 1937 年，卷四《人民志》的《方言》部分收录方言词，收方言词 86 条，有的一条包含一个方言词，有的一条包含多个方言词，例如：

> 3. 称叟曰老爷子，媪曰老娘子。
> 老爷子：对老年男性的称呼。
> 老娘子：对老年女性的称呼。
> 5. 孪生之子曰双郎棒。
> 双郎棒：孪生的孩子。

第 3 条包含了两个方言词：老爷子、老娘子。第 5 条只包含一个方言词：双郎棒。

《谣谚》部分有 14 条谣谚含有方言词，例如：

> 2. 寒食麦子挂纸钱。（清明时，麦苗长寸余，故能挂烧纸。）
> 寒食：节日名称，在清明前一日或两日。辛亥革命之后，逐渐与清明合并。因此注解用清明进行说明。
> 纸钱：在祭祀时焚化给死人或鬼神当钱用的纸片，形状如铜钱。唐·张籍《北邙行》："寒食家家送纸钱，乌鸢作窠衔上树。"

这条谚语里包含两个方言词：寒食、纸钱。

腾绍周、王维贤等编纂的《迁安县志》，刊于 1931 年，卷一九《谣俗篇》的《方言》部分收录方言词，收方言词 118 条，有的一条包含一个方言词，有的一条包含多个方言词，例如：

> 52. 鳏夫谓之光棍汉。
> 光棍汉：没有妻子的成年男性。
> 53. 妻兄弟谓之大舅子小舅子。
> 大舅子：妻子的哥哥。

　　　　小舅子：妻子的弟弟。

　　第 52 条包含一个方言词：光棍汉。第 53 条包含两个方言词：大舅
子、小舅子。

　　《歌谣》部分有 5 条民间歌谣含有方言词，例如：

　　　　3. 老娘割了二斤肉，请他老老和他舅，先来的吃块肉，后来的
啃骨头，再来的喝汤儿，晚来的听香儿。

　　　　老老：母亲的母亲。《二十年目睹之怪现状》第一〇七回："北
边人称呼外祖母多有叫老老的。"

　　　　听：用鼻子嗅。

　　这条歌谣包含两个方言词：老老、听。听有嗅义，这个用法沿用
至今。

　　（二）方言词的比较

　　滦县和迁安两县志所记录的方言词数量和范围不尽相同，大部分不能
够作对比，下面把可以比较的词进行对比。

　　1. 相同的方言词

　　语音与词义完全相同的只有两组：

　　　　12. 螳螂曰刀郎。（《滦县志》）

　　　　刀郎：螳螂。

　　　　113. 螳蜋谓之刀蜋。（《迁安县志》）

　　　　刀蜋：螳螂。

　　　　41. 语言无味曰扯淡。（《滦县志》）

　　　　扯淡：说话没意思。明·纪振伦《三桂联芳记·征途》："思量
做这官儿，真个叫做扯淡，一连饿了三日，不尝半口汤饭。"

　　　　61. 言语无味谓之扯淡。（《迁安县志》）

　　　　扯淡：说话没意思。

　　螳螂在两县的方言词的语音与词义相同，只是记录的字形不同，分别
是刀郎与刀蜋。扯淡在两县的方言含义相同，都是说话没意思。另外还有

一条，《迁安县志·方言》："法警谓之班头。"法警在迁安叫班头，法警是法院中担任逮捕或押送犯人，传唤当事人、证人和维持法庭秩序等职务的人员。班头的本义是差役。《儒林外史》第二回："就像今日请我的黄老爹，他就是老爷面前站得起来的班头。"在民国时期产生新义，指法警。这个词在《滦县志·方言》没出现，但《滦县志·谣谚》有一条："班头下乡，赛过帝王（极言皂隶之可畏）。"也有班头，用皂隶进行解释，两地是相同的。

2. 不同的方言词

不同的方言词存在语音或词义的差异，有以下五组：

9. 蝉曰吉了。（《滦县志》）

吉了：蝉。

111. 蝉谓之唧嘹儿。（《迁安县志》）

唧嘹儿：蝉。

31. 拿物曰秋（上声），取之转音也。

秋：取，拿。今作"求［tɕʰiu］²¹⁴"。

117. 取谓之拿。（《迁安县志》）

拿：取。宋·王之道《春雪和袁望回》之一："老夫僵不扫，稚子走争拿。"

59. 土豪曰尴杂子。（《滦县志》）

尴杂子：土豪。

65. 土豪谓之光棍。（《迁安县志》）

光棍：土豪。

64. 累赘曰逻迆。（《滦县志》）

逻迆：琐碎冗余。今作"啰唆"。《红楼梦》第八回："黛玉站在炕沿上道：'啰唆什么，过来，我瞧瞧罢。'"见《燕说》卷一第19条。逻迆本义是一种琵琶。元·杨维桢《鼙婆引》："梅卿上马弹鼙婆，鹍弦振振金逻迆。"

56. 事之难者谓之逻梭。（《迁安县志》）

逻梭：繁琐麻烦。今作"啰唆"。

86. 修理曰整整。（《滦县志》）

整整：修理。

72. 修理谓之整治。(《迁安县志》)

整治：修理。《元朝秘史》卷十五："所摆站赤，命阿剌浅、脱忽察儿两个整治。"

以上共有五组不同的词，各有不同点。第一组，关于蝉的名称，在滦县叫吉了，在迁安叫唧嘹儿，词义相同，语音不同，不是同一个词。第二组，动词取的方言对应词不同，在滦县叫求〔tɕʰiu〕²¹⁴，这个词的音和义在当地沿用至今，在迁安是拿，这个词的音和义在当地也沿用至今，是两个词。第三组，关于土豪的方言对应词，在滦县叫尬杂子，在迁安叫光棍，光棍这个词在滦县对应的方言是耍人的(《滦县志》第 57 条)。第四组，关于啰唆，在两县志的记录中，在滦县，含义是烦琐冗余，在迁安，含义是烦琐麻烦，两个词义之间有联系，都含有烦琐的义素，二者的词形不同，词义不同但有联系，语音相同，是同一个词。第五组，关于修理的方言对应词，在滦县叫整整，在迁安叫整治。

两地的方言词共同的有两个，不同的有 5 个，说明两地的方言词有共同点，也有差异。

二　民国唐山方言词汇的源流

（一）方言词的起源

1. 方言词出现的时间

滦县与迁安的方言词，从起源的时间来看，远到先秦，近到清代，又有例子，但是大部分是口语词，在历代出现的例证比较少，以《迁安县志》的方言词出现的时间为例：

11. 男幼者谓之小子。

小子：小男孩。《楚辞·天问》："水滨之木，得彼小子。"

58. 事之顺心谓之得意。

得意：顺心，满意。汉·刘向《列女传·黎庄夫人》："黎庄夫人者，卫侯之女，黎庄公之夫人也。既往而不同欲，所务者异，未尝得见，甚不得意。"

62. 大声疾呼谓之叫欢。

叫欢：大声呼叫。今作"叫唤"。《宋书·庐陵王义真传》："义真与左右相失，独逃草中，中兵参军段宏单骑追寻，缘道叫唤。"

97. 富户谓之财主。

财主：有大量财产的人。唐·寒山《诗》之二三三："我见凡愚人，多畜资财谷……财主忽然死，争共当头哭。"

17. 多口谓之嘴尖。

嘴尖：说话尖酸刻薄。宋·王明清《挥麈后录馀话》卷二："子嘴尖如此，诚奸人也。"

89. 颈谓之脖子。

脖子：颈部，头和躯干相连接的部分。元·关汉卿《单刀会》第三折："青龙偃月刀，九九八十一斤，脖子里着一下，那里寻黄文来?"

95. 成衣匠谓之裁缝。

裁缝：做衣服的工匠。《水浒传》第二回："次日，叫庄客寻个裁缝，自去县里买了三匹红锦，裁成三领锦袄子。"

112. 蝗谓之蚂蚱。

蚂蚱：蝗虫。《红楼梦》第四十回："板儿又跑来看，说：'这是蝈蝈，这是蚂蚱。'"

以上的方言词出现的时间分别是先秦、两汉、南北朝、唐、宋、元、明、清。时代越近数量越多，出现于清代的方言词数量最多，《滦县志》有 11 条，《迁安县志》有 24 条。

2. 与清代方言词的对比

关于滦县方言词，《滦县志·方言》有一段话："案旧志所列举者，今仍通行，故录全文，并补充若干条，以备参考。非谓即此可尽滦县之方言也，乃述其称谓之最普通者耳。"这段话的意思是说，清代《滦州志》所列举的方言词，到民国时期仍然通行，这次只补充一部分，所有的这些词，不是滦县方言词的全部，只是其中最普通常见的。《滦州志·方言》列举了 89 条，加上《滦县志·方言》的 86 条，总共有 175 条，数量不算多，确实不可能是一个县的方言词的全部。随着时代前进，社会发展，新事物出现，还是有新的方言词或新义出现，例如前面所引用的《滦县志·谣谚》的"班头"，在民国时期产生新义，指法警。

把两县志列举的方言词与清代的唐山方言词对比，有共同点，也有不同点。

首先,《滦县志》、《迁安县志》方言词与《燕说》方言词对比。滦县和迁安位于《燕说》所覆盖的地域之内,有些方言词同时出现在三部著作中。

7. 名蟋蟀曰趋趋。(《滦县志》)

趋趋:蟋蟀。今作"蛐蛐"。

33. 促织曰趣趣。(《燕说》卷四)

趣趣:蟋蟀。今作"蛐蛐"。清·富察敦崇《燕京岁时记·蛐蛐儿》:"七月中旬则有蛐蛐儿,贵者可值数金,以其能战斗也。至十月,一枚不过数百文,取其鸣而已矣。"

61. 举动不开展者曰眠娵。(《滦县志》)

眠娵:不大方,举止行为放不开。今作"腼腆"。

7. 愧赧曰眠娵。(《燕说》卷一)

眠娵:古代寓言中假托的人名。意为腼腆。害羞、不大方的样子。今作"腼腆"。《列子·力命》:"眠娵、諈诿、勇敢、怯疑四人,相与游于世,胥如志也。"张湛注:"眠娵,不开通貌。"明·田汝成《西湖游览志馀·委巷丛谈》:"杭人言……蕴藉不暴躁者曰眠娵。"

67. 私藏财物曰梯己(梯或作体)。(《滦县志》)

梯己:私下积攒的财物。又叫体己。

45. 私利曰梯己。(《燕说》卷四)

梯己:私下的积蓄。又作"梯己"、"体己"。《红楼梦》第二十五回:"赵姨娘便印了手模,走到厨柜里将梯己拿了出来,与马道婆看看,道:'这个你先拿了去做香烛供奉使费,可好不好?'"

23. 物谓之东西。(《迁安县志》)

东西:泛指具体或抽象的物品。

76. 泛称某物曰东西。(《燕说》第四)

东西:泛指具体或抽象的物品。明·朱有燉《豹子和尚自还俗》:"我又无甚希奇物,我又无甚好东西,他偷我个甚的?"《红楼梦》第三十五回:"凤姐笑道:'这一宗东西,家常不大做;今儿宝兄弟提起来了,单做给他吃。'"

103. 修饰谓之打扮。(《迁安县志》)

　　民国时期滦县、迁安的方言词，是长时间积累的结果，时代越近，出现得越多，同时，随着时代变化，方言词也会产生新的含义。

　　（二）方言词到现代的演变

　　《滦县志》、《玉田县志》记录的方言词，有些流传到现在，有些现在唐山本地已经很少用到了，下面以《滦县志》为例进行说明。

　　《滦县志·方言》记录方言词86条，共有方言词96个，外加一条方言惯用语（18. 才小而自炫者曰半瓶醋，又曰满瓶不摇半瓶摇）。96个方言词到现在，有78个沿用至今，其中21个词形发生变化，有5个更换词语，有1个词义改变，有12个不再使用。

　　1. 沿用至今

　　沿用至今的有78个，其中57个词形不变，21个词形发生变化。

　　4. 佣工曰打头的，又曰伙计。

　　打头的：雇佣的人。又叫伙计。清·袁枚《新齐谐·学竹山老祖教头钻马桶》："有江西大贾伙计夜失去三千金。"

　　24. 无事自扰者曰找麻烦。

　　找麻烦：没事自己找事。

　　19. 脑筋过敏者曰唧伶。

　　唧伶：脑筋反应灵敏。今作"机灵"。

　　15. 蜥蜴曰蝎虎溜子。

　　蝎虎溜子：蜥蜴。壁虎与蜥蜴相似，汉·荀悦《汉纪·武帝纪一》："（东方）朔自请布卦射之曰：'臣欲以为龙，复无角；臣欲以为蛇，复有足；跂跂脉脉善缘壁，此非守宫，当是蜥蜴。'"蝎虎指壁虎，宋·苏轼《蝎虎》诗："黄鸡啄蝎如啄黍，窗间守宫称蝎虎。"因此用蝎虎溜子指蜥蜴。

　　以上前3例都是沿用至今的，伙计、找麻烦的词形没变，唧伶的词形变为机灵，《现代汉语词典》（第6版）①收录了伙计、麻烦、机灵，在口语里有找麻烦这个惯用语。第四条最特殊，因为现在唐山全境除了滦县、滦南，对于壁虎的称呼是蝎虎鲁子、蝎虎溜子、蝎虎脸子、蝎虎了子、蝎

---

　　①　中国社会科学院语言研究所词典编辑室：《现代汉语词典》（第6版），商务印书馆2012年版。

虎子，只有滦县、滦南称壁虎为麻蝎虎，称蜥蜴为蝎虎溜子或长虫小舅子，丰南称蜥蜴也是长虫小舅子。长虫是蛇，长虫小舅子是蜥蜴，这个名称反映了当地人民特有的幽默感。

2. 更换词语

概念没有变化，但使用的词语发生变化，这一类有 5 个。

5. 孪生之子曰双郎棒。

双郎棒：孪生的孩子。

16. 河豚曰蜡头棒子。

河豚叫蜡头棒子。

65. 物体由肿而缩曰杂杂。

杂杂：物体由肿大变得萎缩。

66. 正午曰响午。

响午：正午。

69. 做作虚娇惰曰摘搦（读如拿捏）。

摘搦：做作，故作姿态。

以上 5 例，在现在的滦县、滦南一代，孪生的孩子叫双半拉，不再叫双郎棒；河豚就叫河豚，不再叫腊头棒子；物体由肿大变得萎缩叫撮撮，不再叫杂杂；正午叫晌火，不再叫响午；做作、故作姿态叫褰捏，不再叫摘搦。

3. 词义改变

有 1 个词的词义发生变化。

14. 桑扈曰扈巴拉。

扈巴拉：桑扈。

桑扈是一种鸟，又名青雀，现在在滦县、滦南一带，扈巴拉指的是伯劳。扈巴拉的词义发生变化。

4. 不再使用

有些方言词现在已经不使用了，这一类有 12 个。

17. 谓不知自爱者曰没价钱。

没价钱：比知道自爱。

22. 愚弄人者曰赚人。

赚人：愚弄别人。

23. 无才而妄冀者曰妄想爬高。

妄想爬高：没有才能却有不切实际的想法。

26. 詈人轻狂曰奸诈。

奸诈：轻狂虚伪。《礼记·经解》："君子审礼，不可诬以奸诈。"

32. 不知而妄为曰瞎帐。

瞎帐：不清楚实际情况而乱做。

34. 讥人阔绰曰抖。

抖：讥讽别人炫富。

44. 詈人无赖曰泥腿。

泥腿：无赖，撒泼放刁。

49. 暗地中伤曰拆散。

拆散：暗中伤害别人。

57. 光棍曰耍人的。

耍人的：光棍。

58. 土匪曰混星子。

混星子：土匪。

60. 运气不好曰倒灶。

倒灶：运气不好。

80. 亵语曰撒村。

撒村：污秽的词。

以上 12 个方言词，现在在滦县、滦南一带已经不再使用。

总体来看，《滦县志》的 96 个方言词有 78 个沿用下来，约占总量的 81.2%，这个比例远远高于清代《燕说》流传沿用下来的方言词比例，原因可能有两个，一是编写目的不同，《燕说》是训诂著作，重在考查方言词的源头，更接近书面语，《滦县志》是志书，重在记录方言词，所以更接近口语，所以相比之下《滦县志》的方言词在方言口语里的传承度更高一些；二是《燕说》是清末的著作，《滦县志》是民国的著作，后者在时间上距离现在更近，所记录的方言词沿用的比例相对高一些。

第四节　当前唐山方言词汇的发展变化

社会发展，时代变化，方言也在变化，唐山方言词的新派与老派也出现了一些变化，尤其受到普通话影响，在逐渐向普通话靠拢。以路北区方言词的新派与老派方言对比为例，许多方言词已经被普通话的词语代替，尤其是名词中的具体事物类。老派以《唐山市路北区志》① 所收方言词为参照，新派以两位未满 30 周岁的方言发言合作人的词汇使用为参照，两位合作人都是路北区人，祖上三代都是路北区人，男性合作人没有外地上学、工作经历，女性合作人在秦皇岛上完大学（四年）后返回唐山工作，两名方言合作人互不相识。

《唐山市路北区志》收录方言词 475 条，还在使用的有 282 条（见附录四），不再使用的有 193 条，这里的不再使用仅仅针对两名方言调查合作人而言，在其他人的方言里可能还在使用。

一　还在使用的方言词

282 条方言词，有 257 条保持语音、词义和词形不变，其余 25 条发生变化。

（一）更换词语

概念不变，旧的词语不再使用，使用新的词语。

1. 今儿个：今天。

新：今儿←今儿个

2. 昨儿个：前天

新：昨儿←昨儿个

3. 斜涎：口水

新：哈喇子←斜涎

4. 挑担：姐妹之夫互相指称

新：担挑←挑担

---

① 唐山市路北区地方志编委会：《唐山市路北区志》，中华书局 1999 年版。

5. 厄：被硬物垫着

新：硌←厄

6. 甜火人儿：使人心满意足

新：香应人儿←甜火人儿

7. 瞎曰曰：不负责任乱讲话

新：瞎咧咧←瞎曰曰

8. 厄：被硬物垫着

新：硌←厄

9. 吊：浪荡，游手好闲

新：吊儿郎当←吊

10. 轴：死硬不灵巧

新：轴别←轴

11. 刹利：爽利

新：刷利←刹利

12. 撑死喽：至多，最高限度

新：撑死←撑死喽

（二）"又称"替换常用词语

概念旧有多个词语，新派方言使用旧有概念的"又称"。

1. 扎母登：潜泳，又称"扎猛子"
新：扎猛子←扎母登

2. 发毛：发慌、害怕，又称"发怵"
新：发怵←发毛

3. 改：奚落，又作"糟改"
新：糟改←改

4. 猴儿摆食：顽皮好动，又称"猴儿巴叽"
新：猴儿巴叽←猴儿摆食

5. 坏菜：事情结果特别糟，又称"坏醋，砸锅"
新：砸锅←坏菜

6. 抠惜：吝啬，又称"抠唆"、"小店儿"
新：小店儿←抠惜

7. 欠儿灯：好在上司面前献殷勤，报告他人的缺点，又称"欠儿屁"

新：欠儿屁←欠儿灯

8. 肉迟：迟钝、慢性子，又称"肉"

新：肉←肉迟

9. 克碜：丑陋、难看，又称"寒碜"

新：寒碜←克碜

10. 净板儿：特意，又称"净意儿"、"净本（心）儿"

新：净意儿←净板儿

11. 马当时：马上，立刻，又称"立马儿"

新：立马儿←马当时

12. 一字儿：一律，又称"一水儿"

新：一水儿←一字儿

（三）词义变动

方言词的词义发生变化。

旧：成色：商品质量、出息

新：成色：出息

二　不再使用的方言词

192 条方言词退出口语使用，又分为三种类型，每种举例如下。

（一）使用普通话词汇

普通话的词语直接取代方言词，例如"酱母子：辣椒"，新派方言直接使用辣椒，而不再使用酱母子。

前半晌儿：上午

晌火：中午

后半晌儿：下午

年下：除夕

列儿个：昨天

过年：明年

转年：明年

身程：身体

药子：疟疾

羊角儿风：癫痫

力巴：外行

香应：便宜

架托：靠山、后台

酱母子：辣椒

系巴儿：蒂

火柿子：西红柿

头夫：牲畜

儿马：公马

骒马：母马

牤牛：公牛

乳牛：母牛

叫驴：公驴

草驴：母驴

牙狗：公狗

郎猫：公猫

女猫：母猫

豵儿：小公猪

跑楞：公猪

窠儿：小母猪

草鸡：母鸡

蝶蜉：蚂蚁

曲车：蚯蚓

肉蚂贴：水蛭

电道：公路

钢种：铝

烧烟：煤

割什：舍得

节在：节制

撙：积攒

宾服：佩服

须会：在意、理会

朗火：暖和

局根：拘谨

净干：干净、清洁

差皮：误会

刺忽：马虎

囊囊踹：窝囊

靠勺：踏实、可靠

格另：另外、格外

后有：不要、别

大估模儿：大约

损死喽：至少

大估模儿：大约

见见儿：每天、天天

紧溜儿：赶快

起首儿：开始

（二）概念合并

概念与其他相同或相近的概念合并，概念所表达的方言词不再使用，例如"狗嘶儿：绿背蝉"，新派方言直接用蝉指代各种蝉，不再关注蝉的种类，也不再细分。

绰子儿：整体形态、长相

狗嘶儿：绿背蝉

痕儿：小疵、物品上的毛病或玷污

夹萨：斜眼瞥视

入：塞入，暗中给予

趴：蹬踩

合达：活动、晃荡

打知过儿：打招呼、告知

格伙：联络、纠集

顶杠儿：胜任、又称"顶楞"

寻休儿：借宿

打平伙儿：凑钱吃喝

锁：割（作物秸秆）

稀拉合得儿：活动、松散

丢秀：小巧玲珑

楞：（瓜果）不熟

花趔：专会做表面文章

狗葬：讲话生硬，令人生恶

熬苦：艰苦，长期吃不到好食品

业障：孤苦伶仃，无依靠

意儿不意儿：出乎意料地

合实儿：好好地，又称"合合实实儿"

言定：一定、务必

够着：朝着、沿着、奔着

嘎儿码儿的：等等，一类东西。

郎当：左右。例如，小伙子二十郎当岁儿

对成：50%

三勾儿一勾儿：1/3

（三）概念消失

概念所表达的事物消失，相应的方言词也不再使用，以下两种物体现在已经不再使用。

酱巴冷：用席篾编成的尖顶帽，又称"凉帽"

大扑楞车：大篷车

对比保留的和被替换的，可以发现，被替换的主要是在普通话里有等义的对应词，由于普通话的威望高、影响大，普通话里的词直接替换方言词，还有一类是因为词义与别的词或语的概念接近而被合并；保留的，一方面是普通话里没有等义的对应词，例如烀、糗，另一方面是方言特有的词汇，在日常交际的时候离不开它们，例如麻心、中，有普通话含义、功能相近的词，但不能替换，这是本地人约定俗成的使用法，不能被轻易改变。

保留的方言词也处在变动之中，被替换的方言词不完全等于消失，有些虽然新派方言不使用，但是老派方言提到的时候，能明白词义，例如，使用普通话词语类的"差皮：误会"、概念合并类的"趾：蹭踩"，老派说到这些词的时候，新派也能理解词义，但新派不会主动使用这些方言词。

三　方言词的发展前景

今后，随着社会一体化进程加快，信息技术、通信手段发展，人们之间的联系更加紧密，空间上的、地域上的距离会逐渐缩小，为了达到沟通目的，方言词汇会越来越多地被替换掉，方言词汇萎缩是不可避免的趋势。对于唐山方言词汇而言，萎缩的方式主要有双轨制与替换制。双轨制指使用者既使用唐山方言词，又使用普通话的词语，这种情况一般出现在年轻人身上，他们经过现代教育的培养以及媒体的影响，掌握了一定普通话的词语，在相互之间或工作的时候使用普通话的词语，在面对本地老人的时候使用唐山方言词，这种做法的后果是，到他们的下一代，会掌握更多的普通话词语，掌握更少的唐山方言词，例如对于"崴"的第二个义位"（用勺子等）挖出"，有个别年青一代已经不再使用，而是用"盛[tʂʻən]"代替。替换制指直接使用普通话的词语，不再使用唐山方言词，例如对于前一类，大部分年轻一代已经替换了，对于这些词的普通话对应词，本地老人也能明白其中它们的词义。

但是，只要地域差距存在，地方物产、风俗与生活习惯在，方言就不会完全消失，唐山方言词汇尽管受到普通话词汇的冲击，她还是不会完全消失的。

方言是地方文化的一部分，对于传承地方文化、联络乡土感情都有重要意义，在现在的背景下，再去扶持、歌颂方言，也是不可取的，毕竟语言和方言都是在一直不断发展变化的，不用往远的看，仅看清代的唐山方言词，就有大量的词现在已经不使用了。在现有条件下，我们能做的就是发掘、研究唐山方言词，为了解唐山方言提供帮助，为语言规划提供参考，为后世留下当代的记录。

第六章

结　语

第一节　本书的总结

下面对本书的主要内容进行总结。

第一章《绪论》，探讨了唐山的地理历史概况、唐山方言概况与研究现状、研究方法与研究材料。唐山历史上除了一般的人口流动，还有多次移民迁入，对方言词的发展产生影响。唐山方言的语音与普通话差距较大，语法差距最小，唐山方言分为东西两区，研究唐山方言的著作以语音、语法为主，词汇的很少。第一章为全书的展开提供前行引导。

第二章《唐山方言词汇分析》，分析唐山方言词汇，分为唐山方言词的构成、唐山方言的词汇体系和构词法。

唐山方言词是唐山方言所使用的词除去从共同语转接的部分，可以分为基本词汇和一般词汇。

唐山方言词有词也有熟语，词可以分为单纯词和合成词，普通话所有的词汇类型，在唐山方言里都有。唐山方言的熟语与普通话不完全相同，成语、惯用语的差别小，歇后语、谚语的差别大。

唐山方言的构词法在词缀和重叠方面与普通话存在一定差异，本地的词缀有些普通话不具备，A 里 AB 式重叠词的范围比普通话大。

第三章《唐山方言词的文化阐释》，探讨唐山方言的文化词，分为文化词的范围、唐山方言词与曲艺文化、特色地名分析。

唐山的地域文化发达，例如民间文化、近代工业文化等，方言词反映这些文化。

唐山的曲艺含有方言词，皮影、乐亭大鼓行业都有自己的行业用语。在曲艺行业有秘密语春点。春点也是逐渐发展演变而成的，已经许多学者研究春点了，春点以名词为主，其他词类比较少。春点的来源有描摹事物、谐音、熟语、已有春点组合等方式。

唐山的地名具有地方特点，反映地方的历史、地理与语音特点。"×各庄"分布在北京（除延庆、石景山、东城、西城）、天津（除市中心）、河北（除承德、张家口、石家庄、邯郸、青龙县）、山东四省市，这个分布范围是明初移民造成的，明初同时有山东人和山西人居住的地方会出现各庄，清代的有些各庄是家庄的转写。

第四章《唐山方言词汇的共时比较》，探讨了唐山方言词汇的共时比较，分为比较标准的选择、内部比较和外部比较。

方言词数量众多，进行比较需要选择一定的标准，否则不容易比较出规律来。无论唐山方言内部的比较还是与外部的比较，随机选取的少量词汇进行对比的结果，不太容易看出规律来。设置比较的标准，需要考虑两点，一是选择哪些方言区进行比较，二是选择哪些词汇进行比较。经过分析，唐山市内用于比较的方言点是十一个：市区（包括路北、路南、开平、古冶）、丰南、曹妃甸、玉田、丰润、遵化、迁西、迁安、滦县、滦南、乐亭。唐山市外用于比较的方言点是八个：北京、保定、南皮、郑州、济南、菏泽、五莲、烟台。选用斯瓦迪士的 100 词进行方言词汇之间的亲疏异同比较，对唐山方言进行内部比较和外部比较。

内部比较首先进行 100 词比较，唐山方言内部十一个点进行比较，市区、遵化、迁西的方言词汇与普通话差距最小，乐亭、滦南、滦县方言词汇与普通话差距相对较大，其他区县市的差距度处于两者中间。从方言小片的归属来看，乐亭、滦县、滦南属于保唐片昌滦小片，其余的属于保唐片蓟遵小片。蓟遵小片西面与北面紧邻北京官话区，而昌滦小片位于蓟遵小片的东部，可能是地理因素导致差异度不同，距离北京官话区越近，与普通话的差距越小。各方言点之间的关系，遵化、曹妃甸与唐山其他各区县市之间的方言词关系最密切，迁安最疏远。尽管滦县、滦南和乐亭与普通话的差异比较大，但是与唐山内部各区县市（除迁安之外）的普通话关系还是很密切的。迁安方言与唐山除市区之外各地方言的差别很大，与普通话的差别也比较大，可能迁安方言词汇有外部来源成分。

外部比较首先进行 100 词比较，唐山与七个方言点进行比较，比较的结果是，唐山与冀鲁官话（保定、济南）、北京官话（北京）、中原官话（郑州、菏泽）的关系比较密切，与胶辽官话（五莲、烟台）的关系相对疏远。所以，从来源上看，唐山方言的词汇来源可能有两个：冀鲁官话、北京官话。再用 156 个一般词汇进行比较，唐山与北京、南皮、济南比较，发现唐山与北京之间的方言词汇差距大于唐山与南皮、济南之间的词汇差距。因此，结合 100 词与一般词汇的对比，从词汇角度可以把唐山方言划归北京官话。

第五章《唐山方言词汇的历史》，探讨了唐山方言词的历史，分为唐山方言词汇的形成、清末和民国时期的方言词、当前唐山方言词汇的发展变化。

唐山方言词是语言与历史发展的结果，外来移民给唐山方言词带来异质成分，例如戚继光带来的浙江士兵导致迁西、迁安一代的方言没有儿化词。

清末唐山的方言词，主要是《燕说》、《滦州志》与《玉田县志》所记录的，《燕说》与《滦州志》主要记录唐山东部方言词，《玉田县志》主要记录唐山西部方言词。三部书记录的方言词数量与性质不尽相同，《玉田县志》和《滦州志》是志书，重在原汁原味地记录，所以记载的方言词更接近方音；《燕说》是训诂性质的研究著作，重在考查方言词的来源，所以记载的方言词重在使用本字。三部书的方言词进行对比，《燕说》与《滦州志》相同的多一些，《燕说》与《玉田县志》差别大一些，说明地域因素影响到方言词的异同。在方言词的起源上，最早可以追溯到先秦，时代越往后，出现的方言词越多，在方言词的演变上，有些沿用至今，有些则不再使用。以《玉田县志》的方言词为参照，分析《红楼梦》的方言词，发现两者差异比较大，只有一个管约儿是《玉田县志》特有的，但有五个词明确是南方使用而北方不使用，并且《红楼梦》也使用，例如坎肩是北方的说法，南方叫背心，《红楼梦》使用的也是背心，因此曹雪芹创作《红楼梦》虽然受到玉田、丰润一带方言的影响，但他没有完全掌握这一带的方言。

民国的唐山方言词，主要是《滦县志》与《迁安县志》所记录的，两县接壤，都在唐山的东部，通过分析两部县志的方言词，可以发现，两县虽然互为近邻，但在方言词上不完全相同，还是存在差异，例如滦县对土豪叫尬杂子，迁安叫光棍。两县方言词的起源，有些可以追溯到先秦，但起源于清代的数量最多，尤其《滦县志》明确说明《滦州志》的方言词仍在使用。与清代本地区方言词进行对比，两县与同样记录唐山东部方言词的《燕说》有共同点，与记录唐山西部方言词的《玉田县志》稍有不同，说明地域的异同对于方言词的传承沿用有一定影响。两县方言词演变到现在，大部分流传下来了，但也有不再使用。

对比清代与民国的唐山方言词，可以发现，在时间上，两个时代的方言词在前后有一定的传承，但时代变化，也会产生新义，例如民国时期的班头，含义变为法警；在地域上，唐山东部与西部方言词之间有共同点，也有差异。两个时期的方言词都有一部分沿用到现在，也有一些不再使用了。

时代变化，唐山方言词也在发展，出现一些新变化，我们要做的是记录当前的方言词，为后世留下资料。

第二节　唐山方言词汇的框架

唐山方言词汇不是孤立的个体，在时间上是汉语词汇历时发展的产物，在空间上与共同语和其他方言保持联系。

一　唐山方言词汇是汉语词汇历时发展的产物

唐山方言词汇是汉语词汇在唐山本地发展演变的结果，既有源自共同语的词汇，也有源自其他方言的词汇，还有源自本地的词汇，都是为了满足本地人民交际的需要。

唐山方言词汇的发展演变，具备共同语词汇发展演变的所有特征，在演变速度上，也与共同语词汇的演变速度基本保持一致，但有些词的演变速度要慢一些，有些则快一些。

第一组

豵儿：小猪。《诗·豳风·七月》："言私其豵，献豜于公。"毛传："豕一岁曰豵。"

猪：哺乳动物。《墨子·法仪》："此以莫不犓羊、豢犬猪，絜为酒醴粢盛，以敬事天。"

小猪：小的猪。唐·戴孚《广异记》："有小猪来师前跪伏，斋毕，绕幢行道数百转，乃死。"

第二组

闻：a. 听见。《书·君奭》："我则鸣鸟不闻，矧曰其有能格。"

b. 嗅。《韩非子·十过》："共王驾而自往，入其幄中，闻酒臭而还。"

听：以耳受声。《书·泰誓中》："天视自我民视，天听自我民听。"

第一组豵和猪、小猪，唐山市区老派方言对于小猪叫豵儿，这个词最早出现在《诗经》里，早在春秋以前就有了，在唐山方言里直到新派方言才被替换为小猪，而猪这个词最早出现在《墨子》，早在战国时期就有了，小猪这个词最晚出现在唐代，这是唐山方言词汇演变落后于共同语的例子。

第二组闻和听，唐山方言的听有嗅义，在共同语里没有这个含义。听和闻在表示用耳朵听这个含义上是同义词，两者出现的时间都很早，可以追溯到西周，最晚在《尚书》里就有了，后来，闻的词义发生变化，从表听觉功能转移到表嗅觉功能，最晚在战国时期的《韩非子》里就有了，而听的词义却没有发生这种变化，共同语里没有，唐山方言里却有，听有嗅义。这是唐山方言词汇演变超前于共同语的例子。

二 唐山方言词汇是一个共时的空间整体

唐山方言词汇无论与外部的共同语、其他方言的词汇，还是内部各地的词汇，都是有同有异，形成一个空间整体。

方言词汇是静态的，也是动态的。静态的方言词汇是指某地的方言词汇具有一定的稳定性，保持一定的特色与特征，以与其他区域的方言词分别开来；动态的方言词汇是指方言词汇处在变动之中，包括与共同语的互动、与其他方言的互动、内部各地的互动，这些变动处在不同层次上，可以把方言词进行分层。

唐山方言词汇在两个层面上的三种变动，具有以下特点。

1. 内外分层交汇

从整体来看，作为一个整体的唐山方言词汇与共同语的词汇存在异同，唐山方言所使用的词除去从普通话转接而来的词就是唐山方言的词汇。实际上，唐山方言一直在从普通话转接词汇，最明显的是外来词，因此，唐山方言词汇处在与普通话词汇互动的层面上，只不过这种互动近似于非对称的单向性互动，唐山方言词汇借入得多，借出得少。

从区域外部来看，唐山方言词汇与其他区域的汉语方言词汇的亲属关系不同。当前的唐山方言词汇与北京官话、冀鲁官话的词汇比较接近，但有"脱冀入京"的趋势，并且可以从词汇角度把唐山方言划归北京官话，所以唐山方言词汇处在冀鲁官话与北京官话互动的前沿位置。从历史上因素来看，尽管唐山方言与晋语、中原官话、胶辽官话的关系更密切一些，但现在方言词汇之间的关系比较疏远。

从区域内部来看，各地方言词汇之间的关系疏密程度并不相同。以斯瓦迪士100词为对比参照进行对比，在与普通话词汇的亲疏关系上，可以分为东西两区，与方言区划一致；在县域层面上，迁安的方言词汇最特殊，与其他各地的关系都不十分密切，东区的滦县、滦南和乐亭虽然与普通话词汇的关系不十分密切，但与唐山其他区县的关系却很密切，曹妃甸与普通话词汇和唐山其他各地的词汇关系都密切，市区处在中间，与其他各地的关系有疏有密；在县以下层面上，也有差异，以"膝盖"为例，在乐亭境内有"圪勒瓣儿、波棱盖儿、膝盖"3种说法，圪勒瓣儿是乐亭特有的，波棱盖儿是与周围区县相同的，圪勒瓣儿与波棱盖儿的使用者分别界线不明显，但这两个说法的使用者与膝盖的使用者的界线比较明显，后者的使用者的普通话水平比较高。同样的例证在其他区域也存在，甚至有更极端的例子，在我们调查的山东省五莲县洪凝镇梁家坪村，对于"父亲"这个称谓，村里竟然有4种说法，分别是"爹、爷、爸爸、大大"，前两个说法的分界线也不明显，但"爸爸"的使用者的特征是年幼与年轻，另外本村人还知道附近村子李家坪对于"父亲"这个称谓的另一个说法"大大"，仅仅两个村子就存在3种说法。区域内部之间的互动比较小，相互之间存在的差异以保留为主。这是区域内与区域外两个层次不同的地方。

因此，唐山方言词汇处在两个层次上，第一个层次是与共同语词汇的互动。第二个大层次是方言层次上的互动，外部处在冀鲁官话与北京官话互动的层次上；内部的互动，还可以分为多个层次，县域之上的区域，县域之间，县域之内的，各有异同。唐山方言词汇就处在这种交汇的多层次之中。

2. 内外多重词汇因素互动

唐山方言词汇在发展过程中，内外多重词汇因素在起作用。区域内部的方言词汇一直在传承使用，在调查中发现一个现象，有些儿童的唐山方言语音比较纯正，有些则几乎完全是普通话的语音，反映的问题是，方言语音纯正的儿童，在方言上受到的影响比较大，这一点有利于方言的传承。在词汇方面，与地方文化紧密相关的方言词得到较好的传承，其余的方言词的命运则不确定，因为有外来的词汇因素释放的压力。

外来的词汇主要是普通话的词汇，外来词汇冲击唐山方言词汇，尤其是与地方文化关系不密切的部分，例如很多人已经用"公猫、母猫"代替了原有的方言词"郎猫、女猫"，这是受普通话词汇的影响，随着普通话的推广，普通话词汇会越来越多地替换方言词汇。由于普通话的威望，唐山方言从普通话借入的词汇多于借出的词汇，因此双方处在一种地位非对称的互动中。

但是方言词汇也有顽强的一面，唐山方言词汇本身的生命力也是很强大的，由于地方文化、地域认同、内部传承等因素的存在，她还会一直存在下去。

唐山方言词汇的现状是内外多重词汇因素互动的结果。

3. 内部众多方言使用个体互动

唐山方言词汇的使用者，按照年龄、性别、职业、文化程度等因素进行分类，每一类别的使用者所使用的方言词汇有不同表现，年龄大、职业与文化行业离得远、文化程度低的人群使用的方言词汇多，相反的人使用的方言词汇就相对少一些。每一类人对方言词汇的使用各不相同，但都处在同一个方言区域内，相互之间可以畅通交流，

具体到个体，每个人对于方言词汇的使用也存在不同，不同的人掌握的方言词汇量不同，某些方言词汇虽然不使用，但也能明白词义，不妨碍交流，只有极个别的方言词存在差异，需要解释才能明白含义。

对于掌握普通话的方言使用者，可以在不同场合对词汇的使用进行转换，他们更容易把普通话的词汇带进方言里并进行替换，这是唐山方言词汇向普通话词汇靠拢的内部使用者因素。

无论哪一种使用个体，都在或多或少的使用唐山方言词汇，在互动中维持唐山方言词汇的现状，这个现状是动态的平衡，在平衡中稳步发展。

4. 内部多点—无核心的区域词汇

通过第四章第二节的比较可以发现，唐山方言内部各地之间的词汇存在差异，相互之间都有异同，但没有一个地方的方言词汇具有核心示范

性，这是方言词汇不同于方言语音的地方，方言音系可以找出代表点，例如客家话的语音以梅县语音为代表，但方言词汇难以找到代表点。

唐山方言内部各个区县的方言词都有自己的一定特色，例如乐亭大鼓的方言基础是乐亭方言，唱词中的方言词自然是乐亭方言词，皮影又叫滦州影、乐亭影，唱词中的方言词汇自然是滦县、滦南和乐亭一带的方言词，从民间曲艺的角度来看，西部的方言词汇不具备代表性，东区的方言词汇因为民间曲艺等因素的存在，还具有一定的内聚力。西区的方言词受普通话的影响相对较大一点，例如市区，普通话推广的程度越来越高，越来越多的普通话词语会替换方言词，市区尽管是政治、经济、教育、交通中心，但在方言词汇上，却不能成为唐山方言词的代表。所以唐山方言词汇在内部是多点并存、没有核心区域的。

由于以上 4 个特点，对于唐山方言词汇就不能从平面的区域角度来看待，如果以区域的角度看待，就需要突破唐山的行政区划，行政区内部迁安的方言词汇比较特殊，行政区外部的方言词汇或许也有接近的，这个区域的涵盖面积有多大，需要讨论。

唐山方言词汇实际上是一个共时的空间整体，因为行政区划的原因，并且有类似的词汇特点而聚集在一起。

这个空间整体还会保持稳定的演变，外部与普通话、北京官话的互动，会越来越多；内部多点—无核心的局面会继续保持，但在前两个互动的影响下，共同性会加强。

附 录 一

词 汇 表

一 唐山曲艺的春点

（一）天文类

顶：天

躺：地

闸棚儿：阴天

满天子：雾

摆银：下雪

摆条儿：下雨

摆丢子：刮风

鞭轰：打雷

（二）方位类

挡：东

捏：西

阳：南

密：北

埝儿：边

挡埝儿：东边儿

（三）人体类

瓢把儿：头

照溜儿：眼

照溜苗子：眉

缺弯苗子：胡须

盘儿：脸

梅花盘儿：麻子

盘儿靓：模样俊

盘儿污：模样丑

鼓盘儿：翻脸

抹盘儿：脸色难看

听龙儿：耳

觉味儿：嘴

齿子：牙

熏龙儿：鼻子

托搭：手

金刚：腿

凤翅儿：胳膊

屈履儿：脚

（四）曲艺类

肯流快：唱戏的

吃照子：唱皮影的

做团：说评书的

海柳儿：唱大鼓的

插柳儿：修簸箕的

采立子：变戏法的

揽丝儿：弹弦儿的

打轰子：打鼓的

吹哇儿：吹唢呐的

勾手儿：拉弦的

埝子：观众

散埝子：观众都走了

埝子不瓷实：观众不稳定

圆埝子：打场子准备演出

买卖：地摊节目

长买卖：大鼓

短买卖：评书

推买卖：演出完毕

腥挂子：假把式

尖挂子：真把式

响儿：喝彩

夯头子：嗓子

活儿宽：节目多

碟子正：口齿伶俐、白口好

稀柳刚儿：逗笑的话

攥弄活：自编新节目

抽撤口：退身步

夹磨：受训练

挂托：变戏法的弄假

压典：舞台风度比人好

亮蔓儿：有名气的剧团

（五）行业类

挑汗儿：卖药的

挑肉汗儿：卖虫子药的

挑腥汗儿：卖假药的

挑插儿：卖针的

挑水衩儿：卖笔的

挑水磙子：卖胰子的

挑垛子：卖切糕的

懒散儿：乞丐

吃横把：劫道的

垛儿典：先生

做巾：算卦的

钱盘儿：相面的

化巴：和尚、老道

翅子典：当官的

海翅子：大官

旮旯典：农民

冷子典：当兵的

色唐典：外国人

窑姬子：旅店服务员

挂子行：练武的

科郎码：乡下人

銮把典：赌棍

火典码子：财主

水码子：穷人

鹰爪：侦探

（六）场地类

塌龙儿：房屋

窑儿：店房

库果窑儿：妓院

熏窑儿：厕所

牙淋窑儿：茶馆

蛤蟆窑：学馆

土堆子：塔

围梁子：道路

悬梁子：桥

拱员瓢子：当铺

汗座子：药铺

闷子：监狱

神凑子：庙会、香会

（七）器物类

轰子：鼓

硬轰子：锣

蟒子：弦子

托子：鼓架

飞子：板

点子：鼓键

折叶子：扇子

花条子：枪（旧式兵器，在长柄的一端装有尖锐的金属头）

喷子儿：枪（口径小，用来发射子弹的武器）

青子：刀

马驹子：银子

光子：眼睛、玻璃

朵儿：证明、证件

转心机子：手表

喷子：喇叭

衩子：笔

浮子：票卷

储儿：钱

啃叶儿：粮票

花叶子：扑克牌

轮子：车

醒子：惊堂木

汗儿：药

肉汗儿：虫子药

水汗儿：膏药

腥汗儿：假药

扦子儿：针

龙宫子儿：水

末子：香面儿

木花子：棋子

幌幌：广告

里啃腥：假东西

（八）食物类

啃丝儿：饭

散：干饭

桃花散：秫米干饭

星星散：小米干饭

雪花散：大米干饭

吸溜儿：粥

桃花吸溜儿：秫米粥

星星吸溜儿：小米粥

雪花吸溜儿：大米粥

漂溜子：煮饺

汽溜子：蒸饺

千条子：挂面、粉条

张子：饼

团子：馒头

笼蒸子：包子

山儿：酒

山草子：烟

叶子：茶

磻子：蛋

僵子：猪

僵子胜：猪肉

岔子胜：牛肉

膻子胜：羊肉

码子：菜

（九）衣物类

顶天儿：帽子

踢土儿：鞋

蹬空子：裤子

围肠子：腰带

褂丝儿：袄

海排须儿：大褂

角褂须儿：小褂

铺衬子儿：褥子

关张子儿：被子

熏匣子儿：女鞋

熏叶子儿：包脚布

熏筒子儿：袜子

山草囊：烟口袋

（十）颜色类

火：红色

喇嘛：黄色

鹦哥儿：绿色

雪花：白色

乌：黑色

（十一）动物类

尖嘴子：鸡

海嘴子：虎

熏嘴子：狗

土嘴子：老鼠

月宫嘴子：兔子

凉条子：蛇

海条子：龙

呵噜子：猫

标典：王八

混水子：鱼

水风子：蛙

风子：马

鬼子：驴

圈子：骡

岔子：牛

山岔子：羊

（十二）人品类

土典：死人

榫实典：男人

果实典：女人

荣典：小偷

海荣：大贼盗

展典：男仆人

展果：女仆人

苍榫：老头

苍果：老太太

臭子典：好色的人

忠样典：好人

丢子典：疯子

卡拉典：二流子

吊脚典：找麻烦，捣乱分子

荒典：不正经的女人

瓢子典：买卖人、做生意的人

罗斗：尼姑

斗客：小女孩

蚍客：小男孩

姜斗：大姑娘

念排琴：哥一个

上排琴：哥哥

下排琴：弟弟

果儿：媳妇

库果：妓女

空心果：寡妇

老呛儿：爹

磨头：娘

果实码：妇道人

撵码：女人的丈夫

并肩子：对象

挂丽：姘头

本丽：结发妻子

撇丽：不正经女人

丽码：女人

空码：外行人

革念：内行人

亮照儿：有眼的人

念照儿：瞎子

念语子：哑巴

念攒儿：傻子

机灵攒心：脑筋快的人

机灵空：聪明的外行人

半空不作：一瓶子不满，半瓶子晃的人

郎不正：嘎杂子

典头：送钱的人

柳照龙儿：一只眼的人

瓢把子：首领

（十三）姓氏类

岔子蔓：牛

山岔子蔓：杨

抄手蔓：李

储头蔓：钱

灯笼蔓：赵

风子蔓：马

弓长蔓：张

虎头蔓：王

混水蔓：于

喇嘛蔓：黄

僵子蔓：朱

买卖蔓：郑

圈子蔓：罗

顺水蔓：刘

梯子蔓：邓

天头蔓：高

吸溜蔓：周

小辈蔓：孙

雪花蔓：白

针绒蔓：冯

（十四）抽象名词

门子：（做不正当事情的）窍门、方法

荣人的门子：偷人家东西的窍门

章点儿：运气

章点儿正：运气好

（十五）动作类

念唒：没吃饭、饿了

上唒：吃饭

啃念儿：没吃的了

搬山儿：喝酒

串山儿：醉了

念山儿了：馋酒了

山念了：酒没了

置储：挣钱

念储儿：没钱了

馈储儿：花钱

倒储儿：退货，把钱要回去

翻张子：烙饼

走山：买酒

走僵子：买肉

架梁子：男小解

白流子：女小解

漏闪、撇闪：拉屎

眯倦儿：睡觉

悄敛咧：睡着了

咯光子：吐血

顿：咳嗽

回门斗儿：回娘家

撺弄果儿：出嫁

怀儿龇咧：怀孕了

抹墨儿：订亲

鞭托：打架（动武）

鞭刚：对骂（打口仗）

出鼓：生气

土咧：死了

咧瓢：笑

撬：走

滑：移动

巴：看

扯平：跑

溜：唱

专习：懂得

晃亮子：做梦

挑浮子：卖票

登轮子：坐车

巴果儿：偷看女人

撺弄：做、干事

走：买

掉：卖

当：给

鞭：打

扫：了解（情况）

浅：困住了

刀子：被人耍弄了，被人斗败了或坑害了

戳朵儿：写字

顶瓜：害怕

扣瓜：吓唬人

喷子升点儿：开枪

喷：枪毙

排窑：住店

马后：慢着或延长时间

马前：快点、缩短时间

解地：离开此地

平了：调解矛盾

推了：结束

粘弦：诊脉

晃担清：了解底细

抹海：抽大烟

伤攒子：做了亏心事

挖典：敲诈人

顶神凑子：赶庙会、赶集

砸浆：砍价

前古眼儿：出了错

（十六）形容词类

腥：假

尖：真

海：大、多

角：小、少

火：阔气、红火

水：寒酸、冷落

嘬：好

念嘬：不好

地平：平安、顺利

（十七）数词类

柳：一

月：二

王：三

斋：四

中：五

申：六

行：七

张：八

艾：九

菊：十

排：百

干：千

二 清代唐山方言词疏证

（一）《玉田县志》卷七《方言》

往往有音无字，难以实指，或权用假借，或仿李氏《音监》，以翻切明之，各种依类系缀，用便检阅。

1. 昝儿者：犹云何故，盖怎么二字之讹。

昝儿者：怎么了？今作"咋儿着"。

怎么：疑问代词，用于询问。南唐·刘崇远《金华子杂编》卷下：

"怎么人家夫人娘子，吃得如许多饭食？"

2. 煞喠：犹云何谓也。煞读作平声。

煞喠：什么呀？今作"啥［ʂa］⁵¹呀"。《红楼梦》第六回："（刘姥姥）说着又推板儿道：'你那爹在家怎么教你来？打发咱们作煞事来？只顾吃果子咧。'"

3. 收么：犹什么、甚么也。

收么：什么。今作"什么"。五代·王定保《唐摭言·公荐》："韩始见题，而掩卷问之曰：'且以拍板为什么？'"

4. 枚咧：犹云无矣。枚，盖靡、没等字之讹。又以未曾曰枚有。凡了字讹作咧。

枚咧：没有了。今作"没咧"。

枚有：不曾有。今作"没有"。

咧：了的语音讹变为咧。

5. 谓那为乃，又谓之内：如问某人曰乃位，示以某人曰内位。乃者，曲询之词，其讹由上声之那。内者，直指之词，其讹由去声之那。

乃：那，或者内。询问某人用乃位，介绍某人用内位。

6. 谓就为奏，又为作为奏：如人即时来曰奏来，事即时办曰奏办。又作工曰奏工夫。

奏：就。即将来到叫奏来，即将作某事叫奏办。

奏：作。干活叫奏工夫。

7. 摹不著：犹云不知也。摹读牟妖切，又不能得者亦云然。

摹不著：不知道，或者得不到。今作"摸不着"。

8. 呕咧：久处而厌也。又曰臭了。

呕咧：相处时间长了让人感到厌烦，或者臭了。

9. 冷不及的：犹云不妨。

冷不及的：没有防备。

10. 隄流：盖提了之讹。如筐笼曰隄流来也。又曰圆转之形。

隄流：提着。拿着筐或者笼子用隄流。元·郑廷玉《后庭花》第一折："滴溜着脚踢拳墩，哎，你个身着紫衣堂候官，欺负俺这面雕金印射粮军。"今作"提［ti⁵⁵］溜"。

隄流：圆形。也作"滴溜。"

11. 骨董腔：言行不以正，如相戏玩也。

骨董腔：形容说话做事不正经，好像开玩笑一样。骨董指古器物、古玩。

12. 犯不上：犹云不相干。亦云合不着。

犯不上：不相干，或者不值得。《红楼梦》第三十二回："林姑娘也犯不上生气，他既会剪，就叫他做。"

13. 了不了：虑事败也。亦云了不的、了不成。

了不了：谋划的事情失败了。也叫了不的、了不成。

14. 糟蹋：毁谤也。又曰糟践。又凡毁弃各物也。

糟蹋：毁坏诽谤。又叫糟践。毁坏各种东西都叫糟蹋。《红楼梦》第十九回："他吃了倒好，搁在这里白糟蹋了。"

15. 飚磨：盖寻觅之讹。凡徘徊曰左飚。此飚字读作平声。又恃爱夺取人物曰飚。此则读本音呼决切。

飚：依仗权势夺取别人的东西。

飚磨：寻找。

左飚：徘徊。

16. 兴磨：喧声聒人也。

兴磨：喧闹声音烦扰人。

17. 聒吵：义同上，惟彼为恶喧之词，此则恐人恶而自罪之词。

聒吵：含义同"兴磨"，不同之处在于，兴磨是有恶言恶语的喧闹声，聒吵是担心别人出恶言恶语而自责的话

18. 频气：厌渎之词。又曰厌气。

频气：用于表达厌烦的词。又叫厌气。

19. 别架：禁戒之词。犹云莫要。

别架：用于劝阻别人的词。又叫莫要。今作"别价"。《儿女英雄传》第七回："又听得一个苍老声音说道：'事情到了这里，我们还是好生求他，别价破口。'"

20. 咱们：犹云我辈。

咱们：我们。首见例见《燕说》卷四第72条。

21. 溜溜的：催趱之词。又曰紧紧的、快快的、马马利利的。

溜溜的：用于催促的词。又叫紧紧的、快快的、马马利利（今作"麻麻利利"）的。

22. 挼近儿：犹云偶尔、适然也。

捱近儿：偶尔、偶然。今作"碰劲儿"。

23. 该著：犹云时也、命也。

该著：命中注定的。今作"该着"。

24. 不赖：对好而言，不赖犹云不丑。又曰不错、不离。

不赖：相对于美而言，不赖就是不丑。又叫不错、不离。

25. 感兹的：犹云宜其。又羡词。

感兹的：应该那样。还可以用于表达羡慕。今作"赶自"。

26. 最独孤：枯寂。最或作嘴。

最孤独：寂寞。又叫嘴孤独。

27. 不兴：禁止词，犹不许也。

不兴：不许，用于禁止的词，含义接近不许。《儿女英雄传》第二十七回："张太太道：'今儿个可不兴吃饭哪。'姑娘道：'怎么索兴连饭也不叫吃了呢？那么还吃饽饽。'"

28. 也许：犹云或者。又曰也兴。

也许：或者。又叫也兴。《孽海花》第三十三回："也许矮子今天就来。去不得，去不得！"

29. 感行好：犹云固所愿也。

感行好：正如所期望的。

30. 肯那们著：犹云时时有也。

肯那们著：经常有。

31. 昝儿好：犹云如何则可。

昝儿好：怎么办才好。今作"咋儿好"。

32. 恍恍的：偶然也。恍去声。

恍恍的：偶然。

33. 不是味儿：犹无颜无趣。

不是味儿：没有脸面。《糊涂世界》第七回："马廉此时心里很不是味，当着老夫子，又不便叫江明来念讲给他听，只翻了一翻，算是看完了，依旧送还刑名师爷，收入靴页里去。"

34. 约者是：揣测之词。约读平声。

约者是：大约是，用于揣测的词。

35. 白足者：犹云固知如此。

白足者：早就知道是这样了。

36. 你足者：使自思也。凡揣度曰足者。

你足者：让人自我寻思。

足：揣测。

37. 忽尔滨：忽然也。忽上声。

忽尔滨：忽然。

38. 闹一圈儿：究竟之词。又曰闹一遭儿。

闹一圈儿：到底，原来是。又叫闹一遭儿。

39. 一独的：美无匹也。

一独的：非常美，没有第二个。

40. 一百成：美词。或云一百百。

一百成：用于赞美的词。也叫一百百。

41. 一块儿：相聚也。

一块儿：聚在一起。《京本通俗小说·碾玉观音》："崔宁也被扯去和母亲四个一块儿做鬼去了。"《红楼梦》第二十八回："林黛玉也不叫宝玉，便起身拉了那丫头就走。那丫头说等着宝玉一块儿走。"

42. 得儿故的：犹故意也。

得儿故的：故意。

43. 得贺：快足也。

得贺：腿脚快。

44. 结咧：或以为相绝之词。

结咧：有的人认为是绝交的意思。

45. 马哈：盖模糊之讹。哈上声。

马哈：模糊。

46. 吓一机灵：惊遽也。又曰吓一跳。又人性机警曰机灵。

吓一机灵：惊慌。又叫吓一跳（今作"吓一跳"）。

机灵：机警伶俐，或者受到刺激而猛然抖擞。

47. 不答应：不允也。又怒意。

不答应：不允许。也可以用来表达生气发怒的意思。

48. 枚要紧：宽缓之词。枚即无也。

枚要紧：不要紧。枚就是"无"。

49. 拉到算咧：罢息也。

拉到算咧：不再计较。今作"拉倒算了"。《儿女英雄传》第十五回：

"褚一官说：'拉倒罢，老爷子！你老人家无论叫我干甚么我都去，独你老人家的酒，我可不敢动他。'"《红楼梦》第五十八回："喝了半碗，吃了几片笋，又吃了半碗粥，就算了。"

50. 找秀气：自利也。又云占相洋。又云讨便宜。

找秀气：占便宜。又叫占相洋、讨便宜。

51. 不吃渣儿：犹云不好惹。

不吃渣儿：不好惹。

52. 驱逐曰撚。撚或作撵。

撚：驱逐。撚还可以写成撵。元·无名氏《杀狗劝夫》第一折："这等人不长进，则待馋处着嘴，懒处着身，不撚了他去，待做甚！"《金瓶梅词话词话》第二一回："趁早与我出去，我不着丫头撵你。"

53. 攒搭：犹怂恿也。

攒搭：怂恿。

54. 搭贫伙：遽也。共出资为饮食。

搭贫伙：共同出钱置办饮食。首见例见《燕说》卷四第46条。

55. 不对近儿：违失也。

不对近儿：不合适。今作"不对劲儿"。《红楼梦》第八十四回："说他家有个姑娘，托孙亲家那边有对劲的提一提。"

56. 创光棍：自雄也。又云立字号。

创光棍：自己创业。也叫立字号。

57. 窝拱：唆使也。

窝拱：唆使。

58. 打光棍儿：鳏居也。

打光棍：没有妻子的人独自生活。

59. 拔创：代人争胜也。

拔创：替别人争取胜利。

60. 挡横：代人御侮。亦拔创之意。

挡横：替别人抵御侮辱，也是拔创的意思。

61. 掌腰眼：意同挡横。

掌腰眼：含义同拔创。

62. 打八叉：拮据治生也。

打八叉：生活拮据。

63. 拉沓：不洁也。沓读贪雅切。

拉沓：不洁净。今作"邋遢"。首见例见《燕说》卷一第 10 条。

64. 白呆著：闲居也。

白呆著：闲着无事。

65. 打坠突鲁：不堪提挈也。凡爽约曰突鲁。

打坠突鲁：不值得提拔引领。

突鲁：不遵守约定。

66. 放赖放讹：犹撒泼也。

放赖放讹：撒泼。

67. 搅局：使人不得安业也。

搅局：打乱已有的安排，让人不得安居乐业。《儿女英雄传》第五回："你别搅局，我们还赶道儿呢！"

68. 护弄：欺饰也。

护弄：欺骗，蒙混。今作"糊弄"。《红楼真梦》第十七回："那回他们糊弄着，叫我顶妹妹的名儿。"

69. 打嘴：遗羞也。

打嘴：出丑，丢脸。《红楼梦》第七十三回："林之孝家的见他的亲戚又给他打嘴，自己也觉没趣；迎春在座也觉没意思。"

70. 殕头：急遽也。

殕头：急忙。今作"愣头"。

71. 柯者办：抑勒也。柯作何也切。凡以气凌曰柯，又曰哈，又曰掐。

柯者办：指使着别人做事。

柯：盛气凌人地指挥。又叫哈、掐。

72. 拿捏：犹留难也。

拿捏：刁难。《西游记》第四三回："他又在我海内遇着你的差人，夺了请帖，径入水晶宫，拿捏我父子们，有结连妖邪、抢夺人口之罪。"

73. 拿土瘪：欺弱也。瘪作别上声。又云欺老受儿，又云拿受。

拿土瘪：欺负弱小。又叫欺老受儿、拿受。

74. 硬拍：犹柯者办也。拍读平声。

硬拍：含义同柯者办。

75. 厊皮：事歧阻也。厊作叉上声。

厎皮：事情头绪多，难以解决。

76. 创家儿：犹云光棍。

创家儿：含义同创光棍。

77. 急窜马力：皆敏速也。

急窜马力：敏捷迅速。

78. 打包裹：斗殴也。包裹疑保辜之讹。

打包裹：打架斗殴。

79. 摔脆刷刮：皆言不沾滞。

摔脆刷刮：都是爽快、不沾滞的意思。

80. 撒殢怔：梦中舞蹈也。

撒殢怔：梦游。

81. 瞅空儿：伺隙也。凡看视曰瞅瞅。或曰瞧瞧。空读去声。

瞅空儿：找机会。《红楼梦》第七十七回："倘或那丫头瞅空寻了死，反不好了。"

瞅瞅：看望，探视。也叫瞧瞧。《儿女英雄传》第二十回："这一阵穿插，倒把个姑娘的眼泪，穿插回去了，呆呆的瞅瞅这个，看看那个，怔了半日，"《儿女英雄传》第五回："你先抵回死我瞧瞧，我要看看你这心有几个窟窿儿。"

82. 拿法：挟制也。

拿法：挟制。

83. 找岔：寻仇也。又曰找查。

找岔：惹事。又叫找查。今作"找碴"。《三侠剑》第二回："（老掌柜）遂说道：'嘿，你是成心找碴？'"

84. 搭棱：犹蹉跎也。耽延曰搭棱工。

搭棱：拖延时间。耽误拖延叫搭棱工。

85. 拿歪：以不端谨之事相责怪也。

拿歪：以不正确严谨的事相责怪。

86. 闹闲偏儿：琐语妄责也。

闹闲偏儿：因为琐碎的言语妄加责备。

87. 虚飘儿：不切实也。

虚飘儿：不切实际。

88. 破罐破摔：犹言将错就错。

破罐破摔：将错就错。今作"破罐子破摔"。

89. 吊歪：多疑怪也。

吊歪：生性多疑。

90. 吊猴：难驾驭也。

吊猴：难以驾驭。

91. 有牙爪儿：能制服驾驭也。

有牙爪儿：能制服驾驭。

92. 管约儿：有制服也。

官约儿：能制服，有约束。《红楼梦》第四回："只是薛蟠起初之心，原不欲在贾宅居住者，但恐姨父管约拘禁，料必不自在的。"

93. 踢撒儿：败人之约，又曰拆散。

踢撒儿：破坏别人的约定。又叫拆散。《初刻拍案惊奇》卷二十："今他于某月某日，替某人写了一纸休书，拆散了一家夫妇。"

94. 生秧儿：滋生事端。

生秧儿：惹是生非。

95. 捻窝窝儿：私约也。

捻窝窝儿：私下的约定。

96. 习溜胡都：悠忽也。

习溜胡都：头脑不清，不明事理。含义同稀里糊涂。

97. 泄利哈呃：怠玩之态。

泄利哈呃：懈怠贪玩的样子。

98. 宾住了：两让不进取也。

宾住了：相互让步，都不进取。

99. 向住了：两相抵制，难和同也。

向住了：双方相互抵制，难以达成共识。

100. 打游飞：奔走无正业也。

打游飞：四处奔波，没有正经职业。

101. 泥皮丢：巧滑无行之意。

泥皮丢：奸猾，没有正道行为。

102. 抄者：约以必终其事。又曰兜者。

抄者：根据约定，一定做完某事。又叫兜者。

103. 单挑儿：独任之辞。

单挑儿：独自做完某事。

104. 凑胆子：共济之辞。

凑胆子：共同做事。

105. 小区区：不正大也。

小区区：不光明正大。

106. 枚四至：犹云无方向。

没四至：做事没有方向。今作"没四至"。

107. 包胡卢头：终其事也。

包胡卢头：做完某事。

108. 硬扛：不受抑制也。

硬扛：做事不怕压力。

109. 殇捯混撞：轻进不畏难也。

殇捯混撞：轻率前进，不怕困难。

110. 磨蹭：不敏于事。

磨蹭：做事拖拉。《孽海花》第二十四回："彩云正听着雯青的话，有些胆怯，忽听张夫人又叫她，磨蹭了一会，没奈何，只得硬着头皮走上来。"

111. 盪人：爽约也。

盪人：不遵守约定。

112. 擎者：坐待也。

擎者：坐着等待。

113. 歹住了：歹盖得之讹。

歹住了：逮住了。

114. 茶酸茶咸：皆故为迟缓意。

茶酸茶咸：故意做事迟缓。

115. 喝者干：轻进也。又曰喝出去。

喝者干：轻率前进。又叫喝出去。

116. 栽格子：蹉跌也，故以为不能直遂之喻。

栽格子：受挫，失势，不能直接完成心愿。

117. 作面子：为观美也。凡全人之耻曰留面子。

作面子：为了面子上好看。《红楼梦》第五十二回："别人不过是礼上面子情儿，实在他是真疼小叔子小姑子。"

留面子：保全别人的体面。《济公传》第二百十二回："咱们彼此都有个认识，在家门口给你们二位带家伙，算我们不懂交情。给你们二位留面子，你们二位上车罢。"

118. 转场：洒耻也。又曰赎脸。

转场：去除耻辱。又叫赎脸。

119. 能奈：智力也。又曰本事。

能奈：本领。又叫本事。元·郑光祖《三战吕布》第一折："若会俺孙元帅，要见明白，再不敢小觑俺无能奈。"宋·罗烨《醉翁谈录·序平康巷陌诸曲》："暇日群聚金莲棚中，各呈本事，求欢之者，皆五陵年少及豪贵子弟。"又作能耐。《红楼梦》第九十九回："内中有一个管门的叫李十儿，便说：'你们这些没能耐的东西着什么急呢!'"

120. 各人：自己也。又云自各儿。

各人：自己。又叫自各儿。《红楼梦》第六十七回："凤姐又问道：'谁和他住着呢?'兴儿道：'他母亲和他妹子，昨儿他妹子各人抹了脖子了。'"《朱子语类》卷二十："四者之用，便自各有许多般样。"

121. 收科：犹结尾也。又云末末都儿。

收科：结尾。又叫末末都儿。末末：尽头。《古谣谚·范式墓谚》："大鼎山前十八冢，末末东头范巨卿。"

122. 熬者：静待也。

熬者：安静地等待。《官场现形记》第四回："这一夜工夫，三荷包足足熬着不敢合眼，怕的是误了差使。"

123. 使倞：求强助也。凡有大援曰有硬倞。

使倞：寻求强有力的援助。凡是有强大援助的叫有硬倞。

124. 扛者横者：皆阻挠也。

扛者横者：都是阻挠的意思。

125. 打湿拉：故为迟缓也。

打湿拉：故意迟缓。

126. 廉利：言行斩截也。

廉利：说话做事斩钉截铁。

127. 慷强：好胜也。

慷强：争强好胜。

128. 棒：有力。

棒：有力气。

129. 碣矹：赞人耿介。又凡美词也。

碣矹：称赞别人耿直。还可以用于一般性地称赞。

130. 撧拉：用力也。

撧拉：用力。

131. 对叉口：逢其会也。

对叉口：恰好见面。

132. 十拿九准：大可望也。

十拿九准：比喻很有把握。含义同十拿九稳。明·阮大铖《燕子笺·购幸》："今年一定要烦老兄与我着实设个法儿，务必中得十拿九稳方好。"《儿女英雄传》第十回："四则如此一行，只怕这事倒有个十拿九稳也不见得。"

133. 转影碑：被欺困也。

转影碑：被欺负，被困住。

134. 串门子：出入人家也。

串门子：进出别人的家。《红楼梦》第七十七回："时多浑虫外头去了，那灯姑娘吃了饭去串门子，只剩下晴雯一人，在外间方内爬着。"

135. 走者瞧：难豫定也。又曰再看罢、再说罢。

走者瞧：事情难以预料。又叫再看罢、再说罢。今作"走着瞧"。《绿野仙踪》第五十回："如玉道：'我与那奴才永不见面。'苗秃子笑道：'咱们走着瞧罢。'"《红楼梦》第十回："等这个张先生来瞧了再说罢。"

136. 批者：相形争胜也。批疑比之讹。

批者：对比着争胜。

137. 使撚子：代为私计也。

使撚子：替别人私下里出计策。

138. 打急慌：争斗也。又得财济困也。

打急慌：争执、争吵。

打急慌：得到钱财解决困难，借债。今作"打饥荒"。《红楼梦》第三十六回："先时在外头关，那个月不打饥荒，何曾顺顺溜溜的得过一遭儿。"

139. 闹糟糕：混争不靖也。

闹糟糕：混乱争竞不停止。

140. 当菜儿：欺以为鱼肉也。

当菜儿：欺骗别人，使之认为是鱼肉等真正主菜。

141. 摆交：失旧好也。

摆交：失去以前的好友。

142. 疲者：不敏也。

疲者：不敏捷。

143. 丢丑：遗羞也。又曰丢人。

丢丑：丢脸，造成羞愧。又叫丢人。《金瓶梅词话词话》第四十二回：“好个丢丑儿的孩儿。”《儿女英雄传》第三十六回：“那一悔真真悔得丢人儿！”

144. 硬朗：犹强健也。

硬朗：身体健壮。《红楼梦》第五十七回：“趁早儿老太太还明白硬朗的时节，作定了大事要紧。”

145. 流离：行不端谨也。

流离：行为不端正严谨。

146. 混帐纛的：又曰混混儿。又曰滚子泥骸、无赖尤，皆恶也。

混帐纛的：行为恶劣的人。又叫混混儿、滚子泥骸、无赖尤。《官场现形记》第二十八回：“这夏十京城之内也很有几个朋友。无奈同他来往的都是混混一流。”

147. 冤大脑戴：良懦也。

冤大脑戴：很懦弱的人。

脑戴：头。今作“脑袋”。金·董解元《西厢记诸宫调》卷八：“干撞杀郑恒那村厮！牙关紧，气堵了咽喉；脑袋裂，血污了阶址。”

148. 庄稼耙子：农民也。

庄稼耙子：农民。

149. 力伯头：不谙习也。犹云笨伯。

力伯头：不熟悉。含义同笨伯。

笨伯：愚笨的人。《野叟曝言》第六十一回：“奴真是笨伯，原来四姐切定自己姓木，相公切定自己姓文；我们如此粗心，岂不令人齿冷？”

150. 脓包：无能也。

脓包：无能的人。《西游记》第四回："猴王笑道：'脓包！脓包！我已饶了你，你快去报信！'"

151. 涝道帮子：不安正业。

涝道帮子：不务正业的人。

152. 好赖人儿：善恶兼有之。

好赖人儿：兼有善恶的人。

153. 不害臊：无耻也。臊读去声。

不害臊：没有羞耻。《红楼梦》第三十二回："那会子不害臊，这会子怎么又臊了？"

154. 横轧：犹云横行。

横轧：横行霸道。

155. 胡作瞎闹：皆言不端谨也。

胡作瞎闹：不端正，不严谨。

156. 王道霸气：皆言豪强也。

王道霸气：豪迈强悍的气势。

157. 僻流：好诙谐也。

僻流：喜欢诙谐幽默。

158. 咧逛喇张：皆不谨也。

咧逛喇张：不严谨。

159. 额头：犹脓包也。

额头：脓包。

160. 撅子：恶人也。撅读上声。

撅子：凶恶的人。

161. 走的臭：犹云秽德彰闻。

走的臭：品行不端正被众所周知。

162. 枚人缘见：众恶也。

枚人缘见：人缘不好，被众人厌恶。枚即"没"。

163. 打闲：游手也。

打闲：游手好闲。

164. 脾气各自：犹云异性。

脾气各自：性格各不相同。

165. 拐孤：多疑怪也。

拐孤：多疑，古怪。

166. 懤别：执拗也。

懤别：执拗，固执任性。

167. 挘捩：意同上。

挘捩：含义同懤别。

168. 撇邪：言行不以正也。

撇邪：言语行为不正道。

169. 怄牙：吝啬也。

怄牙：吝啬。

170. 怯僻：贪鄙也。又悭吝曰怯也。

怯僻：贪婪卑鄙。

怯：吝啬。

171. 浲：固执也。又羹稠也。

浲：固执。今作"犟"。

浲：羹很稠。今作"糨"。清·周亮工《书影》卷五："戚首为血糨，乃因之固，渐能起。"

172. 老好子：忠厚也。

老好子：忠厚老实。

173. 窝囊废：忠厚无用之谓。

窝囊废：忠厚但无用的人。《小五义》第一百三十一回："哥哥，这个人敢是窝囊废，不然，我们给他讲个人情罢！"

174. 老肉头：同上。又曰蘱头。

老肉头：含义同窝囊废。又叫蘱头。

175. 颠夺：思忖也。

颠夺：思考估量。今作"掂掇"。首见例见《燕说》卷一第24条。

176. 打迭子：意同上。又曰迭主意。

打迭子：含义同颠夺。又叫迭主意。

177. 有渣子：犹云有芥蒂。

有渣子：有怨恨，有不愉快。

178. 歪：多疑怪也。

歪：疑虑，诧异。

179. 嬉憨：爱也。盖喜欢之讹。

嬉憨：喜爱。今作"稀罕"。《红楼梦》第二十九回："〔宝玉〕瞅着黛玉趔笑道：'这个东西有趣儿，我替你拿着，到家里穿上个穗子你带，好不好？'黛玉将头一扭道：'我不稀罕！'"

180. 格扭：嫌怨也。

格扭：嫌弃怨恨。

181. 奌者：记念也。奌读如店。

奌者：记挂想念。今作"惦着"。

182. 犯思乎：疑怪也。又曰犯含糊。

犯思乎：疑虑，诧异。又叫犯含糊。

183. 不耳乎：若弗闻也。

不耳乎：没听见。

184. 有折耳计：多谋也。

有折耳计：计谋多。

185. 动挐守：难摇夺也。

动挐守：难以摇动，难以夺取。

186. 画和连儿：熟虑也。

画和连儿：考虑成熟了。

187. 纳者气儿：含忍也。

纳者气儿：隐忍不发作。

188. 出坏汤儿：施恶计也。

出坏汤儿：使出恶毒的计策。

189. 看不上：不爱也。

看不上：不喜欢。《金瓶梅词话》第二回："就是拨了土兵来，那厮上锅上灶不干净，奴眼里也看不上这等人。"

190. 瘪闷：愁苦也。凡处困曰作瘪子。

瘪闷：愁闷困苦。

作瘪子：处在困难之中。

191. 滑擦：难诱胁也。

滑擦：难以引诱胁迫。

192. 钻套：难制也。又曰钻圈儿。

钻套：难以辖制。又叫钻圈儿。

193. 画回儿：思虑也。

画回儿：思虑。

194. 老牛筋：悭吝之比。

老牛筋：吝啬。

195. 苦挣：竭力治生产。

苦挣：竭尽全力置办产业。

196. 梯奚：私积也。

梯奚：私下的积蓄。今作"梯己"或"体己"。首见例见《燕说》卷四第 45 条。

197. 拉饥荒：借债也。

拉饥荒：借债。

198. 玩阔：豪奢也。

玩阔：豪华奢侈。

199. 讹：强索人财也。

讹：诈取、勒索别人的财物。《红楼梦》第一〇四回："倪二仗着有些力气，恃酒讹人。"

200. 倾：骗取人财也。

倾：骗取别人的财物。

201. 归：讹作根尾切，与人物之辞也。犹山东曰给，江南曰把。

归：给［kei］214，使某人得到某物。就像山东叫给，江南叫把。宋·吴曾《能改斋漫录·事始二》："俄而女仆请饭库钥匙，备夫人点心。惨诟曰：'适已给了，何得又请'云云。"《京本通俗小说·拗相公》："轿夫只许你两个……却要把四个人的夫钱。"

202. 狠：献媚以取人财者曰狠家。

狠：用谄媚的方法获得别人的财物。这种人叫狠家。

203. 攒：以智力抑取人财。又曰拍。

攒：用智力来获取别人的钱财。

204. 吞搂：与人同财而自私也。

吞搂：私自占有与别人共有的财产。

205. 包锅：代借偿也。又债事曰礁锅。

包锅：代替别人偿还债务。

礁锅：债务。

206. 白钞边：不费而得也。钞读去声。凡恃爱夺人曰钞。

白钞边：不费力而得到。

钞：依仗权势夺取别人的财物。

207. 飚：意同上。

飚：含义同钞。

208. 骨头拔筋：难于出赀之喻。

骨头拔筋：吝啬，不出钱。

209. 闹嘴眼：卑幼怒形于色也。

闹嘴眼：地位低或年龄小的人表现出来的怒气。

210. 袈咱：秽也。又曰拉沓、囊脏。

袈咱：不干净。又叫拉沓、囊脏。今作"腌臜"。首见例见《燕说》卷一第9条。

囊脏：不干净。今作"肮脏"。《东周列国志》第八十八回："地方但见肮脏衣服，撒做一地，已不见孙膑矣。"

211. 俏皮：华饰不正也。

俏皮：装饰华丽而不庄重。

212. 寒瞋：丑也。

寒瞋：不体面。今作"寒碜"。《红楼真梦》第六十一回："你们说的也太寒碜了，管他老公不老公的，咱们看看山景是正经。"

213. 嘴：以口拾物也。读上声。

嘴：用嘴拾取东西。

214. 打痃：不聪敏也。

打痃：不聪明，不灵敏。

215. 摔交：相持角力也。

摔交：两人相抱角力，摔倒对方。今作"摔跤"。元·无名氏《独角牛》第一折："这孩儿不肯做庄农生活，则待要刺枪弄棒，学拳摔交。"《三侠剑》第三回："总辖寨主，咱们跟他镖行摔跤赌输赢如何？"

216. 撎：以瓦石自残也。

撎：用瓦片、石头等自我伤害。

217. 抹：以金刀自残也。

抹：用金属、刀刃等自我伤害。

218. 剌：割也。读平声。

剌：切割。今作"拉［lA］²⁴"。《儿女英雄传》第八回："这个东西可不是玩儿的；一个不留神，把手指头拉个挺大口子，生疼要流血的。"

219. 劀：刺也。读平声。

劀：用尖的东西刺入。

220. 跐：踏也。又读作此，意同。

跐：踩踏。

221. 扔：抛掷也。或作上声。或读若棱。

扔：投掷。《红楼梦》第九十三回："〔贾琏〕便从靴掖儿里头拿出那个揭帖来，扔与他瞧。"

222. 扎姑：华饰也。

扎姑：华丽的装饰。

223. 打磨磨儿：徘徊也。

打磨磨儿：徘徊。

224. 捔：击也。

捔：击打。

225. 薅：亦击也。又或曰听。

薅：击打。又叫听。

226. 大模大样：骄态也。

大模大样：傲慢的样子。清·李渔《比目鱼·狐威》："既然如此，你们平日为何大模大样，全不放我在眼里？"

227. 眼瞅者：亲见也。

眼瞅者：亲眼看见。《七侠五义》第六十七回："我的钢刺被他们拿去，手无寸铁，难道眼瞅着小子藏在此处就罢了不成？"

228. 瞧着罢：使人酌量也。

瞧着罢：让人斟酌思量。今作"瞧着吧"。《儿女英雄传》第十二回："俺这闺女，可是个头儿的不弱，亲家太太，你老往后瞧着罢。"

229. 高抗脸儿：犹云瞧不著。

高抗脸儿：形容瞧不起。今作"高亢脸儿"。

230. 憨者脸儿：忍辱也。

憨者脸儿：形容隐忍不发作。

231. 很眉眼：甚自喜也。

很眉眼：非常自我高兴。

232. 耍标：不自重而自矜也。

耍标：不自我庄重而自我矜夸。

233. 动筋儿：以力竞也。筋读去声。

动筋儿：用力气竞争。

234. 揦筋：用力也。揦去声。

揦筋：用力。

235. 揝拳头：手握曰揝。读钻艳切。

揝拳头：攥拳头。今作"攥拳头"。

揝：用手握。

236. 打把势：舞拳棒也。

打把势：舞弄拳头、棍棒。

237. 跌骨鲁子：失足也。亦曰跌跟头。又孤鲁为詈骂之辞。

跌骨鲁子：失足跌倒。又叫跌跟头。《西游记》第七十二回："八戒道：'我被那厮将丝绳罩住，放了绊脚索，不知跌了多少跟头。'"

孤鲁：用于骂人的词。

238. 傶：贫困也。

傶：贫困。今作"累"。

239. 输耍：谓赌博也。

输耍：赌博。

240. 该钱：欠偿债也。谓欠为该。

该钱：欠着应该偿还的债。

该：拖欠。

241. 擖赌：相约逞能也。或赌食物曰擖东儿。擖读平声。又谓之关土。

擖赌：相约一起逞能。

擖东儿：用食物为赌注。也叫关土。

242. 打秋风：所谓飗也。又曰打尊儿，惟博场云然。盖总如南方所谓打抽丰、打把拾也。

打秋风：假借各种名义向人索取财物。又叫打尊儿，只有赌场里这么叫。就像南方说的打抽风、打把拾。明·汤显祖《牡丹亭·诀谒》："你说打秋风不好，茂陵刘郎秋风客，到后来做了皇帝。"《红楼梦》第三十九回："忽见上回来打抽丰的刘姥姥和板儿来了。"明·郎瑛《七修类稿·辩证五·呆子秋风》："俗以干人云打秋风，予累思不得其义，偶于友人处见米芾札有此二字，风乃'丰熟'之'丰'，然后知二字有理，而来历亦远。"

243. 撞木钟：以财托人代营事业而失之也。

撞木钟：把钱财托付给别人经营产业，最后全部丧失。

244. 积撦：如积蓄也。

积撦：积蓄。今作"积攒"。

245. 白洗手：无利也。又曰白拉倒、白落忙、白扯臊、白白的。

白洗手：没得到利益。又叫白拉倒、白落忙、白扯臊、白白的。

246. 刭剌：惊遽而言也。

刭剌：惊慌焦急。

247. 跳墙：盛怒而言也。

跳墙：大怒。

248. 翻脸：忽怒也。

翻脸：突然发怒。《儿女英雄传》第七回："如今被这穿月白的女子这等辱骂，有个不翻脸的么？"

249. 诈剌：卞急喧呼也之态。

诈剌：非常着急大声叫嚷的样子。

250. 嚇唬：欺以所惧也。读为虾呼。又曰嚕虎。

嚇唬：用所害怕的事物进行弹压，使害怕。又叫嚕虎。今作"吓唬"。清·孔尚任《桃花扇·拒媒》："尽你嚇唬，奴的主意已定了。"

251. 暇白：闲谈也。并读平声。

暇白：闲谈。

252. 瞎白：妄语也。犹云瞽谈。并平声。

瞎白：瞎说，胡扯。又叫瞽谈。今作"瞎掰"。

253. 胡撙勒：意同上。

胡撙勒：含义同瞎白。

254. 打皮科：戏词也。

打皮科：用于戏弄的词。

255. 喇科儿：犹暇白也。

喇科儿：含义同暇白。今作"拉嗑儿"。

256. 劳叨：絮语也。

劳叨：说话絮叨、不简洁。今作"唠叨"。《红楼梦》第五十五回：

"李纨急得只管劝，赵姨娘只管还唠叨。"

257. 刀刀：斥责也。

刀刀：斥责。

258. 吵包子：混争喧闹也。

吵包子：混乱争执导致的喧闹。

259. 打謰謑：喧争也。又曰混嚷嚷。

打謰謑：喧闹争执。又叫混嚷嚷。今作"打吵吵"。

260. 耍频嘴：浮薄之词。

耍频嘴：多说笑话或废话。今作"耍贫嘴"。《负曝闲谈》第二九回："王霸丹道：'你别耍你那贫嘴了，瞧瞧你自己吧！'"

261. 下作：大嚼长啜之态。

下作：大吃大喝的样子。

262. 沤气：语相激也。

沤气：用言语刺激。今作"怄气"。

263. 包寒：诋讥也。

包寒：毁谤讥笑。

264. 凑趣儿：相戏也。又曰斗笑儿。

凑趣儿：逗笑取乐。又叫斗笑儿。今作"逗笑儿"。《红楼梦》第八十四回："老太太又说起逗笑儿的话儿来了。"

265. 闹者玩儿：意同上。玩平声。

闹者玩儿：含义同凑趣儿。今作"闹着玩儿"。

266. 打吵子：犹打謰謑也。

打吵子：含义同打謰謑。

267. 流哄：谄也。

流哄：奉承。

268. 赌鳖儿：隐相争敌。亦曰赌气。

赌鳖儿：暗中较劲。又叫赌气。

269. 横赠儿的：词气不平。

横赠儿的：语气不平静。

270. 泽嘴：反唇相稽也。

泽嘴：顶嘴，强词夺理地进行辩解。今作"犟嘴"。

271. 阳暴气排：矜饰。又云架弄。

阳暴气排：过分装饰。又叫架弄。

272. 闹褻：戏谑也。

闹褻：开玩笑。

273. 胡数流丢：妄言肆詈也。

胡数流丢：说瞎话，肆意谩骂。

274. 瞎白流久：闲谈无济也。

瞎白流久：没有任何用处的闲谈。今作"瞎掰六九"。

275. 拍伏：凌制也。拍读平声。

拍伏：侵犯，欺压。

276. 呱吸：私相怂恿也。

呱吸：私下里怂恿。

277. 打瓜皮匠：戏言无当也。

打瓜皮匠：开玩笑的话没有边际。

278. 不搭撒：问而不对也。

不搭撒：问了却不回答。

279. 瞎吹瞎镑：妄自矜夸也。

瞎吹瞎镑：毫无根据地自我夸耀。

280. 得诂：怒而絮语也。

得诂：因为生气儿絮叨。今作"得咕"。

281. 数落：斥责也。数读上声，落读劳去声。或云数搭。又云数数落落。

数落：斥责。又叫数搭、数数落落。《红楼梦》第三十三回："进来被王夫人数落教训，也无可回说。"

282. 捣鬼：自言也。

捣鬼：自言自语。

283. 混铺吃：责人妄言也。

混铺吃：责备别人说瞎话。

284. 数白嘴：多言无用也。数上声。

数白嘴：多说也没用。

285. 胡诗白咧：妄言也。

胡诗白咧：说没有根据或没有道理的话。今作"胡诌白咧"。胡诌本义信口瞎编，随意乱说。元·宫天挺《范张鸡黍》第一折："他歪吟的几句诗，胡诌下一道文，都是些要人钱诌佞臣。"《红楼梦》第九十九回："方才我说催文，你就信嘴胡诌。"

286. 胡说吧道：亦妄言也。

胡说吧道：说没有根据或没有道理的话。今作"胡说八道"。《三侠五义》第七回："小妇人告诉他兄弟已死，不但不哭，反倒向小妇人胡说八道，连小妇人如今直学不出口来。"

287. 悄不声的：禁使勿言也。

悄不声的：禁止说话。

288. 撺舌头：传言搆衅也。

撺舌头：传播谣言制造矛盾。

289. 吆喝：斥责也。又喧呼也。

吆喝：斥责，呵斥。又叫喧呼。《儿女英雄传》第五回："这等人，喜欢的时节，付之行云流水也使得；烦恼的时节，狗一般的可以吆喝出去。"

290. 倔伯头：婞直也。

倔伯头：倔强，刚直。

291. 老脏儿：同上，即古云肮脏也。

老脏儿：含义同倔伯头，也就是古代说的肮脏。

肮脏 [k'aŋ²¹⁴ tsaŋ²¹⁴]：高亢刚直的样子。汉·赵壹《疾邪诗》之二："伊优北堂上，肮脏倚门边。"

292. 幸气：骄也。又曰硬气。

幸气：骄傲。又叫硬气。

293. 抬搁：以言相舐也。

抬搁：用言辞相顶撞。今作"抬杠"。《儿女英雄传》第四十回："姑老爷先不用和我们姑太太抬杠，依我说，这会子算老天的保佑也罢，算皇上的恩典也罢，算菩萨的慈悲也罢，连说是孔夫子的好处，我都依！"

294. 喝呼：斥责也。喝读作何银切。

喝呼：斥责，呵斥。

295. 低诂：犹呱吸之意。

低诂：私下里怂恿。

296. 冤损：讽刺也。

冤损：讽刺。

297. 黏詪：戏词和缓也。

黏哏：用玩笑的话让情势变得缓和。

298. 渥苦：犹冤损也。

渥苦：讽刺。今作"挖苦"。《施公案》第二六六回："天霸道：'五哥你不要挖苦咧！等你们到了淮安，大人请你们吃一顿就是了。'"

299. 甓京腔：非都人而为都人语。

甓京腔：不是京城人却说京城话。

300. 科巴：口吃也。又曰结巴。

科巴：口吃。又叫结巴。今作"磕巴"。《镜花缘》第八七回："他有结巴毛病，我教他奏个音乐你听。"

301. 阿答者：缓商也。

阿答者：慢慢协商。

302. 不彀一句：责人失言也。

不彀一句：责备别人说话不恰当。

303. 挫磨：絮言相责也。

挫磨：用絮絮叨叨的话责备别人。

304. 夌诡：矜张也。

夌诡：过分夸张。

305. 胡骂、乱卷、直撅：皆肆出秽语。

胡骂、乱卷、直撅：都是肆意说脏话。

306. 大语抨人：自矜也。

大语抨人：自负，自夸。

307. 多昝：何时也。又多前儿、多会儿。

多昝：什么时候。又叫多前儿、多会儿。今作"多咱"。《金瓶梅词话》第二十六回："不知多咱，寻了自尽。"

308. 这当儿：此时也。

这当儿：这时候。

309. 对著当儿：逢其会也。

对着当儿：恰好见面。

310. 呆回儿：俟一时也。呆即待之讹。

呆回儿：等一会儿。今作"呆会儿"。

311. 那回儿：犹云适才也。犹云刚才。又云才刚。

那回儿：刚刚。也叫刚才、才刚。今作"那会儿"。《金瓶梅词话》第九回："刚才我哥哥正要报我知道，又被我的神气冲散了。"《红楼梦》第十六回："茗烟道：'我也不知道，才刚是他家的老头子来特告诉我的。'"

312. 一晃儿：倏忽也。

一晃儿：一瞬间，形容时间过得快。《红楼真梦》第五回："日子真快，我回到家里来，好像没几天似的？一晃儿，又要过年了！"

313. 一休：一夜也。休读上声，盖宿之讹。

一休：一晚上。今作"一宿"。汉·王充《论衡·命义》："闻历阳之都一宿沉而为湖。"《红楼梦》第二十四回："那天已是掌灯时候，贾芸吃饭，收拾安歇，一宿无话。"

314. 列儿个：前日也。疑夜隔之讹。

列儿个：昨天。

315. 根儿个：今日也。根即今之讹。或云真儿个。

根儿个：今天。也叫真儿个。

316. 后晌：日夕也。

后晌：傍晚。

317. 晌午歪：过午也。

晌午歪：过了中午了。

318. 清早些：侵晨也。

清早些：早晨。

319. 前儿个：前二日也。

前儿个：前天。

320. 悠逗：故为迟缓也。

悠逗：故意迟缓。

321. 绕对：纡折以相取也。又曰绕濠。

绕对：迂回曲折来取东西。又叫绕濠。

322. 拿摹：思量也。

拿摹：思量。

323. 拿准儿：定计也。犹云拿主意。

拿准儿：定下计策。又叫拿主意。《红楼梦》第四十六回："平常我们背着人说起话来，听他拿主意，未必是肯的。"

324. 格硬剌嫌：皆厌憎也。

格硬剌嫌：都表示厌恶憎恨。

325. 幺幺：称量也。

幺幺：称重量。今作"约约［iao］⁵⁵"。

326. 抬起来：收藏物也。犹云阁起。

抬起来：把物品收拾起来，放在某个地方。也叫阁起。今作"搁起"。

327. 端者：捧持物也。

端者：双手平举捧物。今作"端着"。《红楼梦》第二十回："宝玉见他才有汗意，不肯叫他起来，自己便端着就枕与他吃了，即命小丫头子们铺炕。"

328. 格攧儿：秫秸之短节者。

格攧儿：高粱秆儿上比较短的一节。

329. 箭笴儿：秫秸尾梢长节者。

箭笴儿：高粱秆儿末尾最长的一节。

330. 席美儿：秫秸皮之剥下者。

席美儿：高粱秆儿上外层的硬皮。

331. 寨子：以秫秸为篱也。

寨子：用高粱秆儿编排成的篱笆。

332. 排子：以秫秸为门也。排，蒲歪切。

排子：用高粱秆儿编排成的门。

333. 炕头炕脚：炕以代床。其近火者曰头，远火者曰脚。

炕头炕脚：炕接近进火口的一端叫炕头，远离进火口的一端叫炕脚。

334. 窑窠儿：壁间为洞。又曰墙厨。

窑窠儿：墙上挖的小洞（没有把墙挖穿）。又叫墙厨。

335. 套间：内复室也。

套间：两间相连的屋子里头的一间，没有直通外面的门。《红楼梦》第三回："贾母说：'今将宝玉挪出来，同我在套间暖阁儿里，把你林姑娘暂安置碧纱橱里。'"

336. 袼粒儿：屋隅。又凡隐处。

袼粒儿：屋子的角落。凡是隐蔽的角落也叫这个名字。今作"旮旯儿儿"。《儿女英雄传》第二七回："解扣松裙，在炕旮旯里换上。"

337. 敞棚：屋无门窗。

敞棚：没安装门窗的屋子。

338. 厦子：平屋也。

厦子：这种屋子的屋顶是平的。

339. 汗搨子：小单衣也。搨读平声。

汗搨子：贴身的单衫。今作"汗褟子"。

340. 搭包：腰带也。

搭包：长而宽的腰带，里面可以装钱物。《初刻拍案惊奇》卷二四："开他行囊来看看，见搭包多是白物，约有五百余两。"《红楼梦》第二十四回："（倪二）一面说，一面果然从搭包里掏出一包银子来。"

341. 坎肩儿：衣无袖者。南方曰背心。

坎肩儿：不带袖子的上衣。南方叫背心。《红楼梦》第四十回："有雨过天青的，我做一个帐子挂上。剩的配上里子，做些个夹坎肩儿给丫头们穿。"宋·施德操《北窗炙輠》卷下："（王沂公）在太学读书时，至贫，冬月止单衣，无绵背心。寒甚，则二兄弟乃以背相抵，昼夜读书。"《红楼梦》第三回："只见一个穿红绫袄青缎掐牙背心的丫鬟走来笑说道。"

342. 髢笄：妇人以分嫡庶者。凡娶人离异之妇曰娶黑髢笄儿活人妻；娶寡妇曰白髢笄，又曰娶后婚。

髢笄：插假发的簪子，妇女用来区分嫡庶。娶离过婚的妇女称为娶黑髢笄儿活人妻；娶寡妇称为髢笄，又叫娶后婚。

343. 当家的：妇谓夫也。并有子以称父者，皆与人问答之词，非面称。

当家的：妻子对丈夫的背称，有的也指子女对父亲的背称。《醒世姻缘传》第六九回："那妇人问道：'那戴着巾替你牵驴的小伙子是谁呢?'素姐道：'是俺当家的。'"

344. 烧火的：愚贱戏称其妻也。

烧火的：社会地位低的人对妻子的玩笑称呼。

345. 老伴儿：村俗称年高夫妇。亦或自相称。又或为老公母两儿。

老伴儿：农村里一般称呼年龄大的老夫妇。年龄大的老夫妇之间相互称呼也可以用。又可以叫他们老公母两儿。配偶。《金瓶梅词话》第六回："婆子笑道：'老身没有老伴儿，那里得养出来，你年小少壮，正好养哩。'"

346. 老爷老姥：外祖父母也。姥读同老。

老爷老姥：外祖父、外祖母。今作"姥爷姥姥"。明·沈榜《宛署杂记·民风二》："外甥称母之父曰老爷，母之母曰姥姥。"

347. 爷爷奶奶：祖父母也。

爷爷：祖父。《三国志平话》卷中："你爷爷种瓜为生。"

奶奶：祖母。《红楼梦》第一一九回："像那巧姐儿的事，原该我做主的。你琏二哥胡涂，放着亲奶奶，倒托别人去。"

348. 爹妈：父母也。又称父曰爸爸。

爹：父亲。《广雅·释亲》："爹，父也。"

妈：母亲。宋·赵彦卫《云麓漫钞》卷三："韩退之《祭女挐文》自称曰阿爹，阿八，岂唐人又称母为阿八？今人则曰妈。"

爸爸：父亲。《儿女英雄传》第十四回："连随缘儿都认不出他爸爸来了。"

349. 爷们娘们：男妇通称。又以男妇之尊长而统卑幼之辞。

爷们娘们：统称男性女性。也用于地位高、年龄大的人统称所有男女老少。

350. 大爷大娘：伯父母也。

大爷：伯父。

大娘：伯母

351. 收收婶子：叔父母也。

收收：叔父。今作"叔叔"。《清平山堂话本·西湖三塔记》："嫡亲有四口，只有宣赞母亲，及宣赞之妻，又有一个叔叔。"

婶子：叔母。元·杨文奎《儿女团圆》楔子："福童云：母亲，婶子来了也。"

352. 大伯子：妇人谓夫兄也。伯读蒲歪切。

大伯子：妇女称呼丈夫的哥哥。

353. 大嫂儿：妇人谓夫之嫂。

大嫂儿：妇女称呼丈夫的嫂子。

354. 小收子：妇人谓夫弟也。收盖叔之讹。

小收子：妇女称呼丈夫的弟弟。今作"小叔子"。《红楼梦》第五十二回："别人不过是礼上的面情儿，实在他是真疼小姑子小叔子。"

355. 小婶儿：妇人谓夫弟妇。

小婶儿：妇女称呼丈夫的弟媳妇。

356. 掌柜的：称商贾也。忌曰老板。

掌柜的：对商人的称呼。忌讳叫他们叫老板。

357. 奏活的：佣工也。

奏活的：对雇佣的人的称呼。

358. 伙计：农商聚处之称。

伙计：对聚在一起的农民、商人的称呼。

359. 和麻：虾蟆之讹。

和麻：蛤蟆。

360. 夫贴儿：蝴蜨之讹。又青蚨也。

夫贴儿：蝴蝶。又叫青蚨。

361. 马几溜：蝉也。

马几溜：蝉。

362. 取叉：蚓也。

取叉：蚯蚓。今一作"蛐蟮"。

363. 长虫：蛇也。

长虫：蛇。

364. 拉拉古：蝼蛄之讹。

拉拉古：蝼蛄。

365. 两么：二数也。两读离雅切。

两么：（序数）第二。

366. 萨么：三数也。萨即三之讹，平声。

萨么：（序数）第三。

367. 溜哇：六数也。溜即六之讹。

溜哇：（序数）第六。

368. 官板儿：钱也。又曰老官板。

官板儿：铜钱。又叫老官板。

369. 兜有咧：犹云都有了。都讹兜。

兜有咧：都有了。

（二）《滦州志》卷八《方言》

1. 读滦曰若兰。

读滦与兰同音，滦的韵头 u 去掉，至今仍是如此。

2. 呼父曰爹，母曰妈。

爹：父亲。首见例见《玉田县志》第 353 条。

妈：母亲。首见例见《玉田县志》第 353 条。

3. 祖父曰爷爷，祖母曰奶奶。

爷爷：祖父。首见例见《玉田县志》第 352 条。

奶奶：祖母。首见例见《玉田县志》第 352 条。

4. 曾祖曰太爷，曾祖母曰太太。

太爷：曾祖父。

太太：曾祖母。

5. 叔父曰叔叔（叔读若收），叔母曰婶子。

叔叔：叔父。首见例见《玉田县志》第 356 条。

婶子：叔母。首见例见《玉田县志》第 356 条。

6. 伯父曰大爹，又大大、大伯，皆伯之称也。伯母曰伯娘，又称大妈。

大爹：伯父。又叫大大、大伯。

伯娘：伯母。又叫大妈。

7. 兄曰哥哥，兄之妻曰嫂子。

哥哥：兄长。《清平山堂话本·快嘴李翠莲记》："哥哥、嫂嫂休推醉，思量你们忒没意。我是你的亲妹妹，止有今晚在家中。"

嫂子：兄长的妻子。《红楼梦》第五十五回："探春忙道：'这大嫂子也太胡涂了，我拉扯谁？'"

8. 弟曰兄弟，弟之妻曰弟妹。

兄弟：弟弟。金·董解元《西厢记诸宫调》卷二："思量了，兄弟欢郎忒年纪小。"

弟妹：弟弟的妻子。《小五义》第二十回："若要四顾无人，没有喽兵看着，咱们就把他的尸骨盗将回去，日后五弟妹也好与他并骨，后辈儿孙也好与他烧钱化纸。"

9. 姊曰姐姐，妹曰妹子。

姐姐：姐姐。《前汉书平话》卷中："吕胥曰：'姐姐（称吕雉）不如损讫关外十王。'"

妹子：妹妹。《喻世明言·陈御史巧勘金钗钿》："田氏道："哥哥休慌，妹子自有道理。"

10. 称卑幼曰相公。

相公：地位低、年龄小的人。

11. 称女曰闺女，曰姑娘，曰丫头。女婢亦曰丫头。

闺女：女儿。又叫姑娘、丫头。《儿女英雄传》第十回："他疼咱们闺女，有个不疼咱俩的！"

丫头：女儿，婢女。《水浒传》第四五回："迎儿这个丫头，已自做一路了。"

12. 称妻父母曰丈人、丈母。

丈人：妻子的父亲。《三国志·蜀志·先主传》："献帝舅车骑将军董承辞受帝衣带中密诏。"南朝宋·裴松之注："董承，汉灵帝母董太后之侄，于献帝为丈人。盖古无丈人之名，故谓之舅也。"董承女为献帝贵人。

丈母：妻子的母亲。宋·朱翌《猗觉寮杂记》卷下："《尔雅》：'妻之父为外舅，母为外姑'。今无此称，皆曰丈人、丈母。"

13. 妻之兄弟曰大舅、小舅。

大舅：妻子的哥哥。《水浒传》第三五回："因为花荣是秦明大舅，众人推让花荣在林冲肩下坐了第五位。"

小舅：妻子的弟弟。《水浒传》第二回："小王都太尉庆诞生辰，吩咐府中安排筵宴，专请小舅端王。"

14. 妻兄弟之妇曰大妗小妗。

大妗：妻子哥哥的妻子。

小妗：妻子弟弟的妻子。

15. 妻之姊妹曰大姨、小姨。

大姨：妻子的姐姐。

小姨：妻子的妹妹。《野叟曝言》第五五回："小姨说甚话来？令姐既奉家母之命，已经过门，令尊便是岳丈，自当竭力，何必相求？"

16. 妻称夫之父母不曰翁姑，曰爹妈。

爹：妻子称呼丈夫的父亲。

妈：妻子称呼丈夫的母亲。

17. 夫之兄弟亦称哥哥、兄弟，外称则曰大伯子、小叔子。

哥哥：妻子称呼丈夫的兄长，面称。

兄弟：妻子称呼丈夫的弟弟，面称。

大伯子：妻子称呼丈夫的兄长，背称。《红楼梦》第四十六回："老太太想一想，也有大伯子要收屋里的人，小婶子如何知道?"

小叔子：妻子称呼丈夫的弟弟，背称。首见例见《玉田县志》359 条。

18. 夫之姊妹亦称姐姐、妹子，外称则曰大姑子、小姑子。

姐姐：妻子称呼丈夫的姐姐，面称。

妹子：妻子称呼丈夫的妹妹，面称。

大姑子：妻子称呼丈夫的姐姐，背称。

小姑子：妻子称呼丈夫的妹妹，背称。《红楼梦》第五十二回："别人不过是礼上的面情儿，实在他是真疼小姑子小叔子。"

19. 姑舅亲皆冠以表字。

表：加在姑姑家、舅舅家的亲戚前面。唐·徐夤《赠表弟黄校书辂》诗："产破身穷为学儒，我家诸表爱诗书。"

20. 两姨亲皆冠以连字。

连：加在姨妈家的亲戚前面。

21. 两婿相见，大者呼小者亦曰妹夫，小者呼大者亦曰姐夫。

姐夫：较小的女儿的丈夫对较大的女儿的丈夫的称呼。元·关汉卿《鲁斋郎》楔子："不是别人，是鲁斋郎强夺了我浑家去了。姐姐、姐夫，与我作主。"

妹夫：较大的女儿的丈夫对较小的女儿的丈夫的称呼。《晋书·裴宪传》："东海王越，盾妹夫也。"

22. 称姊妹之子曰外甥，女之子曰外孙。

外甥：姐妹的孩子。《后汉书·种暠传》："时河南尹田歆外甥王谌，名知人。"

外孙：女儿的孩子。"《史记·游侠列传》："郭解，轵人也，字翁伯，善相人者许负外孙也。"

23. 称母之父曰老爷，母之母曰老老。

老爷：母亲的父亲。今作"姥爷"。首见例见《玉田县志》351.

老老：母亲的母亲。今作"姥姥"。

24. 称天曰老天爷。

老天爷：天。《红楼梦》第七十二回："不想老天爷可怜，省我走这一趟。”

25. 称客曰且。

且：客人。

26. 内词曰咱们，曰我们。外词曰你们，曰他们。

咱们、我们：称包括自己在内的若干人。宋·苏轼《傅大士赞》：“善慧执板，南泉作舞，借我们槌，为君打鼓。”

你们、他们：称不包括自己在内的若干人。《儒林外史》第十七回：“景兰江道：‘你们都说的是隔壁帐。都斟起酒来满满的吃三杯，听我说。’”《朱子语类》卷七五：“先生笑曰：‘便是他们好恁地强说。’”

27. 詈人曰小子，藐之曰崽子。

小子：用于骂人的词。《后汉书·班超传》：“小子安知壮士志哉！”

崽子：用于骂人的词。首见例见《燕说》卷四第43条。

28. 称稳婆曰姥娘，女巫曰师婆。

姥娘：接生婆。

师婆：女巫。唐·张鷟《朝野佥载·何婆》：“大旱，郡符下令，以师婆师僧祈之，二十余日无效。”

29. 贫无聊赖者曰穷棒子。

穷棒子：贫穷而又没有生活来源的人。又见《燕说》第四卷第41条。

30. 行不正者曰尬子。（尬，盖雅切，俗书作生，无此字）

尬子：行为不端正的人。今作“生子”。

31. 恶语侵人曰得罪。

得罪：说坏话冒犯别人。《孟子·离娄上》：“为政不难，不得罪于巨室。”《红楼梦》第三十二回：“妹妹往那里去？怎么又哭了？又是谁得罪了你了？”

32. 一足行曰各郎。（案此国语也，滦有此语）

各郎：用一条腿走路。

国语：指满语。清·魏源《圣武记》卷一：“故命文臣依国语制国书，不用蒙古、汉字。”

33. 跳行曰蹩。

蹩：跳着走。今作“蹦”。

34. 物相似曰活脱。

活脱：物体很相似。宋·杨万里《冬暖》诗："小春活脱是春时，霜熟风酣日上迟。"

35. 晓事曰在行。

在行：了解某事。《红楼梦》第五十六回："探春点着头儿，又道：'只是弄香草没有在行的人。'"

36. 爽快曰廉利。

廉利：爽快。

37. 两不相涉曰犯不著。

犯不著：双方相互不干涉。今作"犯不着"。《红楼梦》第二十六回："小红道：'也犯不着气他们。'"

38. 无碍曰不相干。

不相干：不妨碍。《淮南子·兵略训》："前后不相捻，左右不相干。"

39. 恨人曰暑怨。

暑怨：怨恨别人。今作"抱怨"。首见例见《燕说》卷一第35条。

40. 量物以五尺为庹，数钱以五文为一花，呼三曰萨。

庹：长度单位，五尺为一庹。

花：货币单位，五文为一花。

萨：三。今作"仨"。

41. 不知而问曰厦（犹云甚么，亦云拾么，见《字典》）、作厦（犹云作什么）、咱者（犹云怎么），谎语曰扯谭。

厦：疑问代词，什么。又叫甚么、拾么。今作"啥〔ṣa〕[51]"。唐·吕岩《赠江州太平观道士》诗："不知甚么汉，一任辈流嗤。"

作厦：疑问词，作什么。今作"作啥〔ṣa〕[51]"。

咱者：疑问词，怎么。

扯谭：谎言。

42. 二木相击为戏曰打笞。

打笞：一种游戏，用两条木棒相互击打。

43. 醵钱作酒食曰打平伙。

打平伙：共同出钱置办酒食。也作"打贫伙"、"打平和"、"打平火"、"打平伙"、"打瓶伙"。首见例见《燕说》卷四第46条。

44. 谓妄语曰吹。

吹：夸口。《老残游记》第十九回："'许大，听你挑一副去，我总是赢你。'许亮说：'你别吹了！'"

45. 谓狡黠为奸。

奸：狡黠，刁滑。《初刻拍案惊奇》卷六："真是由你奸似鬼，吃了老娘洗脚水。"

46. 谓不慧曰傻。

傻：头脑蠢。首见例见《燕说》卷二第81条。

47. 谓愚鲁曰笨。

笨：不聪明。《宋书·王微传》："小儿时尤粗笨无好，常从博士读小小章句，竟无可得。"

48. 谓游嬉曰玩。

玩：玩耍。首见例见《燕说》卷四第47条。

59. 以时乞人财物曰打秋风。

打秋风：假借各种名义向人索取财物。又叫"打抽丰"，见《玉田县志》第248条。

50. 言语不通相诮曰哼。

哼：讥笑别人的方言味道浓重。

51. 不洁曰媂赃。

媂赃：不干净。

52. 不整曰邋遢。

邋遢：不整洁。《醒世姻缘传》第二十七回："若只论他皮相，必然是个邋遢歪人，麻布裙衫不整。"

53. 磊碻曰累赘。

累赘：形容文字繁复或语言啰唆。《红楼梦》第三十七回："'居士''主人'到底不雅，又累赘。"

54. 利害曰写嚇（读若火）。

写嚇：利害。

55. 惊遽声曰嘻。

嘻：叹词，表示惊讶。《史记·外戚世家》："武帝下车泣曰：'嘻！大姊，何藏之深也！'"

56. 饰羽于钱以足抛之曰毽。

毽：用布或皮包住铜钱，孔中间装上鸡毛等制成的玩具。游戏时，用脚连续上踢，不让落地。首见例见《燕说》卷三第67条。

57. 物不良曰尲古。

尲古：物体有破损。今作"生古"。

58. 人不顺曰乖骨。

乖骨：人执拗不听话。

59. 棉曰棉花。

棉花：①棉的通称。②棉花果实中的纤维。《红楼梦》第九十六回："那身子竟有千百斤重的，两只脚却像踩着棉花一般，早已软了。"

60. 蝗子曰蝻。

蝻：蝗虫的幼虫。宋·晁补之《阎子常携琴入村》诗："芸芸麦田翻黄波，蝻虫盘穗如蜗螺。"

61. 以手颓人曰搡。

搡：用手推人。《儒林外史》第五十四回："和尚眊着眼，要拉到他跳河，被丁言志搡了一交，骨碌碌就滚到桥底下去了。"

62. 击人曰打。

打：打人。首见例见《燕说》卷二第 35 条。

63. 补不足曰找。

找：退有余，补不足。首见例见《燕说》卷二第 39 条。

64. 补绽曰补靪。

补靪：补在破损的衣服或物件上的东西。今作"补丁"。清·蒋士铨《一片石·访墓》："补丁圆领豆浆馍。"

65. 女工作屦，用布裱纸作衬曰圪泊。

圪泊：女工做鞋子的时候，用布糊上纸做的放在鞋里的衬垫。

66. 卷棉为筒以纺者为拘节，又曰擦条，俗谓之布节。

拘节：卷成筒用来纺线的棉絮。又叫擦条、布节。

67. 缠线作纬以织者曰繀。（音岁，俗作穗，误）

繀：把线一圈一圈的缠起来，做成繀子，织布的时候在经线里来回穿梭，构成布的横线。通俗写作"穗"。

68. 以羽毛布帛去尘曰担。

担：用羽毛或布扎成的工具除尘。今作"掸"。首见例见《燕说》卷二第 37 条。

69. 物干枯而缩小曰瘪。

瘪：物体由于干枯而缩小。首见例见《燕说》卷四第 53 条。

（三）《燕说》（只列现在唐山方言还在使用的词条）

卷一

1. 敏爽曰伶俐。

伶俐：机灵，灵活。《朱子语类》卷三十二："仁，只似而今重厚底人；知，似今伶利底人。"

2. 美貌曰标致。盖为风标姿致之意。

标志：漂亮，秀丽。元·无名氏《鸳鸯被》第一折："闻知他有个小姐，生的十分标致。"

3. 长曰猫条。

猫条：身材修长。今作"苗条"。明·顾起元《客座赘语·方言》："南都方言言人物之长曰猫条。"元·无名氏《替杀妻》第三折："那婆娘打扮来便似女猱，全不似好人家苗条。"

4. 短矮曰矬。

矬：身材短小。南朝齐·萧子良《净住子·净行法门·皇觉辨德门一》："未见貌丑鉴镜，有悦目之华，体矬照水，发溢群之观。"

5. 好弄排场曰好廓。

好廓：喜欢炫耀摆弄排场。今作"好阔"。《官场现形记》第一回："想来想去，城里头没有阔亲戚可以求得，只有坟邻王乡绅，春秋二季下乡扫墓，曾经见过几面。"

6. 窘迫人曰刁难。

刁难：故意使人为难。清·李渔《玉搔头·极谏》："难道要刁难几刻，好索他的润笔不成？"

7. 愧赧曰眠娗。

眠娗：古代寓言中假托的人名。意为腼腆。害羞、不大方的样子。今作"腼腆"。《列子·力命》："眠娗、諈诿、勇敢、怯疑四人，相与游于世，胥如志也。"张湛注："眠娗，不开通貌。"明·田汝成《西湖游览志馀·委巷丛谈》："杭人言……蕴藉不暴躁者曰眠娗。"《西游记》第二十回："三藏口中不语，意下沉吟……腼腆难言，半晌不答。"

8. 言语烦复曰絮叨。

絮叨：说话烦琐细碎。《红楼梦》第六十一回："此时天晚，奶奶才进了药歇下，不便为这点子小事去絮叨。"

9. 不洁曰腌臢。

腌臢：脏，不干净。元·王实甫《西厢记》第二本第二折："腔子里热血权消渴，肺腑内生心且解馋，有甚腌臢？"

10. 不整洁曰邋遢。

邋遢：肮脏，不整洁。宋·释适之《金壶字考》："邋遢，不整貌。"

11. 事物散乱曰零落。

零落：散乱，散失。《南史·沈炯传》："甲帐珠帘，一朝零落，茂陵玉盌，遂出人间。"

12. 言语不明曰咕哝。

咕哝：小声说话。《红楼梦》第八回："（黛玉）一面悄悄的推宝玉，叫他赌赌气；一面咕哝说：'别理那老货，咱们只管乐咱们的。'"

13. 卤莽曰稜睁。

稜睁：轻率，莽撞。

14. 与人干事曰张罗，取设法搜索之义。

张罗：筹划，安排。元·张养浩《新水令·辞官》套曲："自相度，图个甚，谩张罗，得磨驼且磨驼。"

15. 养曰将养。

将养：抚养。《墨子·非命上》："内无以食饥衣寒，将养老弱。"

16. 托人曰诀求。

诀求：恳求别人。今作"央求"。《金瓶梅词话》第十回："只得走去央求亲家陈宅心腹，并使家人来旺星夜往东京下书与杨提督。"

17. 以手扪物曰摸索。

摸索：抚摩，以手抵触。金·元好问《续夷坚志·贾叟刻木》："平阳贾叟，无目而能刻神像……交城县中寺一佛，是其所刻，仪相端严。僧说贾初立木胎，先摸索之，意有所会，运斤如风。"

18. 装饰曰打扮。

打扮：使容貌和衣着好看。宋·卢炳《少年游》词："绣罗襦子间金丝，打扮好容仪。"

19. 言事不直捷曰啰嗦。

啰嗦：说话琐碎。一作"啰唆"。《红楼梦》第八回："黛玉站在炕沿上道：'啰唆什么，过来，我瞧瞧罢。'"

20. 更易曰掉换。

　　掉换：替换，调换。《二十年目睹之怪现状》第四十八回："直等到了站头，当堂开拆，见了个空白，他那里想得到是半路掉换的呢。"

　　21. 移置曰腾挪。

　　腾挪：挪移，掉换。《红楼梦》第五十八回："两府无人，因此大家计议，家中无主，便报了尤氏产育，将他腾挪出来，协理荣宁两处事体。"

　　22. 振物去尘垢曰抖擞。

　　抖擞：震动物体以便去除灰尘。北魏·贾思勰《齐民要术·作豉法》："急抖擞筐，令极净，水清乃止。"

　　23. 手披物曰拨擩。

　　拨擩：用手拨动。

　　24. 以手量物轻重曰战掇。

　　战掇：用手估量物体的轻重。今作"掂掇"。《儿女英雄传》第四回："安公子当下便有些狐疑起来，心里掂掇道：'这女子好生作怪！'"

　　25. 物相击曰搕碰。

　　搕碰：物体相互撞击。今作"磕碰"。《红楼梦》第八十六回："前日验得张三尸身无伤，惟囟门有磁器伤，长一寸七分，深五分，皮开，囟门骨脆，裂破三分。实系磕碰伤。"

　　26. 落地声曰拔辣。

　　拔辣：易碎物体落地的声音。今作"叭啦"。

　　27. 振翼声曰扑漉。

　　扑漉：鸟振动翅膀的声音。

　　28. 旋转曰骨鹿。

　　骨鹿：旋转，滚动。今作"骨碌"。唐·刘恂《岭表录异》卷上："涧中有石鳞次，水流其间……或有乘牛过者，牛皆促敛四蹄，跳跃而过。或失，则随流而下。见者皆以为笑。彼人谚曰：'跳石牛骨碌，好笑好笑。'"

　　29. 物相击声曰砆砰。

　　砆砰：形容因辗压、摩擦、撞击等造成的声响。唐·韩愈、孟郊《城南联句》："驰门填偪仄，竞墅辗砆砰。"

　　30. 孔穴曰窟窿，一作库鹿。

　　窟窿：孔，洞。《水浒传》第十九回："倘或正眼儿觑着，休道你是一个小小州尹，也莫说蔡太师差干人来要拿我们，便是蔡京亲自来时，我也搠他三二十个透明的窟窿。"

31. 空廓曰旷荡。

旷荡：辽阔，宽广。汉·张衡《南都赋》："上平衍而旷荡，下蒙笼而崎岖。"

32. 牢曰把稳。

把稳：牢固。《资治通鉴·晋孝武帝太元十六年》："陛下将牢太过耳。"元·胡三省注："将牢，谓先自固而不妄动也，犹今人之言把稳也。"

33. 悮曰耽悮。

耽悮：拖延贻误。今作"耽误"。《金史·天文志》："有童谣云：'青山转，转山青。耽误尽，少年人。'盖言是时人皆为兵，转斗山谷，战伐不休，当至老也。"

34. 辱骂曰謑落。

謑落：冷言冷语地讥讽。今作"奚落"。《警世通言·赵太祖千里送京娘》："赵文的老婆听得爹妈为小姑上埋怨了丈夫，好生不喜，强作相劝，将冷语来奚落京娘。"

35. 恨人曰謷怨。

謷怨：謷怨：怨恨别人。今作"抱怨"。元·杨显之《潇湘雨》楔子："船便开，倘若有些不测，只不要抱怨我。"《红楼梦》第一回："主仆三人，日夜作些针线，帮着父亲用度。那封肃虽然每日抱怨，也无可奈何了。"

36. 讥人自夸曰卖弄。

卖弄：故意显示，炫耀。《后汉书·杨震传》："多请徒士，盛修第舍，卖弄威福，道路欢哗。"

37. 以虚语搪塞人曰支吾，本作枝梧。

支吾：用含混闪烁的话搪塞。《京本通俗小说·冯玉梅团圆》："饮食中间，冯公问其乡贯出身，承信言语支吾，似有羞愧之色。"

38. 侵凌曰欺负。

欺负：欺凌，压迫。《前汉书平话》卷中："戚夫人自思：高祖在日，如此欺负，若帝晏归，我子母每如之奈何！"

39. 被侵渔曰遭獭。

遭獭：侮辱，侵害。今作"糟蹋"。《红楼梦》第八十四回："只是我看他那生来的模样儿也还齐正，心性儿也还实在，未必一定是那种没出息的，必致糟蹋了人家的女孩儿。"

40. 惭耻曰害羞。

害羞：感到不好意思；难为情。《喻世明言·陈御史巧勘金钗钿》："这里小姐，起初害羞，遮遮掩掩。"

41. 惊遽声曰嗦嚇。

嗦嚇：叹词，表示惊讶。

42. 无端曰平白。

平白：无缘无故。宋·袁吉甫《论会子札子》："若每贯作五贯折支，则在官之数，未免平白折陷。"

43. 把稳曰把滑。

把滑：牢固。

44. 事物成总曰戛。

戛：一块儿，事物总体。

卷二

1. 久立曰站。

站：直立，直着身体，两脚着地。明·戚继光《纪效新书·射法》："凡射，或对贼、对把，站定观把子或贼人，不许看扣。"

2. 藏僻曰躲，亦曰闪。

躲：避开，避让。宋·陆游《沁园春》词："躲尽危机，消残壮志，短艇湖中闲采莼。"

闪：躲避；避让。金·董解元《西厢记诸宫调》卷二："那孩儿怕子个、怯子个、闪子个。"

3. 潜逃曰溜。

溜：偷偷地走；悄悄地走。元·王晔《桃花女》第三折："倘或礼物有些不臻，打将起来，我在后面好溜。"

4. 温习曰嘬。

嘬：复习。

5. 守候曰等。

等：等候，等到。唐·路德延《小儿诗》："等鹊前篱畔，听蛩伏砌边。"

6. 以手析物曰斯。

斯：用手使薄片状的东西裂开或离开附着处。今作"撕"。《红楼梦》第八十五回："宝玉也不答言，把那帖子已经撕成几段。"

7. 器物破声曰矴。

矴：器物破碎的声音。今作"啪"。

8. 裂声曰擤。

擤：物体裂开的声音。今作"哗"。

9. 器物坏弃曰扔。

扔：丢掉，抛弃。《红楼梦》第十四回："每日大家早来晚散，宁可辛苦这一个月，过后再歇息，别把老脸面扔了。"

10. 展物令长曰抻。

抻：拉，拉长。《儒林外史》第二十一回："浦郎把锁抻开，见里面重重包裹，两本锦面线装的书。"

11. 以手擘物曰扒。

扒：挖，刨。清·褚人获《坚瓠馀集·义猴》："仍于野外扒开浮土，将尸入棺火厝。"

12. 高举曰抬。

抬：举，往上托。唐·周繇《题东林寺虎掊泉》诗："爪抬山脉断，掌托石心抠。"

13. 邀人同行曰拉。

拉：招邀；邀约。唐·杜荀鹤《李昭象云与二三同人见访有寄》诗："得君书后病颜开，云拉同人访我来。"

14. 以手著物曰拊。

拊：抚，抚摩。《公孙龙子·坚白论》："视不得其所坚，而得其所白者，无坚也；拊不得其所白，而得其所坚者，无白也。"

15. 骗人曰拐。

拐：拐骗。元·关汉卿《鲁斋郎》楔子："推整壶瓶生巧计，拐他妻子忙逃避。"

16. 担荷曰扛。

扛：用肩膀承担物体。明·戚继光《纪效新书·布城诸器图说》："佛郎机又大重，难于扛随。"

17. 挥斥曰轰。

轰：驱赶。《红楼梦》第六十二回："秦显家的听了，轰走了魂魄，垂头丧气，登时掩旗息鼓，卷包而去。"

18. 强进曰挨，相近亦曰挨。

挨：（1）挤。《水浒传》第三十六回："宋江分开人丛，挨入去看时，却原来是一个使枪棒卖膏药的。"（2）靠近，依傍。前蜀·贯休《览姚合〈极玄集〉》诗："好鸟挨花落，清风出院迟。"

19. 携带曰捎。

捎：捎带。元·白朴《东墙记》第三折："我临来时，他又与了个简帖来捎与姐姐哩。"

20. 来往相摩曰擦。

擦：物与物相摩擦。宋·苏轼《物类相感志·衣服》："油污衣，用炭火熨之，或以滑石擦熨之。"

21. 取出曰掐。

掐：取出，挖取。《金瓶梅词话》第七十八回："我不知怎的掐了眼儿不待见他。"

22. 手敛物曰揪。

揪：收敛，聚集。《新唐书·孙伏传》："伏揪聚军中币万余匹，悉袍带并与之。"

23. 弃物于地曰摔。

摔：把东西用力往地上扔。元·康进之《李逵负荆》第一折："一把火将你那草团瓢烧成为腐炭，盛酒瓮摔做碎瓷瓯。"

24. 取物于水中曰捞。

捞：从水或其他液体中取物。唐·元稹《酬乐天东南行诗一百韵》："泥浦喧捞蛤，荒郊险斗貙。"

25. 放手曰撒。

撒：放手，松开。《警世通言·福禄寿三星度世》："这官人用手拿起网来，就江心一撒，连撒三网，一鳞不获。"

26. 以指捻物曰撮。

撮：用手指取物。《庄子·秋水》："鸱鸺夜撮蚤，察毫末。"

27. 手把曰攥。

攥：握，抓。《红楼梦》第七回："（凤姐）便探身一把攥了这孩子的手，叫他身旁坐下。"

28. 推排曰挤。

挤：推挤使坠。《左传·昭公十三年》："小人老而无子，知挤于沟壑矣。"杜预注："挤，坠也。"

29. 击刺曰戳。

戳：刺，用尖端触击。《宋史·刑法志三》："苏州民张朝之从兄以枪戳死朝父，逃去，朝执而杀之。"

30. 两手转物曰搓。

搓：把手放在物体上来回揉。宋·苏轼《满庭芳》词："腻玉圆搓素颈，藕丝嫩、新织仙裳。"

31. 爪按曰掐。

掐：用指甲按或切入。南朝宋·刘义庆《世说新语·雅量》："（顾雍）以爪掐掌，血流沾褥。"

32. 以手搔痒曰抓。

抓：用手挠痒。唐·杜牧《读韩杜集》诗："杜诗韩集愁来读，似倩麻姑痒处抓。"

33. 以手拒人曰搡。

搡：用力推。《儒林外史》第五十四回："和尚眊着眼，要拉到他跳河，被丁言志搡了一交，骨碌碌就滚到桥底下去了。"

34. 遮遏曰挡。

挡：遮挡，抵挡。明·李唐宾《梧桐叶》第四折："有牛尚书家中小姐在彩楼上抛下绣球，打着小生，小生想失了浑家，未知下落，挡住绣球，策马过了。"

35. 击人曰打。

打：打人。南朝梁·任昉《奏弹刘整》："整闻声，仍打逡。范唤问：'何意打我儿?'"

36. 以掌击人曰搧、曰抓。

搧：用手掌打。元·无名氏《争报恩》第二折："恼了我，搧你那贼子孩儿。"

抓：用手掌打。

37. 以羽毛布帛去尘曰掸。

掸：用羽毛或布扎成的工具除尘。今作"掸"。《红楼梦》第六十七回："猛抬头看见那边葡萄架底下有人拿着掸子，在那里掸甚么呢?"

38. 陈列曰摆。

摆：安放。《儿女英雄传》缘起首回："殿上龙案头设着文房四宝，旁边摆着一个朱红描金架子。"

39. 补不足曰找。

找：补不足。明·焦竑《俗书刊误·俗用杂字》："补其不足之数曰找。"《红楼梦》第四十三回："等不够了，我再找给你。"

40. 放置曰安。

安：安放，安置。北魏·贾思勰《齐民要术·种红蓝花栀子》："以三重布帖粉上，以粟糠着布上，糠上安灰。灰湿，更以干者易之。"

41. 庋藏曰阁。

阁：收藏，放置。现在一般使用"搁"。《红楼梦》第十六回："我又年轻，不压人，怨不得不把我搁在眼里。"

42. 依附曰靠。

靠：倚靠。人或物凭借别的人或物支持着。宋·林逋《和陈湜赠希社师》："瘦靠阑干搭梵襟，绿荷阶面雨花深。"

43. 负物曰驮。

驮：用背背着。《说岳全传》第三十九回："张保将高宠尸首驮在背上，转身就走。"

44. 手探穴曰𢭐。

𢭐：挖，掘。《西游记》第一回："只见海边有人捕鱼、打雁、𢭐蛤、淘盐。"现在一般使用"挖"。明·汤显祖《牡丹亭·回生》："敢太岁头上动土，向小姐脚跟挖窟。"

45. 悬挂曰縋。……俗借用吊字。

縋：悬挂。今作"吊"。清·黄六鸿《福惠全书·刑名·监禁》："将犯人足吊起，头向下卧。"

46. 去滓汁曰滗。

滗：挡住渣滓把液体倒出来。汉·服虔《通俗文》："去汁曰滗。"

47. 泡茶曰沏。

沏：用开水冲、泡。《红楼梦》第二十六回："宝玉笑道：'紫鹃，把你们的好茶沏碗我喝。'"

48. 以勺取水曰舀。

舀：用瓢、勺等取物。《景德传灯录·高沙弥》："高就桶内舀一勺饭，便出去。"《红楼梦》第二十五回："有几个丫头来领他去打扫屋子地面，舀洗脸水。"

49. 以慢火烂煮肉物曰鏉。

鏉：长久煎煮。今用"熘"宋·苏轼《老饕赋》："九蒸暴而日燥，百上下而汤鏉。"

50. 以汤除毛曰煺。

煺：用滚水烫已宰杀的猪、鸡等以去毛。

51. 以热水温酒曰汤。

汤：将物体放在开水或热水中加温。现在一般使用"烫"。《金瓶梅词话》第二十四回："画童烫酒上去。"

52. 肉蔬用椒盐糁之令缩曰煞。

煞：把花椒、盐加在肉、蔬菜里使之渗出水来。今作"杀"。

53. 火烧物曰爒……俗作燎，误。

爒：用火烧物品。今作"燎"。《书·盘庚上》："若火之燎于原，不可向迩。"

54. 以食物纳油中及汤中一沸而出曰煠。

煠：把食物放入汤或煮沸的油里弄熟。北魏·贾思勰《齐民要术·素食》："当时随食者取，即汤煠去腥气。"现在一般使用"炸"。炸：一种烹调方法，把食物放在滚沸的油锅中熬熟。《儿女英雄传》第二十一回："我里头赶着给你老炸点儿锅渣面筋，下点素面单吃。"

55. 抻面曰擀。

擀：以棍碾物，或用手展物，使之平展。《太平广记》卷二三四引宋·孙光宪《北梦琐言》："有能造大饼，每三斗面擀一枚，大于数间屋。"

56. 偎暖曰煨。

煨：用热的东西接触凉的、湿的东西，使变暖、变干。元·无名氏《朱砂担》第三折："湿是湿的，热身子煨干了。"

57. 微晒曰晾。

晾：置物于太阳下或通风处，使之干燥。元·谷子敬《城南柳》第一折："似这等风吹日晾，雪压霜欺，知他几时能勾脱生。"

58. 以物相和合曰扮。

扮：搅和，调匀。现在一般使用"拌"。明·马愈《马氏日抄·回回香料》："回回茶饭中自用西域香料，与中国不同。其拌俎醯用马思答吉，形类地榭，极香。"

59. 物淆合曰麋。

麋：混杂，搀和。现在一般使用"搀"。唐·刘禹锡《和汴州令狐相公到镇改月偶书所怀二十二韵》："旌旗遥一簇，舄履近相搀。"麋本义为错乱搀杂。北齐·颜之推《颜氏家训·书证》："典籍错乱……皆由后人所麋，非本文也。"

60. 得利曰赚。

赚：获得利润。今作"赚"。明·唐寅《一世歌》："世人钱多赚不尽，朝里官多做不了。"

61. 失利曰赔。

赔：亏蚀，耗损。《儿女英雄传》第三十三回："自从父亲出去这趟，不曾成得名，不曾立得业，倒吃了许多辛苦，赔了若干银钱。"

62. 买物不即时给值曰赊。

赊：买物不立即交款而延期交款。《周礼·地官·泉府》："凡赊者，祭祀无过旬日。"孙诒让正义："赊者，先赏物而后偿直。"

63. 小有积蓄曰攒。

攒：积聚，积蓄。《全元散曲·梧叶儿·嘲贪汉》曲："看儿女如衔泥燕，爱钱财似竞血蝇。无明夜攒金银，都做充饥画饼。"《红楼梦》第三十九回："他的公共月例又使不着，十两八两攒了，又放出去。"

64. 出钱借物曰赁。

赁：租赁，租用。汉·桓宽《盐铁论·通有》："五殺赁车入秦。"

65. 佣工曰雇。

雇：出钱雇佣别人为自己劳动。汉·王符《潜夫论·浮侈》："或裁好缯，作为疏头，令工采画，雇人书祝，虚饰巧言，欲邀多福。"

66. 手持物以对人曰付。

付：手拿着东西给别人，交给。《书·梓材》："皇天既付中国民越厥疆土于先王，肆王惟德用，和怿先后迷民，用怿先王受命。"孙星衍疏："言天既付中国民与其疆土于先王，今王思用德和服先道此迷惑之民，用终先王所受大命。"

67. 满足曰够。

够：满足，足够。《红楼梦》第四十三回："这么些婆婆婶子凑银子给你做生日，你还不够，又拉上两个苦瓠子！"

68. 数无奇零曰整。

整：整数没有零头。《三国志·蜀书·诸葛亮传》："后值倾覆，受任于败军之际，奉命于危难之间，尔来二十有一年矣。"裴松之注："臣松之案：刘备以建安十三年败，遣亮使吴，亮以建兴五年抗表北伐，自倾覆至此整二十年。"

69. 失物曰丢，抛亦曰丢。

丢：（1）丢失，遗失。《红楼梦》第一一九回："你叔叔丢了，还禁得再丢了你么？"（2）抛弃，扔。元·康进之《李逵负荆》第一折："把烦恼都也波丢，都丢在脑背后。"

70. 诬人曰赖，欺人亦曰赖。

赖：（1）诬枉，诬赖。《红楼梦》第三十四回："薛姨妈道：'连你妹妹都知道是你说的，难道他也赖你不成？'"（2）欺负别人。

71. 得力曰亏。

亏：幸亏，多亏。元·关汉卿《玉镜台》第四折："学士，这多亏了你也。"

72. 写录曰抄，遮取亦曰抄。

抄：（1）抄写。晋·葛洪《抱朴子·论仙》："夫作金皆在神仙集中，淮南王抄出以作《鸿宝枕中书》。"（2）掠夺，袭击。《后汉书·郭伋传》："时，匈奴数抄郡界，边境苦之。"

73. 胡说曰诌。

诌：信口胡言，信口编造。元·无名氏《马陵道》第二折："你休那里信口诌，则管里无了收。"

74. 喧哓曰吵。

吵：争吵。《儒林外史》第十八回："三公子只给他两个钱一个，就同那馒头店里吵起来。"

75. 多言曰唠。

唠：说话多。今一般不单用。

76. 词不屈曰謷。

謷：言语倔强。现在一般使用"犟"。犟本义为倔强、固执。

77. 耳中作声曰聏。

聏：耳朵中的响声。现在一般使用"嗡"。嗡本义是像蚊子一样的响声。

78. 狡黠曰鬼。

鬼：狡黠，机灵。《方言》第一："虔、儇，慧也。自关而西，赵魏之闲谓之黠，或谓之鬼。"

79. 妇容美好曰俏。

俏：容态美好轻盈。唐·白行简《三梦记》："鬟梳嫽俏学宫妆，独立闲庭纳夜凉。"

80. 藏匿曰貌。

貌：躲藏。今用"猫"。例如：刚才你在哪儿猫着来？

81. 不慧曰傻。

傻：头脑蠢。元·无名氏《冯玉兰》第二折："理会的，也不曾见这老傻厮。"

82. 性情执拗曰牛。

牛：性格执拗。《北史·邢昕传》："昕好忤物，人谓之牛。"

83. 甚曰哏。

哏：副词。表示程度深。《元典章·工部三·役使》："如今吃饭的人多，种田人少有，久已后哏不便当。"现在一般使用"很"。《初刻拍案惊奇》卷二："果要千金，也不打紧。只是我大孺人很专会作贱人。"

84. 叹恨声曰唉。

唉：表示叹息。《史记·项羽本纪》："亚父受玉斗置之地，拔剑撞而破之曰；'唉！竖子不足与谋。'"司马贞索隐："皆叹恨发声之辞。"

85. 应声曰阿。

阿：应答声。今作"啊"。

卷三

1. 虹曰绛。

绛：彩虹。

2. 停水曰汪。

汪：池，水或其他液体停积处。《左传·桓公十五年》："祭仲杀雍纠，尸诸周氏之汪。"杜预注："汪，池也。"

3. 水直流曰瀇。

瀇：流淌。今用"淌"。《醒世恒言·张廷秀逃生救父》："忽地想起镇江到此乃是逆水，怎么反淌了上来？"

4. 水上涌曰浘。

浘：水往上涌出。现在一般使用"冒"。

5. 堰埭曰坝。

坝：拦截水流的建筑物。宋·单锷《吴中水利书》："而其河自西坝至东坝十六里有余。"

6. 填塞曰堵。

堵：堵塞。《红楼梦》第四十六回："你如今这一来，可遂了你素日心高智大的愿了；又堵一堵那些嫌你的人的嘴。"

7. 剜刻曰抠。

抠：挖，掏。《醒世恒言·李汧公穷邸遇侠客》："提起匕首向胸膛上一刀，直刺到脐下。将匕首衔在口中，双手拍开，把五脏六腑，抠将出来。"《红楼梦》第三十回："只见一个女孩子蹲在花下，手里拿着根别头的簪子在地上抠土。"

8. 以铁缚物曰锔。

锔：用铁丝或铁片绑住物体。

9. 锢金器曰焊。

焊：把金属物焊接住。宋·沈括《梦溪笔谈·异事》："予于谯亳得一古镜……甚薄，略无焊迹。"

10. 刀屈曰锩。

锩：刀剑的刃弯曲。《吕氏春秋·别类》："柔则锩，坚则折。"现在一般使用"卷"。

11. 烧刀令坚曰煏。

煏：煅烧兵器锋刃使坚硬。

12. 去瓜果皮曰雪。

雪：削去瓜果的皮。今用"削[çyə]^{214}"。

13. 切草曰鍘。……亦作铡。

鍘：铡刀。今用"铡"。元·李直夫《虎头牌》第二折："将铜铡来，切了你那驴头！"

14. 斫剁曰剁。

剁：用刀往下砍。唐·杜甫《阌乡姜七少府设鲙戏赠长歌》："无声细下飞碎雪，有骨已剁觜春葱。"

15. 削平曰划。

刬：削平。今用“铲”。汉·王符《潜夫论·浮侈》：“〔棺〕钉细要，削除铲靡，不见际会。”

16. 拔草曰薅。

薅：拔草。《诗·周颂·良耜》：“其镈斯赵，以薅荼蓼。”

17. 插地起土器曰錾。……亦书作锹。

錾：一种掘土器。用熟铁或钢打成片状，前一半略呈圆形而稍尖，后一半末端安有长木把。今作“锹”。北魏·贾思勰《齐民要术·种桃柰》：“栽法，以锹合土掘移之。”

18. 涂泥器曰镘。……与槾同。

镘：泥瓦工抹墙用的抹子。《尔雅·释宫》：“镘，谓之杇。”邢昺疏：“镘者，泥镘也。一名杇，涂工之作具也。”又作“槾”。《论语·公冶长》：“粪土之墙不可杇也。”何晏集解引三国魏·王肃曰：“杇，槾也。”陆德明释文：“槾，或作镘，涂工之器。”

19. 耕田两刀臿曰鋘。……或作铧。

鋘：一种人力翻土农具。今用“铧”。汉·袁康《越绝书·外传记吴王占梦》：“向者昼卧，梦入 章明之宫 ……见两铧倚吾堂。”

20. 平木曰铇。

铇：木工刨平木材的用具。《玉篇·金部》：“铇，平木器。”今作“刨”。刮平木料、金属等物的工具。明·宋应星《天工开物·刨》：“凡刨，磨砺嵌钢寸铁，露刃秒忽，斜出木口之面，所以平木。”

21. 粗平木曰锛。

锛：削平木料的工具。柄与刃具相垂直呈丁字形，刃具扁而宽，使用时向下向里用力。用锛削平的木料比较粗糙。

22. 展履使大曰楥。……俗作楦。

楥：木制的鞋楦子，制鞋子的工具。一作楦。《说文·木部》“楥，履法也”清·段玉裁注：“今鞋店之楦也，楥、楦正俗字。”

23. 削平相入曰榫卯。

榫卯：榫头和卯眼。特指榫头，即器物或构件上利用凸凹方式相连接的凸出部分。明·周圻《名义考·地部·榫卯》：“枘凿者榫卯也……今俗犹云公母榫。”

24. 榫卯中复加尖细之木令其坚密者曰楔。

楔：一端平厚一端扁锐的竹木片，多用以插入榫缝或空隙中，起固定或堵塞作用。《淮南子·主术训》：“大者以为舟航柱梁，小者以为楫楔。”

25. 锡曰镴。

镴：锡和铅的合金。《周礼·夏官·职方氏》：“其利金锡竹箭。”郑玄注：“锡，镴也。”

26. 截禾穗刀器曰把鉴。

把鉴：割谷物穗头的刀具。

27. 以油涂器曰釉。

釉：把油涂在器物的表面。

28. 瓦盏曰盔。

盔：陶制器皿，像瓦盆而略深。

29. 箸曰快。

快：筷子。今作“筷”。《儒林外史》第二十二回：“走堂的拿了一双筷子，两个小菜碟，又是一碟腊猪头肉。”

30. 漉器曰笊篱。

笊篱：用竹片或铁丝、柳条等编成蛛网状供捞物沥水的器具。北魏·贾思勰《齐民要术·饼法》：“拣取均者，熟蒸，曝干。须即汤煮，笊篱漉出，别作臛浇。”

31. 以皮为支床曰马闸子。

麻闸子：一种小型的坐具。腿交叉，上面绷皮、布或麻绳等，可以合拢。今作“马札子”、“马扎子”。《老残游记》第十五回：“县官有马扎子，老残与人瑞仍坐长凳子上。”

32. 钓丝之半系以荻梗曰浮子。

浮子：拴在钓鱼线上的能漂浮的东西。宋·庄季裕《鸡肋编》卷中：“钓丝之半，系以荻梗，谓之浮子，视其没则知鱼之中钩。”

33. 锁曰链子。

链子：锁。

34. 号筒曰喇叭。

喇叭：一种管乐器，上细下粗，多用铜制成，俗称号筒。明·戚继光《纪效新书·号令》：“凡喇叭吹摆队伍，是要各兵即于行次，每哨一聚。”

35. 杖曰拐。

拐：拐扙。《龙龛手鉴·手部》：“拐，俗，正作‘枴’。老人杖也。”《新五代史·汉高祖纪》：“赐以木拐一。”

36. 棺木曰材。

材：棺材。《陈书·周弘直传》："气绝已后，便买市中见材，材须小形者。"

37. 物件曰家火。

家火：泛指器具。《京本通俗小说·错斩崔宁》："刘官人一觉直至三更方醒，见桌上灯犹未灭，小娘子不在身边，只道他还在厨下收拾家火，便唤二姐讨茶吃。"一作"家伙"。《红楼梦》第六十七回："薛姨妈闻知湘莲已说定了尤三姐为妻，心中甚喜，正是高高兴兴，要打算替他买房子，治家伙，择吉迎娶，以报他救命之恩。"

38. 墟市曰集。

集：集镇，市镇。《儒林外史》第二回："话说山东兖州府汶上县有个乡村，叫做薛家集。这集上有百十来人家，都是务农为业。"

39. 石读为担，凡官府粮册及民间谷米帐皆以石。

石［tan］^{51}：计算容量的单位。十斗为一石。《管子·揆度》："其人力同而宫室美者，良萌也，力作者也，脯二束，酒一石，以赐之。"

40. 船上铁猫曰锚。

锚：停船设备。一般为铁制或钢制，一端有两个或两个以上钩爪，另一端用铁链连在船上，抛在水底或岸边，用来稳定船舶。明·宋应星《天工开物·锚》："凡舟行遇风难泊，则全身系命于锚。"

41. 屋壁曰山。

山：山墙，人字形屋顶的房屋两侧的墙壁。宋·陆游《老学庵笔记》卷二："民有比屋居者，忽作高屋，屋山覆盖邻家。邻家讼之，谓他日且占地。"

42. 屋梁曰栿。

栿：房梁。北魏·郦道元《水经注·榖水》："其一水自千秋门南流，径神虎门下，东对云龙门，二门衡栿之上，皆刻云龙风虎之状。"

43. 屋上横木曰檩。

檩：架在屋架或山墙上用以支承椽子或屋面板的长条形构件。唐·玄应《一切经音义》卷一："脊檩，正言栋，居屋中也，亦言梁，或言极。"

44. 暖床曰炕。

炕：北方人用土坯或砖头砌成的一种床。底下有洞，可以生火取暖。宋·范成大《丙午新正书怀》诗之五："稳作被炉如卧炕，厚裁绵旋胜披毡。"

45. 关门机曰栓，俗作闩。

栓：门关上后，横插在门内使门推不开的木棍或铁棍。通俗用"闩"。《儿女英雄传》第三十一回："只见那水湿的地方从窗棂儿里伸进一只手来，先摸了摸那横闩，又摸了摸那上闩的铁环子。"栓本义是器物上可以开关的机件。唐·皮日休《蓝田关铭》："千岩作锁，万嶂为栓。"

46. 关门曰掩。

掩：关闭，合上。《南史·袁粲传》："席门常掩，三径裁通。"

47. 门上钮鼻曰了鸟。

了鸟：门上的突出的安装门环的部位。

48. 巷道曰衚衕。……俗省作胡同。

衚衕：北方小街小巷的通称。元·张可久《小桃红·寄春谷王千户》曲："紫箫声冷彩云空，十载扬州梦，一点红香锦胡衕。"今作"胡同"。元·关汉卿《单刀会》第三折："你孩儿到那江东，旱路里摆着马军，水路里摆着战船，直杀一个血胡同。"

49. 几案曰棹。

棹：桌子。《朱子语类》卷九十："同人在旅中遇有私忌，于所舍设棹，炷香可否？"今作"桌"。明·文秉《列皇小识》卷二："上与讲官俗共一桌，真不啻天颜咫尺矣。"

50. 覆屋曰苫。

苫：用草编制的覆盖物。《尔雅·释器》："白盖谓之苫。"郭璞注："白茅，苫也。今江东呼为盖。"

51. 架棚曰搭。

搭：架设，搭建。《西游记》第九十三回："他假借国家之富，搭起彩楼。"

52. 筑土曰打夯。

打夯：用夯把地基砸实。《儿女英雄传》第四回："那女子更不答言……就势儿用右手轻轻一撂，把那块石头就撂倒。看的众人齐打夯儿的喝彩。"

53. 以碎麻和灰曰麻捣。

麻捣：拌和泥灰涂壁用的碎麻。《唐六典·将作都水监》："每岁京北河南及诸州支送麦麴三万围、麦面一百车、麻捣二万斤。"

54. 砖未烧曰墼。……俗作坯。

墼：砖；未烧的砖坯。《急就篇》卷三："墼垒廥廄库东箱。"颜师古注："墼者，抑泥土为之，令其坚激也。"今用坯。《淮南子·精神训》："夫造化者，既以我为坯矣，将无所违矣。"

55. 以钉钉物曰钉。

钉：用钉子钉东西，动词。《晋书·文苑传·顾恺之》："（顾恺之）尝悦一邻女，挑之弗从，乃图其形于壁，以棘针钉其心，女遂患心痛。"

56. 溃麻曰沤。气郁不伸曰沤。草伏火中未燃曰沤。衣物溇烂曰沤。

沤：（1）长时间浸泡。北魏·贾思勰《齐民要术·种麻》："获欲净，沤欲清水，生熟合宜。"明·李实《蜀语》："衣物溇烂曰沤。"（2）长期憋闷在心里。明·李实《蜀语》："气郁不伸曰沤。"（3）烧柴草时燃烧不充分。明·李实《蜀语》："草伏火中未然曰沤。"

57. 打油曰榨。

榨：把物体里的汁液压挤出来。如榨油。

58. 击锣曰筛。

筛：击，敲打。《警世通言·赵太祖千里送京娘》："周进挺鎗来敌，约斗上二十余合，林子内喽啰知周进遇敌，筛起锣一齐上前，团团围住。"

59. 履墙曰帮。

帮：墙的底部靠近地面的部分。

60. 衣系曰襻。

襻：系衣裙的带子。南朝梁·王筠《行路难》："襻带虽安不忍缝，开孔裁穿犹未达。"

61. 衣纽曰釦。

釦：纽扣。《新唐书·东夷传·高丽》："王服五采，以白罗制冠，革带皆金釦。"今作"扣"。

62. 卷丝为纬曰繀。……案：今俗作穗，误。

繀：把线一圈一圈的缠起来，做成繀子，织布的时候在经线里来回穿梭，构成布的横线。通俗写作"穗"。

63. 丝缕曰绺。

绺：丝缕合成的线。唐·沈佺期《七夕曝衣篇》："上有仙人长命绺，中看玉女迎欢绣。”

64. 衣物略用针线曰敹。

敹：缝缀，缝合。《书·费誓》：“善敹乃甲胄。”蔡沈集传：“敹，缝完也。”

65. 臂钏曰镯。

镯：套在手腕上的环形装饰品。明·陆蓉《菽园杂记》卷八：“今人名臂环为镯。”

66. 抛足之戏具曰毽。

毽：用布或皮包住铜钱，孔中间装上鸡毛等制成的玩具。游戏时，用脚连续上踢，不让落地。明·刘侗、于奕正《帝京景物略·春场》：“杨柳儿死，踢毽子。”

67. 皮鞢曰乌腊。

乌腊：皮鞋。又作“乌拉”，现在指棉鞋。源于乌腊草，产于我国东北地区，茎与叶晒干后，衬垫在皮靴或鞋内，可以保暖。清·魏源《圣武记》卷一：“有乌腊草，近水而生，长细温软，荐履行冰雪中，足不知寒。”

68. 补绽曰补靪。

补靪：补在破损的衣服或物件上的东西。现在一般使用“补丁”。清·蒋士铨《一片石·访墓》：“补丁圆领豆浆馊。”

69. 马加鞍辔曰鞴。

鞴：指装备车马，把鞍辔等套在马上。前蜀·薛昭蕴《离别难》词：“宝马晓鞴雕鞍，罗帏乍别情难。”现在经常用“备”代替。《三国演义》第二十三回：“操教备马三匹，令二人扶挟而行；却教手下文武，整酒于东门外送之。”

70. 驾车曰套，车之所以驾马者亦曰套。

套：（1）用皮绳之类用具把牲口与车辆拴联起来。（2）能够套上马的车。

71. 文书稿曰底。

底：草稿，原稿。宋·宋敏求《春明退朝录·公家文稿》：“凡公家文书之稿，中书谓之草，枢密院谓之底，三司谓之检。”

72. 翻书曰枚。

枚：翻书。现在一般使用“掀”。宋·陆游《幽事绝句》：“昨日风掀屋，今朝雨坏墙。"枚本义是农具名，像锹，但铲比较方阔，柄端无短拐。有铁枚、木枚等。用于挖土及播撒肥料、抛扬谷物等。宋·陆游《纸阁午睡》诗："纸合砖炉火一枚，断香欲出碍蒲帘。"

73. 讹字曰白字。本作别字。

白字：误写或误读的字。清·顾炎武《日知录·别字》："近鄙者，犹今俗用之字；别字者，本当为此字而误为彼也。今天谓之白字，乃别音之转。"

别字：误写或误读的字。《后汉书·儒林传上·尹敏》："谶书非圣人所作，其中多近鄙别字，颇类世俗之辞，恐疑误后生。"

74. 计薄曰帐。

帐：帐簿，名册。《隋书·高祖纪下》："凡是军人，可悉属州县，垦田籍帐，一与民同。"今作"账"。银钱货物出入的记载。亦指记账的书册。《旧五代史·周书·世宗纪二》："每年造僧账两本，其一本奏闻，一本申祠部。"

卷四

1. 头曰脑带。

脑带：头。今作"脑袋"。金·董解元《西厢记诸宫调》卷八："干撞杀郑恒那村厮！牙关紧，气堵了咽喉；脑袋裂，血污了阶址。"

2. 胸前曰膊。……按：俗亦呼人之胸曰胸膊，盖通借。

膊：胸脯。今作"脯"。元·尚仲贤《柳毅传书》第一折："嗔忿忿腆着胸脯，恶狠狠竖着髭须。"膊本义是家禽胸前的肉。《广韵·模韵》："膊：雉有膊肉也。"

3. 乳曰奶。

奶：乳房。唐·张鷟《游仙窟》："拍搦奶房间，摩挲髀子上。"

4. 齿枝出曰龅牙。

龅牙：突露在嘴唇外的牙齿。也指人牙齿突露于唇外。

5. 唇缺曰火。

火：露出缺口。现在一般使用"豁"。北魏·贾思勰《齐民要术·种谷》："稀豁之处，锄而补之。"唐·韩愈《落齿》诗："忆初落一时，但念豁可耻。"

6. 疣之细者曰瘊。

瘊：皮肤上长的小瘤子。宋·沈括《梦溪笔谈·器用》："〔锻甲末留箸头许不锻，隐然如瘊子……今人多于甲札之背隐起，伪为瘊子，虽置瘊子，但原非精钢；或以火锻为之，皆无补于用，徒为外饰而已。"

7. 腮肿曰痄。

痄：痄腮，旧称流行性腮腺炎。《医宗金鉴·外科心法要诀·痄腮》："（痄腮）生于两腮肌肉不着骨之处，无论左右，总发端于阳明胃热也。"

8. 手足胼胝曰茧子。

茧子：手、脚掌等部位因磨擦而生成的硬皮。

9. 直视曰盯。

盯：注视，目光集中地看着一处。

10. 看视曰瞧。

瞧：看。元·关汉卿《新水令》曲："怕别人瞧见咱，掩映在酴醾架。"

11. 闷视曰瞅。

瞅：一直看。元·无名氏《杀狗劝夫》第二折："他那里，不转睛，瞅了我一会。"

12. 眵泪曰眵模糊。

眵模糊：眼眵和眼泪。

13. 合唇曰脗。

脗：本为嘴唇，引申为合。前蜀·杜光庭《道教灵验记·胡尊师修清斋验》："人之修心，必使乎言行相脗，内外坦然。"现在一般使用"吻"。《汉书·王褒传》："庸人之御骏马，亦伤吻敝策而不进于行。"颜师古注："吻，口角也。"

14. 口吸物曰漱。

漱：含水洗荡口腔。《管子·弟子职》："少者之事，夜寐蚤作，既拚盥漱，执事有恪。"尹知章　注："漱，涤口。"

15. 手捻鼻脓曰擤。

擤：按住鼻孔出气，借以排出鼻涕。《正字通·手部》："擤，俗字。焦竑《俗用杂字》：'擤音省，手捻鼻脓曰擤。'"

16. 唾人曰呸。

呸：表示斥责或鄙薄的声音。元·岳伯川《铁拐李》第一折："呸！你看我悔气，连日接新官不着，来家吃饭，又被这泼先生骂我是没头鬼。"《红楼梦》第二十三回："呸！原来也是个'银样蜡枪头'。"

17. 以舌取物曰舓。

舓：用舌头取物。

18. 卧曰踢。

踢：平卧。今用"躺"。《二刻拍案惊奇》卷三五："只见程老儿直挺挺的躺在板上。"踢本义是跌倒。

19. 足所踏曰跐。

跐：踏，踩。《庄子·秋水》："且彼方跐黄泉而登大皇。"陆德明释文引《广雅》："跐，蹋也，蹈也，履也。"

20. 屈足坐曰蹩。……今通作盘。

蹩：《广韵·桓韵》："蹩，屈足也。"今作"盘"。《儿女英雄传》第四回："〔安公子〕随把个马褥子铺在炕沿上，盘腿坐好。"

21. 匍匐曰跁。

跁：小儿匍匐称跁。后通作"爬"。清·郝懿行《证俗文》卷十七："江淮之间谓小儿匍匐曰跁。"明·吴宽《是日往观果刻本乃复次韵》："浓书铁把纯绵裹，深刻蟹上潮泥爬。"

22. 奔赴曰遗。

遗：疾走，奔跑。元·王子一《误入桃源》第三折："折末你遗关山千百重，进程途一万里。"今用"奔"。《诗·小雅·小弁》："鹿斯之奔，维足伎伎。"

23. 远望曰张。

张：张望，张看。《西游记》第三十一回："众猴撒开手，那呆子跳得起来，两边乱张。"

24. 急跳曰踔。

踔：快速跳跃。现在一般用"蹦"。"踔"不单用，构成联绵词踔踸，意为奔走。汉·扬雄《太玄·逃》："上九，利逃踔踸，盗德婴城。"

25. 身体疼曰痠。

痠：人身肌肉过度疲劳或因病引起的酸痛无力的感觉。《素问·刺热论》："肾热病者，先腰痛，胻痠。"现在一般用"酸"。《水浒传》第六五回："次日，只见宋江觉道神思疲倦，身体酸疼。"

26. 疲困曰疢。

疢：疲倦。明·金幼孜《北征录》："初九日早，发鸣毂镇，天气清爽，人马不渴，若暄热，人皆疢矣。"现在一般使用"乏"。《新五代史·

唐臣传·周德威》："因其劳乏而乘之。"

27. 皮起曰皵。或作暴。

皵：表皮突起。《玉篇·皮部》："皵，皵皱，皮起也。"现在一般使用"暴"。

28. 肥脂曰膘。

膘：畜兽肥壮或其肥壮之处。宋·李新《与冯德夫书》："马无他损，特膘稍落，微磨破耳。"

29. 禽卵曰蛋。

蛋：禽类或龟等所产的卵。《西游记》第三十二回："想必这里是他的窠巢，生蛋布雏，怕我占了，故此这般打搅。"

30. 抱卵曰孵。

孵：禽鸟伏在卵上，以体温使卵内的胚胎发育成雏鸟。

31. 尾巴曰已巴。

已巴：尾巴。今用"尾［i］²¹⁴巴"。

32. 牝驴曰騲驴。

騲驴：母驴。今用"草驴"。北魏·贾思勰《齐民要术·养牛马驴骡》："常以马覆驴，所生骡者，形容壮大，弥复胜马。然必选七八岁草驴，骨目正大者：母长则受驹，父大则子壮。"騲本义是母马。北齐·颜之推《颜氏家训·书证》："《駉颂》既美僖公牧于坰野之事，何限騲骘乎？"

33. 促织曰趣趣。

趣趣：蟋蟀。今作"蛐蛐"。清·富察敦崇《燕京岁时记·蛐蛐儿》："七月中旬则有蛐蛐儿，贵者可值数金，以其能战斗也。至十月，一枚不过数百文，取其鸣而已矣。"

34. 同事者曰伙计。……又俗谓同资本合谋商贩者曰伙计。

伙计：一块儿做事的人之间的称呼。明·阮大铖《燕子笺·试窘》："我们是接场中相公的，伙计，今年规矩森严，莫挤近栅栏边去。"共同出钱合伙做生意的人，相互称呼也叫伙计。

35. 呼伴曰火。

火：伙伴，同伴。北魏《大监刘阿素墓志》："同火人典御监秦阿女等。"现在一般使用"伙"。《水浒传》第十八回："吴用道：'我等有的是金银，送献些与他，便入伙了。'"

36. 姻家为亲家，亲去声。

亲家：两家儿女相婚配的亲戚关系。《后汉书·礼仪志上》："东都之仪，百官、四姓亲家妇女、公主、诸王大夫、外国朝者侍子、郡国计吏会陵。"

37. 女曰妞儿。

妞儿：小女孩儿。《红楼梦》第八十四回："看了出来，站在地下，躬身回贾母道：'妞儿一半是内热，一半是惊风。'"

38. 婢女曰丫头。

丫头：女仆。《水浒传》第四十五回："迎儿这个丫头，已自做一路了。"

39. 京师人诮乡老曰老奤。……《蔬园杂记》云："南人詈北人为奤子。"

老奤：语音不正或与本地不同。多指操北方口音。明·陆容《菽园杂记》卷十二："南人骂北人为奤子。"赵元任《钟祥方言记》："奤，称北方人叫奤子。"

40. 人不务正业曰无赖。

无赖：行为撒泼放刁、不务正业的人。《晋书·卞壸传》："峻拥强兵，多藏无赖。"

41. 贫而无业者曰穷棒子。……又高丽称其穷贱者为棒子。

穷棒子：贫穷而又没有正式职业的人。又高丽（今朝鲜半岛）一带称贫穷而社会地位低的人为棒子。

42. 道士有家室者曰火居道。

火居道士：有妻室的道士。明·田艺蘅《留青日札·火居火宅》："今道士之有室家者，名为火居道士。"

43. 詈人幼小曰崽子。

崽子：用于骂人的词。《红楼梦》第五十八回："这一点小崽子，也挑么挑六，咸嘴淡舌，咬群的骡子似的！"。

44. 资斧曰盘缠。

盘缠：旅途费用。元·高文秀《黑旋风》第三折："俺娘与了我一贯钞，着我路上做盘缠。"

45. 私利曰梯己。

梯己：私下的积蓄。又作"体己"。《红楼梦》第二十五回："赵姨娘便印了手模，走到厨柜里将梯己拿了出来，与马道婆看看，道：'这个你先拿了去做香烛供奉使费，可好不好？'"《红楼梦》第一〇六回："贾琏始则惧罪，后蒙释放已是大幸，及想起历年积聚的东西并凤姐的体己不下七八万金，一朝而尽，怎得不痛。"

46. 醵钱作食曰打瓶伙。

打瓶伙：共同凑钱置办饮食。搭瓶伙，最初作"打平火"，《二刻拍案惊奇》卷三十九："有个纱王三，乃是王织纱第三个儿子，平日与众道士相好，常合伴打平火。"也作"打平和"。《金瓶梅词话词话》第七十七回："西门庆家中，这些大官儿常在他屋里坐的，打平和儿吃酒。"也作"打贫伙"、"打平伙"。

47. 嬉游曰玩。

玩：玩耍。《红楼梦》第三十九回："贾母又命拿些钱给他，叫小幺儿们带他外头玩去。"

48. 闲游曰逛。

逛：悠闲地游览。元·无名氏《玩江亭》第一折："怕大姐爱逛时都戴在头上，压破头，可不干我事。"

49. 新曰斩新。

斩新：全新，极新。唐·杜甫《三绝句》之一："楸树馨香倚钓矶，斩新花蕊未应飞。"现在一般使用"崭新"。《二十年目睹之怪现状》第六回："我今天日里看见他送客的时候，莫说穿的是崭新的衣服，底下人也四五个，那里至于吃尽当光。"

50. 黑甚曰漆黑。

漆黑：颜色非常黑。宋·苏轼《赠潘谷》诗："布衫漆黑手如龟，未害冰壶贮秋月。"

51. 纯红曰通红。

通红：很红，十分红。宋·苏轼《书双竹湛师房》诗："白灰旋拨通红火，卧听萧萧雪打窗。"

52. 黑色曰青。

青：黑色。《楚辞·大招》："青色直眉，美目媔只。"

53. 物因干枯而缩者曰瘪。

瘪：物体由于干枯而缩小。明·沈公炼《广蚕桑说辑补》："野桑虽亦可以饲蚕，然叶薄而小且易瘪。"

54. 汤水不冷不热者曰温暾。

温暾：微温，不冷不热。唐·王建《宫词》之四十八："新晴草色绿温暾，山雪初消涔水浑。"

55. 器破有痕曰璺。

璺：裂纹。《方言》第六："器破而未离谓之璺。"现在一般使用"纹"。

56. 饭坏为馊。

馊：饭菜经久而变质，发出酸臭味。《红楼梦》第六十一回："莲花儿道：'前儿要吃豆腐，你弄了些馊的，叫他说了我一顿。'"

57. 米粗曰糙。

糙：脱壳后尚未碾白或碾得不精的米。《旧唐书·食货志上》："令东都出远年糙米及粟，就市给粜。"

58. 粥稠曰黏籽籽。……亦作糊。

黏籽籽：形容粥做得很稠。今作"黏糊糊"。

59. 面浆曰糨。

糨：用面粉等调成的可以粘贴东西的糊状物。清·陈康祺《燕下乡脞录》卷八："乡先辈相传先生（丁杰）最宝爱其书，每厚糨黏纸八九层，为面叶底叶，见者辄笑曰：'此丁氏藏书也。'"

60. 以铁条压面成条曰河洛。

河洛：北方的一种面食，用荞麦面或高粱面通过带圆眼儿的床子轧成长条，煮熟拌卤吃。清·王士禛《池北偶谈·谈异五·热洛河》："今齐鲁间以荞麦作面食，名河洛。"也称河漏。元·王祯《农书》卷七："北方山后诸郡多种，治去皮壳，磨而为面……或作汤饼，谓之河漏，滑细如粉，亚于麦面，风俗所尚，供为常食。"现在一般写作饸饹。

61. 以火煨米令剥裂曰爆花。

爆花：大米、玉米等经加热，膨胀爆裂而成的食品。

62. 一周曰一匝。

一匝：表数量。一次，一回。《说文·人部》："匝，终也。"清·钱坫《说文斠诠》："今人谓事一终为一匝，声同遭。"现在一般使用"一遭"。宋·叶适《中大夫赵公墓志铭》："（上）尝谓公曰：'周天下事，每日须过朕心下一遭。'"

63. 一番曰一出。

一出：表数量。一回。南朝宋·刘义庆《世说新语·文学》："有人道上见者，问云：'公何处来？'答曰：'今日与谢孝剧谈一出来。'"

64. 一事曰一宗。

一宗：表数量。一桩，一件。宋·司马光《涑水记闻》卷十六："（何）涣索纸万幅以答款，府司以数百幅给之，乃一纸书一宗。"

65. 一食曰一顿。

一顿：表数量。用于吃饭等，相当于一次，一回。南朝宋·刘义庆《世说新语·任诞》："欲乞一顿食耳。"

66. 一株曰一科。

一科：表数量。用于植物，即一株。现在一般使用"一棵"。《西游记》第七十九回："（猪八戒）掣钉钯，把一棵九叉杨树钯倒。"

67. 丈物以两腕舒平为一庹。

庹：成人两臂左右平伸的长度，一庹约合五尺。《字汇补·广部》："两腕引长谓之庹。"

68. 呼三作开口声曰萨。

萨：三个。

69. 不知而问曰拾没，俗讹为什么。

拾没：疑问代词，什么。今作"什么"。首见例见《玉田县志》第3条。

70. 称此个曰这个，本当作者个。

这个：指示比较近的事物或人。唐·吕岩《苏幕遮》词："这个鼎炉解不解。养就灵乌、飞出光明海。"

者：指示代词，相当于"这"。《敦煌曲子词·望江南》："我是曲江临池柳，者人折了那人攀，恩爱一时间。"

71. 称自己曰咱们。

咱们：我们。首见例见《玉田县志》第20条。

72. 彼此相谓曰我们、你们。

我们、你们：见面的时候相互的称呼。我们指自己一方，你们指对方。宋·周密《癸辛杂识续集·文山书为北人所重》："咱们祖上亦是宋氏，流落在此。"

73. 无用曰不中用。

不中用：无用。《史记·秦始皇本纪》："吾前收天下书不中用者尽去之。"

74. 哀恤人曰可怜见。

可怜见：值得怜悯。《红楼梦》第四十二回："说的好可怜见儿的！连我们也软了。"

75. 庆吊以钱物往来曰人情，或曰人事。

人情：应酬，交际往来。元·关汉卿《鲁斋郎》第三折："父亲、母亲人情去了，这早晚敢待来也。"《红楼梦》第六十八回："一日少说，大事也有一二十件，小事还有三五十件。外头从娘娘算起，以及王公侯伯家，多少人情客礼，家里又有这些亲友的调度。"

人事：赠送的礼品。唐·白居易《让绢状》："恩赐田布与臣人事绢五百匹。"

76. 泛称某物曰东西。

东西：泛指具体或抽象的物品。明·朱有燉《豹子和尚自还俗》："我又无甚希奇物，我又无甚好东西，他偷我个甚的？"《红楼梦》第三十五回："凤姐笑道：'这一宗东西，家常不大做；今儿宝兄弟提起来了，单做给他吃。'"

三　民国唐山方言词疏证

（一）《滦县志》卷四

[七]《方言》

案旧志所列举者，今仍通行，故录全文，并补充若干条，以备参考。非谓即此可尽滦县之方言也，乃述其称谓之最普通者耳。

1. 妻称夫之伯、叔亦曰大大（或大伯）、叔叔。外称则谓之大伯公公、叔公公。

大大：妻子称丈夫的伯伯，面称。又叫大伯。

叔叔：妻子称丈夫的叔叔，面称。

大伯公公：妻子称丈夫的伯伯，背称。

叔公公：妻子称丈夫的叔叔，背称。

2. 夫之伯母、叔母亦曰大妈、婶子。外称则谓之大妈婆婆、婶婆婆。

大妈：妻子称丈夫的伯母，面称。

婶子：妻子称丈夫的叔母，面称。

大妈婆婆：妻子称丈夫的伯母，背称。

婶婆婆：妻子称丈夫的叔母，背称。

3. 称叟曰老爷子，媪曰老娘子。

老爷子：对老年男性的称呼。

老娘子：对老年女性的称呼。

4. 佣工曰打头的，又曰伙计。

打头的：雇佣的人。又叫伙计。清·袁枚《新齐谐·学竹山老祖教头钻马桶》："有江西大贾伙计夜失去三千金。"

5. 孪生之子曰双郎棒。

双郎棒：孪生的孩子。

6. 名蟋蟀曰趋趋。

趋趋：蟋蟀。今作"蛐蛐"。首见例见《燕说》卷四第 33 条。

7. 草虫曰聒聒。

聒聒：蝈蝈。今作"蝈蝈"。《儿女英雄传》第二十三回："等开了春儿，满地的高粱谷子，蝈蝈儿，蚂蚱，坐在那树阴儿底下看个青儿，才是怪好儿的呢！"

8. 蝉曰吉了。

吉了：蝉。今作"知了"。

9. 蛇曰长虫。

长虫：蛇。

10. 蜻蜓曰麻郎。

麻郎：蜻蜓。

11. 螳螂曰刀郎。

刀郎：螳螂。

12. 蝼蛄曰拉拉古。

拉拉古：蝼蛄。

13. 桑扈曰扈巴拉。

扈巴拉：桑扈。

14. 蜥蜴曰蝎虎溜子。

蝎虎溜子：蜥蜴。壁虎与蜥蜴相似，汉·荀悦《汉纪·武帝纪一》："（东方）朔自请布卦射之曰：'臣欲以为龙，复无角；臣欲以为蛇，复有足；跂跂脉脉善缘壁，此非守宫，当是蜥蜴。'"蝎虎指壁虎，宋·苏轼《蝎虎》诗："黄鸡啄蝎如啄黍，窗间守宫称蝎虎。"因此用蝎虎溜子指蜥蜴。

　　对于此条，现在唐山全境除了滦县、滦南，对于壁虎的称呼是蝎虎鲁子、蝎虎溜子、蝎虎子，只有滦县、滦南称壁虎为麻蝎虎，称蜥蜴为蝎虎溜子或长虫小舅子，丰南称蜥蜴也是长虫小舅子。

　　15. 河豚曰蜡头棒子。

　　河豚叫蜡头棒子。

　　16. 谓不知自爱者曰没价钱。

　　没价钱：比知道自爱。

　　17. 才小而自炫者曰半瓶醋，又曰满瓶不摇半瓶摇。

　　半瓶醋：才华不多却又喜欢炫耀的人。又叫满瓶不摇半瓶摇。元·无名氏《司马相如题桥记》："如今那街市上常人，粗读几句书，咬文嚼字，人叫他做半瓶醋。"

　　18. 脑筋过敏者曰唧伶。

　　唧伶：脑筋反应灵敏。今作"机灵"。

　　19. 贪婪者曰见钱眼开。

　　见钱眼开：贪婪。清·李渔《比目鱼·挥金》："自古道见钱眼开，我兑下一千两银子，与他说话的时节，就拿来摆在面前，他见了自然动火。"

　　20. 受人愚弄曰上当。

　　上当：被人愚弄。《儒林外史》第五十四回："我怎肯眼睁睁的看着你上当不说。"

　　21. 愚弄人者曰赚人。

　　赚人：愚弄别人。

　　22. 无才而妄冀者曰妄想爬高。

　　妄想爬高：没有才能却有不切实际的想法。

　　23. 无事自扰者曰找麻烦。

　　找麻烦：没事自己找事。

　　24. 事须考虑者曰犯战戁。

　　犯战戁：事情需要经过考虑。今作"犯掂掇"。掂掇见《玉田县志》第 177 条。

　　25. 詈人轻狂曰奸诈。

　　奸诈：轻狂虚伪。《礼记·经解》："君子审礼，不可诬以奸诈。"

26. 誉人忠厚曰老实。

老实：忠厚。元·关汉卿《救风尘》第一折："待嫁一个老实的，又怕尽世儿难成对。"

27. 儿童顽皮者曰柴。

柴：小孩顽皮。

28. 爱曰稀罕。

稀罕：喜欢。首见例见《玉田县志》第 181 条。

29. 甚词曰推，太之转音也。

推：副词，太。今作"忒"。

30. 拿物曰秋（上声），取之转音也。

秋：取，拿。今作"求 $[tɕ^hiu]^{214}$"。

31. 不知而妄为曰瞎帐。

瞎帐：不清楚实际情况而乱做。

32. 无理而强为者曰混帐。

混帐：没理却胡缠。《警世通言·杜十娘怒沉百宝箱》："自从那李甲在此，混账一年有余，莫说新客，连旧主顾都断了。"

33. 讥人阔绰曰抖。

抖：讥讽别人炫富。

34. 诮人出风头曰露脸。

露脸：讥讽别人出风头。

35. 詈人失节操曰丢脸。

丢脸：丧失体面，出丑。《红楼梦》第一〇一回："他吃不住了，变了个法子就指着你们二叔的生日撒了个网，想着再弄几个钱好打点二舅太爷不生气，也不管亲戚朋友冬天夏天的，人家知道不知道，这么丢脸！"

36. 称无行之人曰下三乱。

下三乱：品行不端正的人。今作"下三烂"或"下三滥"。

37. 无事而过往邻右者曰闲串门。

闲串门：到邻居家闲聊。《红楼梦》第七十七回："那媳妇那里有心肠照管，吃了饭便自去串门子。"

38. 出游邀伴侣曰打帮。

打帮：外出游历的伴侣。

39. 闲谈曰拉（上声）科。

拉科：闲谈。今作"拉［la］²¹⁴嗑"。

40. 语言无味曰扯淡。

扯淡：说话没意思。明·纪振伦《三桂联芳记·征途》："思量做这官儿，真个叫做扯淡，一连饿了三日，不尝半口汤饭。"

41. 谄媚人者曰流虚。

流虚：阿谀奉承别人。今作"溜须"。

42. 慕人势力曰奾结（俗作巴结）。

奾结：奉承，讨好。今作"巴结"。《儿女英雄传》第二十四回："凭你怎的巴结他，他怎肯忍心害理的违天行事？"

43. 詈人无赖曰泥腿。

泥腿：无赖，撒泼放刁。

44. 故暴人短者曰憨蠢人。

憨蠢人：故意暴露别人的缺点的人。

45. 心术不正者曰尬骨人。

尬骨人：心术不正的人。

46. 心术光明者曰正经人。

正经人：心术光明的人。

47. 乘机进取者曰出息人。

出息人：抓住机会努力进取的人。

48. 暗地中伤曰拆散。

拆散：暗中伤害别人。

49. 多人阴谋曰编笆。

编笆：多人一起暗中谋划。

50. 孤立无援曰光杆。

光杆：孤立无援。

51. 行无目的曰瞎赶獐。

瞎赶獐：做事没有目的。

52. 理不当为曰犯不上。

犯不上：不值得。首见例见《玉田县志》第 12 条。

53. 人不老成曰不靠稍。

不靠稍：人不老成。

54. 物不坚牢曰不结实。

不结实：物体不坚固牢靠。《红楼梦》第九十三回："谁知他贴的结实，揭不下来。"

55. 人不爽利曰不快当。

不快当：不爽快。

56. 光棍曰耍人的。

耍人的：光棍。

57. 土匪曰混星子。

混星子：土匪。

58. 土豪曰尬杂子。

尬杂子：土豪。

59. 运气不好曰倒灶。

倒灶：运气不好。

60. 举动不开展者曰眠娗。

眠娗：不大方，举止行为放不开。今作"腼腆"。首见例见《燕说》卷一第 7 条。

61. 谓物翻腾曰扑楞。

扑楞：物体翻腾。今作"扑棱"。

62. 不整洁曰躴躿。

躴躿：不整洁。躴躿本义是身材高长的人。明·焦竑《俗书刊误·俗用杂字》："呼长人曰躴躿。"

63. 累赘曰逻迤。

逻迤：琐碎冗余。今作"啰唆"或"啰嗦"。《红楼梦》第八回："黛玉站在炕沿上道：'啰唆什么，过来，我瞧瞧罢。'"见《燕说》卷一第 19 条。逻迤本义是一种琵琶。元·杨维桢《鼟婆引》："梅卿上马弹鼟婆，鹍弦振振金逻迤。"

64. 物体由肿而缩曰杂杂。

杂杂：物体由肿大变得萎缩。

65. 正午曰晌午。

晌午：正午。

66. 私藏财物曰梯己（梯或作体）。

梯己：私下积攒的财物。又叫体己。首见例见《燕说》卷四第 45 条。

67. 心思烦乱曰麇糟。

麇糟：心思烦乱。明·汤显祖《紫钗记·醉侠闻评》："你穷暴的不麇糟，忖沙恁还俏。"

68. 做作虚娇憍曰摛搦（读如拿捏）。

摛搦：做作，故作姿态。

69. 丛恿教唆曰揎掇。

揎掇：丛恿教唆。元·石德玉《秋胡戏妻》第三折："他那里口口声声，揎掇先生，不如归去。"

70. 器破未离曰列璺。

列璺：器物将要裂开的痕迹。本作"裂璺"。金·元好问《续夷坚志·镇库宝》："丹体殊轻……而裂璺纵横，绝不与今世丹砂相似。"今作"裂纹"。《三侠五义》第十五回："包兴下马仔细看时，双杆皆有裂纹，幸喜落平实地，险些儿双杆齐折。"

71. 厌恶其人曰嫛（音戈）应。

嫛应：讨厌某人。今作"各应"。

72. 甚么事曰厦勾当。

厦勾当：什么事。今作"啥［ʂa］⁵¹勾当"。

73. 怎读如咱（上声）著，询问之意。

怎：疑问词，怎么，用于询问。

74. 不咱著犹言无妨也。

不咱著：不怎么样。今作"不咋着"。

75. 这可咱著犹言无可如何也。

这可咱著：这可怎么办。今作"这可咋着"。

76. 此处曰这里，亦曰这圪塔。

这里：此处。也叫这圪塔。今作"这圪垯"。

77. 彼处曰那里，亦曰那圪塔。

那里：彼处。也叫那圪塔。今作"那圪垯"。

78. 骂人曰卷。

卷：骂。

79. 亵语曰撒村。

撒村：污秽的词。

80. 夜儿个昨日也。

夜儿个：昨天。

81. 候上晚上也。

候上：晚上。今作"后晌"。

82. 多趱多少时候也。

多趱：什么时候。今作"多咱"。

83. 突如其来曰冷不防。

冷不防：突然。《儿女英雄传》第六回："二人冷不防，吓了一跳；一看，见是个女子，便不在意。"

84. 是人言曰可不。

可不：难道不，赞同别人的话。元·李寿卿《伍员吹箫》第一折："报与伍员知道，可不好也！"

85. 修理曰整整。

整整：修理。

[八]《谣谚》（节选）：

1. 天河斜调角，家家忙小袄。（初秋天河转向西南，气候渐凉，故妇女皆作御冬之准备。）

天河：银河。《诗·大雅·云汉》："倬彼云汉。"汉·郑玄笺："云汉，谓天河也。"

2. 寒食麦子挂纸钱。（清明时，麦苗长寸余，故能挂烧纸。）

寒食：节日名称，在清明前一日或两日。辛亥革命之后，逐渐与清明合并。因此注解用清明进行说明。

纸钱：在祭祀时焚化给死人或鬼神当钱用的纸片，形状如铜钱。唐·张籍《北邙行》："寒食家家送纸钱，乌鸢作窠衔上树。"

3. 头伏萝卜二伏菜，三伏里头种荞麦。

头伏：三伏的第一伏。

4. 长虫过道，大雨将落。（蛇去则雨。落音同劳，去声。）

长虫：蛇。

5. 傍山吃山，靠海吃海（滦北境多山，以植树谋生，南滨海，以渔为业）。

傍：贴近，靠近。晋·左思《蜀都赋》："尔乃邑居隐赈，夹江傍山，栋宇相望，桑梓接连。"

6. 有钱不买当庄鸡，有钱不娶活人妻。（鸡不出本村，必仍返巢窠。

活人妻，多不贞洁。）

　　当庄：本村。

　　7. 家有贤妻，男儿不作横事。（谓有贤妻劝导，丈夫不至惹祸。）

　　横事：意外的祸事。元·李寿卿《伍员吹箫》第三折："家有贤妻，男儿不遭横事。"

　　8. 班头下乡，赛过帝王。（极言皂隶之可畏。）

　　班头：法警，指法院中担任逮捕或押送犯人，传唤当事人、证人和维持法庭秩序等职务的人员。班头本义是差役。《儒林外史》第二回："就像今日请我的黄老爹，他就是老爷面前站得起来的班头。"在民国时期产生新义，指法警。

　　赛：胜过，如同。唐·刘禹锡《思黯南墅赏牡丹花》诗："有此倾城好颜色，天教晚发赛诸花。"

　　9. 春幠秋冻，一辈子不生病。（春寒犹剧，棉衣不宜早脱。秋气虽凉，亦须渐次添衣服。）

　　幠：覆盖。《仪礼·士丧礼》："死于适室，幠用敛衾。"郑玄注："幠，覆也。"

　　10. 管闲事，落不是。

　　不是：错误，过失。《清平山堂话本·快嘴李翠莲记》："适间婆婆说你许多不是。"《红楼梦》第三十回："你倒来替人派我的不是！"

　　11. 老天不灭大傻瓜。（天相朴实人。）

　　老天：对天的称呼。宋·方岳《次韵郑省仓》："买鱼聊复醉舲船，万事从来付老天。"

　　傻瓜：特指朴实的人。

　　12. 不怕慢，就怕站。（无论行路做事，皆忌中停。）

　　站：在行进中停下来。《红楼梦》第二十九回："还有几个粗使的丫头连上各房的老嬷嬷奶妈子，并跟着出门的媳妇子们，黑压压的站了一街的车。"

　　13. 半夜烧纸帖子，受穷等不到天亮。（谓挥霍无度者，乃自速其穷困。）

　　纸帖子：钱。《南史·萧坦之传》："检家赤贫，唯有质钱帖子数百。"

　　14. 老扁老扁簸簸箕，簸了粳米簸糯米。（俗以长身蚂蚱曰老扁，儿童捕获，执其长腿，跃跃欲飞，形类簸摇，故作此歌。）

老扁：长身蚂蚱。

（二）《迁安县志》卷十九《谣俗篇》

《歌谣》（节选）：

1. 张大嫂，李大嫂，往南洼，摘豆角，风来了，雨来了，急急忙忙往家跑，盖酱缸，蔽柴草，坐在炕，抚孩小。

洼：低湿的地。1935年河北新城，《新城县志》："今北俗通谓低下之地曰洼。"1936年山东牟平，《牟平县志》："下湿曰洼。"

蔽：遮盖。《礼记·内则》："女子出门，必拥蔽其面。"

2. 拉大锯，扯大锯，老家门口唱大戏，接闺女，唤女婿，甥男甥女也同去。

唤：召请。南朝宋·刘义庆《世说新语·豪爽》："武帝唤时贤共言伎蓺事，人皆多有所知，唯王都无所关，意色殊恶。"

甥：女儿的孩子。

3. 老娘割了二斤肉，请他老老和他舅，先来的吃块肉，后来的啃骨头，再来的喝汤儿，晚来的听香儿。

老老：母亲的母亲。《二十年目睹之怪现状》第一〇七回："北边人称呼外祖母多有叫老老的。"

听：用鼻子嗅。

5. 大麦秸，小麦秸，那里住个花姐姐，十几咧，十五咧，再停二年该娶咧。妈呀妈呀赔我煞（煞作什么讲），大铜盆，小铜盆，赔我姑娘出了门。爹呀爹呀赔我煞，叫木匠，打柜箱，叫裁缝，做衣裳，哥哥哥哥赔我煞，金镯子，翠坠子，尽心竭力赔妹子。嫂子嫂子赔我煞，破盆子，乱罐子，打发丫头嫁汉子，前门顶，后门插，永远不让骚丫头进我家。

停：等。《醒世恒言》第八卷："孙寡妇母子相依，满意欲要再停几时，因想男婚女嫁，乃是大事，只得应承。"

煞：什么。今作"啥［ ʂa ］⁵¹"。

铜盆：脸盆。《警世通言·杜十娘怒沉百宝箱》："偶临江净脸，失坠铜盆于水，觅人打捞。"

姑娘：特指女儿。《红楼梦》第六回："我们姑娘年轻的媳妇儿，也难卖头卖脚的，倒还是舍着我这副老脸去碰碰。"

打：制造。宋·欧阳修《归田录》卷二："工造金银器，亦谓之打。"

妹子：妹妹。

丫头：本指女仆，这里是对妹妹的蔑称。

汉子：对男子的通称，含贬义。唐·寒山《诗》之二五三："碌碌群汉子，万事由天公。"

《方言》

1. 与人周旋谓之应酬。

应酬：与别人交际往来。宋·陆游《晚秋农家》诗："老来万事懒，不独废应酬。"

2. 陵虐胁迫曰欺负。

欺负：欺凌，压迫。首见例见《燕说》卷一第38条。

3. 与人同事谓之火伴。（今伙伴）

火伴：一起做事的人。《乐府诗集·横吹曲辞五·木兰诗之一》："出门看火伴，火伴皆惊忙。"又作"伙伴"。明·叶宪祖《鸾鎞记·挫权》："小弟昨因送行醉酒，今日起迟，恐怕赶不上伙伴。"今作"伙伴"。

4. 财产多谓之宽绰。

宽绰：财产多。财用富足有余。元·秦简夫《赵礼让肥》第二折："他那里茶饭忒整齐，筵席忒宽绰。"

5. 事理不明谓之糊涂。

糊涂：头脑不清，不明事理。《宋史·吕端传》："太宗欲相端，或曰：'端为人胡涂。'太宗曰：'端小事胡涂，大事不胡涂。'决意相之。"

6. 发怒谓之生气。

生气：因不合心意而不愉快。宋·范仲淹《与中舍书》："今既病深，又忧家及顾儿女，转更生气，何由得安。"

7. 心不悦谓之不耐烦。

不耐烦：厌烦，不能忍耐。元·关汉卿《绯衣梦》第一折："则今番临绣床，有些儿不耐烦。"《红楼梦》第七十回："因自己只装不耐烦，把诗社更不提起。"

8. 事无妨碍谓之不相干。

不相干：没关系，不妨碍。宋·范成大《次韵孙长文泊姑苏馆》："闻道扁舟春共载，雪云虽冷不相干。"

9. 事不如心谓之不快活。

不快活：不高兴，不快乐。《朱子语类》卷二十："愠，非勃然而怒之谓，只有些小不快活处便是。"

10. 不愿人之奉承谓之不敢当。

不敢当：表示对他人给予自己的信任、赞许、接待等承当不起。《吕氏春秋·审应》："公子食我至于魏，见魏王曰：'大国命弊邑封郑之后，弊邑不敢当也。'"

11. 男幼者谓之小子。

小子：小男孩。《楚辞·天问》："水滨之木，得彼小子。"王逸注："小子谓伊尹……母因溺死，化为空桑之木。水干之后，有小儿啼水涯，人取养之。"

12. 女幼者谓之丫头。

丫头：小女孩。

13. 食谓之吃。

吃：食用。汉·贾谊《新书·耳痹》："越王之穷，至乎吃山草。"

14. 饮谓之喝。

喝：饮用。元·无名氏《冻苏秦》第三折："哇，你敢也走将来喝点汤，喝点汤。"

15. 受损失谓之吃亏。

吃亏：遭受损失。唐·杜牧《隋苑》诗："却笑吃亏隋炀帝，破家亡国为谁人？"

16. 得好处谓之便宜。

便宜：好处。唐·寒山《诗》之二七三："有人来骂我，分明了了知。虽然不应对，却是得便宜。"

17. 多口谓之嘴尖。

嘴尖：说话尖酸刻薄。宋·王明清《挥麈后录馀话》卷二："子嘴尖如此，诚奸人也。"

18. 运败谓之倒灶。

倒灶：时运不济，倒霉。元·无名氏《桃花女》第四折："敢是这老头儿没时运，倒了灶也。"《二刻拍案惊奇》卷三七："程案见了道：'我说你薄福，前日不意中得了些非分之财，今日就倒灶了。'"

19. 不行好事谓之作孽。

作孽：制造灾难。《书·太甲中》："天作孽，犹可违；自作孽，不可逭。"

20. 与人佣工谓之作活。

作活：给别人干活。《红楼梦》第七十七回："听得此信，巴不得又拐两个女孩子去作活使唤。"

21. 相聚工作之地谓之作坊。

作坊：聚在一起工作（主要是手工制造业）的地方。《旧唐书·齐复传》："先时西原叛乱，前后经略使征讨反者，获其人皆没为官奴婢，配作坊重役，复乃令访其亲属，悉归还之。"

22. 关系重要之事谓之打紧勾当。

打紧勾当：重要的事情。《元典章·工部二·船只》："海道里官粮交运将大都里来的，最打紧的勾当。"

23. 物谓之东西。

东西：泛指具体或抽象的物品。首见例见《燕说》第四卷第76条。

24. 作事不光明谓之黑暗。

黑暗：做事不光明正大。《朱子语类》卷六十："盖有残忍底心，便没了仁之根；有顽钝底心，便没了义之根；有忿狠底心，便没了礼之根；有黑暗底心，便没了智之根，都各有一重隔了。"

25. 应诺谓之者者。

者者：应诺声。清·尤侗《北狩》诗："送君还归，群呼者者。"

（原文注释：以上方言与古暗合者）

26. 高祖父呼为老太爷。

老太爷：高祖父。

27. 曾祖父呼为太爷。

太爷：曾祖父。

28. 祖父呼为爷。

爷：祖父。明·沈榜《宛署杂记·民风二》："祖曰爷。"

29. 父呼为爸爸，或呼为爹爹。

爸爸：父亲。又叫爹爹。《儿女英雄传》第十四回："连随缘儿都认不出他爸爸来了。"宋·陆游《避暑漫抄》："太后回銮，上设龙涎沈脑屑烛。后曰：'尔爹爹每夜常设数百枝。'上微谓宪圣曰：'如何比得爹爹富贵。'"

30. 高祖母呼为老太太。

老太太：高祖母。

31. 曾祖母呼为太太。

太太：曾祖母。

32. 祖母呼为奶奶。

奶奶：祖母。

33. 母呼为妈，或呼为娘。

妈：母亲。又叫娘。《敦煌变文集·父母恩重经讲经文》："莫遣耶娘怨恨生。"

34. 伯父呼为大伯。

大伯：伯父。

35. 伯母呼为大娘。

大娘：伯母。《儿女英雄传》第二十二回："咱们八旗，论起来，非亲即友，那么论你就叫他大娘。"

36. 叔呼为收。

收：叔叔。

37. 婶母呼为婶子。

婶子：婶母。

38. 外祖父呼为老爷。

老爷：外祖父。今作"姥爷"。

39. 外祖母呼为老老。

老老：外祖母。今作"姥姥"。

40. 舅父呼为舅。

舅：舅父。《仪礼·丧服》："舅，传曰：何以缌？从服也。"郑玄注："母之昆弟。"

41. 舅母呼为妗母，或呼为妗子。

妗母：舅母。又叫妗子。

42. 姻兄弟呼为表兄弟。

表兄弟：姑姑、舅舅、姨妈家的兄弟称为表兄弟。《儿女英雄传》第三十五回："一个是管曰枌的同乡，姓鲍，名同声，字应珂，合莫世兄是表兄弟。"

43. 室女呼为闺女。

闺女：没出嫁的女儿。汉·桓宽《盐铁论·刑德》："室女童妇，咸知所避，是以法令不犯，而狱犴不用也。"

44. 妇呼为媳妇。

媳妇：妻子。元·李寿卿《伍员吹箫》第三折："刚一味胡支对，则向你媳妇根前受制。"《红楼梦》第十九回："等我明儿说了给你作媳妇，好不好？"

妻父谓之丈人。

丈人：妻子的父亲。

45. 妻母谓之丈母娘。

丈母娘：妻子的母亲。《儿女英雄传》第十一回："这安公子才作了一天的女婿，又遇见这等一个不善词令的丈母娘，脸上有些下不来。"

46. 儿女姻亲谓之亲家。

亲家：两家儿女相婚配的亲戚关系。首见例见《燕说》卷四第36条。

47. 僚婿谓之连襟。

连襟：姐姐的丈夫和妹妹的丈夫之间的亲属关系。宋·马永卿《懒真子》卷二："《尔雅》曰：两壻相谓为亚。注云：今江东人呼同门为僚壻。《严助传》呼友壻，江北人呼连袂，又呼连襟。"

48. 婿谓之姑爷。

姑爷：女婿。明·陈汝元《金莲记·捷报》："报与太奶奶知道……姑爷也中了。"

49. 继室谓之填房。

填房：续娶的妻子。《金瓶梅词话》第二回："（西门庆）新近又娶了清河左卫吴千户之女，填房为继室。"

50. 再醮妇谓之后婚。

后婚：改嫁的妇女。《金瓶梅词话》第二十三回："只听老婆问西门庆说：'你家第五的秋胡戏，你娶他来家多少时了？是女招的，是后婚儿来？'西门庆道：'也是回头人儿。'"

51. 再醮妇所携子女谓之带犊。

带犊：改嫁的妇女改嫁时随带的子女。也作"带头"。清·蒋士铨《香祖楼·蚓配》："小子半世飘流，未成家室，昨日说了一个松江寡妇邱氏，却有一个带头女儿。虽然目下多了一口吃饭，毕竟日后卖他几两银子，算来不会折本。"

52. 鳏夫谓之光棍汉。

光棍汉：没有妻子的成年男性。《隋唐演义》第四十三回："那裴叔方是个光棍汉，平昔也是使枪弄棒不习善的。"

53. 妻兄弟谓之大舅子小舅子。

大舅子：妻子的哥哥。

小舅子：妻子的弟弟。

54. 妻嫂弟妇谓之大妗子小妗子。

大妗子：大舅子的妻子。

小妗子：小舅子的妻子。

55. 事之易者谓之利落。

利落：简洁容易。

56. 事之难者谓之逻梭。

逻梭：烦琐麻烦。今作"啰唆"或"啰嗦"。

57. 事之不顺谓之别谬。

别谬：不顺心，不满意。

58. 事之顺心谓之得意。

得意：顺心，满意。汉·刘向《列女传·黎庄夫人》："黎庄夫人者，卫侯之女，黎庄公之夫人也。既往而不同欲，所务者异，未尝得见，甚不得意。"

59. 物之不洁者谓之拉塌。

拉塌：不清洁。今作"邋遢"。

60. 物之洁者谓之干净。

干净：清洁。元·岳伯川《铁拐李》第一折："着他洗的脖子干净，绝早州衙试剑来。"

61. 言语无味谓之扯淡。

扯淡：说话没意思。

62. 大声疾呼谓之叫欢。

叫欢：大声呼叫。今作"叫唤"。《宋书·庐陵王义真传》："义真与左右相失，独逃草中，中兵参军段宏单骑追寻，缘道叫唤。"

63. 敷衍谓之水过地皮湿。

水过地皮湿：敷衍，表面应付。《儿女英雄传》第二十七回："如今没别的，'水过地皮湿'。姑娘就是照师傅的话，实打实的，这么一点头，算你瞧得起这个师傅了。"

64. 作事草率谓之三下五除二。

三下五除二：做事草率。

65. 土豪谓之光棍。

光棍：土豪。

66. 好恶同人谓之随和。

随和：和气而不固执己见。《红楼梦》第三回："今黛玉见了这里许多规矩，不似家中，也只得随些，接了茶。"

67. 何事谓之甚么。

甚么：疑问词，表示疑问。今作"什么"。

68. 往何处谓之上那里。

上那里：询问到哪里去了的用语。今作"上哪里"。

69. 无故起事谓之凭白地。

凭白地：无缘无故。今作"平白"。首见例见《燕说》卷一第 42 条。

70. 毕竟谓之到底。

到底：毕竟，究竟。唐·李山甫《秋》诗："邹家不用偏吹律，到底荣枯也自均。"《红楼梦》第三十一回："姑娘到底是和我拌嘴，是和二爷拌嘴呢？"

71. 不破谓之囫囵。

囫囵：完整，整个儿。元·张可久《沉醉东风·气球》曲："元气初包混沌，皮囊自喜囫囵。"

72. 修理谓之整治。

整治：修理。《元朝秘史》卷十五："所摆站赤，命阿刺浅、脱忽察儿两个整治。"

73. 少迟谓之等一会。

等一会：过一小会儿时间。《红楼梦》第十五回："宝玉笑道：'这会子也不用说，等一会睡下，再细细的算帐。'"

75. 有心谓之竟故意。

故意：存心，有意的。明·冯惟敏《不伏老》第一折："都只是虚张声势，止不过故意穷忙。"

76. 敝者完之谓之收拾。

收拾：修复破损的物品。

77. 言人过失谓之数札。

数札：数落别人的过失。

78. 托故谓之搪塞。

搪塞：应付，敷衍。唐·唐彦谦《宿田家》诗："阿母出搪塞，老脚走颠踬。"

79. 欺人谓之胡弄。

胡弄：欺骗，蒙混。今作"糊弄"。

80. 稳恰谓之妥当。

妥当：稳妥适当。明·李贽《答焦漪园》："今不敢谓此书诸传皆已妥当，但以其是非堪为前人出气而已，断断然不宜使俗士见之。"

81. 贡谀谓之奉承。

奉承：逢迎，阿谀。《金史·世宗纪中》："儿辈尚幼，若奉承太过，使侈心滋大，卒难节抑，此不可长。"

82. 诉讼谓之打官司。

打官司：诉讼的俗称。《新编五代史平话·梁史上》："朱温与刘文政商量：'咱若久留此处，必定带累刘崇打官司，不如落草闪避。'"

83. 追谓之蹙。

蹙：追赶。《集韵·上铣》："蹙，逐也。"

84. 打谓之奏。

奏：打。今作"揍"。《官场现形记》第四十九回："要是有人说话，标下亦不答应他，一定揍他。"

85. 以言教人谓之嘱咐。

嘱咐：叮嘱，吩咐。《红楼梦》第三回："邢夫人送至仪门前，又嘱咐了众人几句，眼看着车去了方回来。"

86. 老而不明谓之悖晦。

悖晦：年老而糊涂。《醒世姻缘传》第六十回："哎呀！你小人儿家只这们悖晦哩！"又作"背晦"。元·关汉卿《哭存孝》第二折："常好背晦也萧丞相。"《红楼梦》第四十六回："老爷如今上了年纪，行事不免有点儿背晦。"

87. 惊谓之慌章。

慌章：恐惧紧张。今作"慌张"。元·郑光祖《伊尹耕莘》第一折："他每都急急言情状，语句意慌张。"

88. 头谓之脑袋。

脑袋：头。

89. 颈谓之脖子。

脖子：颈部，头和躯干相连接的部分。元·关汉卿《单刀会》第三折："青龙偃月刀，九九八十一斤，脖子里着一下，那里寻黄文来？"

90. 颏谓之下巴。

下巴：脸的最下部分，即颏。《儿女英雄传》第六回："却用左手从他脖子右边反插将去，把下巴一掐。"

91. 额谓之页落盖。

页落盖：额头。

92. 手掌谓之巴掌。

巴掌：手掌。《清平山堂话本·快嘴李翠莲记》："歇歇进门没得说，赏他个漏风的巴掌当邀请。"

93. 面谓之脸盘，亦谓之模样。

脸盘：脸。《儿女英雄传》第二十八回："只见走过一个丫鬟来，长得细条条儿的，一个高挑儿身子，生得黑黢黢儿的，一个圆脸盘儿，两个重眼皮儿，颇得人意。

模样：长相。元·关汉卿《望江亭》第一折："此处有一女人，乃是谭记儿，生的模样过人。"

94. 布贩谓之货郎。

货郎：卖布的流动小商贩。宋·周密《武林旧事·舞队》："大小全棚傀儡：……散钱行、货郎。"

95. 成衣匠谓之裁缝。

裁缝：做衣服的工匠。《水浒传》第二回："次日，叫庄客寻个裁缝，自去县里买了三匹红锦，裁成三领锦袄子。"

96. 工匠谓之师父。

师父：工匠。

97. 富户谓之财主。

财主：有大量财产的人。唐·寒山《诗》之二三三："我见凡愚人，多畜资财谷……财主忽然死，争共当头哭。"

98. 牙侩谓之牙纪。

牙纪：为买卖双方说合交易而从中收取佣金的商行。

99. 家丁谓之跟班。

跟班：跟随在富豪、官员身边供使唤的人。《官场现形记》第三十一回："于是有两三个跟班扶持着，勉强出来会客。"

100. 法警谓之班头。

班头：法警。

101. 同学谓之同窗。

同窗：同学。《五灯会元》卷十九："年十二入乡校，一日因与同窗戏，以砚投之，误中先生帽，偿金而归。"

102. 相契谓之相好。

相好：彼此友善，相互交好。《诗·小雅·斯干》："兄及弟矣，式相好矣。"

103. 修饰谓之打扮。

打扮：使容貌和衣着好看。首见例见《燕说》卷一第 18 条。

104. 斗殴谓之打架。

打架：互相争斗殴打。《红楼梦》第十回："谁知昨日学房里打架，不知是那里附学的学生，倒欺负他。"

105. 弃材谓之没出息。

没出息：不务正，不上进。《红楼梦》第七十一回："就算你是个没出息的，终老在这里，难道他姊妹们都不出门的?"

106. 谢罪谓之赔不是。

赔不是：赔罪，道歉。《红楼梦》第三十回："黛玉欲答话，只听院外叫门，紫鹃听了听，笑道：'这是宝玉的声音，想必是来赔不是来了。'"

107. 卤莽谓之冒失。

冒失：鲁莽，轻率。《儒林外史》第三十八回："那东西抖擞身上的毛……就狠命的往树枝上一扑，扑冒失了，跌了下来。"

108. 有过谓之不对。

不对：过错。《红楼梦》第九十回："不然，就是他和琴妹妹也有了什么不对的地方儿，所以设下这个毒法儿，要把我拉在浑水里，弄一个不清不白的名儿，也未可知。"

109. 仗势劫财谓之讹诈。

讹诈：依仗势力敲诈勒索。《镜花缘》第九十九回："也有捏造词讼在那里讹诈的。"

110. 愤勉修业谓之赌气。

赌气：发奋创立基业。

111. 蝉谓之唧嘹儿。

唧嘹儿：蝉。

112. 蝗谓之蚂蚱。

蚂蚱：蝗虫。《红楼梦》第四十回："板儿又跑来看，说：'这是蝈蝈，这是蚂蚱。'"

113. 螳螂谓之刀螂。

刀螂：螳螂。

114. 黄莺谓之黄鲁儿。

黄鲁儿：黄莺。

115. 否认谓之不中。

不中：否认，不同意。

116. 承认谓之可以。

可以：承认，同意。

117. 取谓之拿。

拿：取。宋·王之道《春雪和袁望回》之一："老夫僵不扫，稚子走争拿。"

118. 是谓之可不。

可不：难道不，赞同别人。

（以上方言不见典籍者）

四　当代唐山路北区新派方言词举例

（仅指 1999 年版《唐山市路北区志》所收方言词现在还被两名本地年轻方言合作人使用的部分。注音有变动。）

（一）名词类

1. 时令、地理

天头儿 [tʰian⁵⁵ tʰour⁵¹]：气象

齁巴 [xou⁵⁵ pə³]：气管炎

后晌 [xou⁵¹ ʂaŋ³]：晚上

黑介 [xei⁵⁵ tɕiɛ³]：夜里

成天 [tsʰəŋ³³ tʰian⁵⁵]：整日

多前儿 [tuo⁵⁵ tɕʰian³]：什么时候

今儿［tɕiər⁵⁵］：今天

昨儿［tsuor³³］：前天

地角儿［ti⁵⁵ tɕiaur³］：地方、地点

2. 身体、疾病

脓带［nuŋ³³tai⁵¹］：鼻涕

吐咪［tʰu⁵¹mi³］：唾液

脖搂儿［pə⁵⁵lour⁵⁵］：耳光、耳刮子

哈喇子［xa⁵⁵la³⁵zʅ³］：口水

闷儿［mər⁵⁵］：乳房

雀子［tɕʰiau⁵⁵tsʅ³］：雀斑

嘎嘎儿［ka⁵⁵kar⁵¹］：痂

二倚子［ɚ⁵¹ː²¹⁴i²¹⁴tsʅ³］：两性人

3. 称呼、人品

闺妮［kuei⁵⁵ni³］：女儿、姑娘

大爷：［ta⁵¹iɛ³³］祖父之兄、［ta⁵¹iɛ³］伯父、［ta⁵¹iɛr³³］长兄

姑爷：［ku⁵¹iɛ³³］姑祖父、［ku⁵⁵iɛ³］女婿

姥爷［lau²¹⁴iɛ³］：外祖父

担挑［tan⁵¹tʰiau⁵⁵］：姐妹之夫互相指称

爷们儿［iɛ³³mər³］：不同辈分男人的泛称

娘儿们儿［niar³³mər³］：不同辈分女人的泛称

老爷儿们儿［lau²¹⁴iɛr³³mər³］：称已婚男子，称丈夫

老娘们儿［lau²¹⁴niar³³mər³］：称已婚女子，称妻子

老呔儿［lau²¹⁴tʰar²¹⁴］：外地人称唐山人

光棍儿［kuaŋ⁵⁵kuər⁵¹］：鳏夫，无赖

混混儿［xuən⁵¹xuər³］：二流子、恶徒；不务正业之人。

滚刀肉儿［kuən²¹⁴taur⁵⁵rour⁵¹］：软硬不吃，杀打不怕的人

4. 住所、器具

下家儿［çia⁵¹tɕiar⁵⁵］：暂时归宿、落脚处

当街［taŋ⁵⁵tɕiɛ⁵⁵］：大街上

当院儿［taŋ⁵⁵yuar⁵¹］：院子里

炕头儿上［kʰaŋ⁵¹tʰour³³ʂaŋ³］：挨灶进火的一边

家当［tɕia⁵⁵taŋ⁵¹］：家产、家具

家伙 ［tɕia⁵⁵xuo³］：器皿

搌布 ［tʂan²¹⁴pu³¹］：抹布

消息儿 ［ɕiau⁵⁵ɕiər⁵¹］：牙机

5. 饮食

盐劲儿 ［ian³³tɕir⁵¹］：咸味

汤¹ ［tʰaŋ⁵⁵］：面条

汤² ［tʰar⁵⁵］：汁水

爬豆 ［pʰa³³tou³］：豇豆

饭豆 ［fan⁵¹tou³］：小豆

6. 动物、植物

檐代蝠 ［ian³³tai⁵¹fu²¹⁴］：蝙蝠

刀螂 ［tou⁵⁵ləŋ³］：螳螂

蚂蛉 ［ma⁵⁵liŋ³］：蜻蜓

蝴贴儿 ［xu⁵¹tʰiɛr²¹⁴］：蝴蝶

拉拉蛄 ［la⁵⁵la⁵¹ku²¹⁴］：蝼蛄

狗蹦子 ［kou²¹⁴pəŋ⁵¹tsʅ³］：跳蚤

螃剀 ［pʰaŋ³³kʰai³］：蟹

瓜子鱼 ［kua⁵⁵tsʅ³y³⁵］：鲫鱼

7. 其他

成色 ［tʂʰəŋ³³ʂai³］：出息

热闹儿 ［zʐə⁵¹naur³］：文艺活动和较大活动

浮头儿 ［fu⁵⁵tʰour³³］：表层

（二）动词类

1. 身体动作

扒拉 ［pʰa³³la³］：用筷子把食物拨到嘴里

扒拉 ［pa⁵⁵la³］：拨动

捯 ［tau⁵⁵］：两手替换着把线或绳子拉回或绕好

倒 ［tau³³］：缠绕、喘息

提娄 ［ti⁵⁵lou³］：拎

撅 ［tɕyɛ⁵⁵］：折断

搣 ［uei⁵⁵］：使弯曲

崴 ［uai²¹⁴］：①脚扭伤②（用勺子等）挖出

硌〔kə⁵¹〕：被硬物垫着

冲〔tsʰuŋ⁵¹〕：投、砸

攘〔naŋ²¹⁴〕：捅、扎

撂〔liau⁵¹〕：放

抹萨〔ma⁵⁵sa³〕：按摩使舒展，又称"爬萨"

胡啦〔xu³³la³〕：扫动，又称"划拉"

扑楞〔pu⁵⁵ləŋ³〕：拍打、抖动

扽〔tən⁵¹〕：突然用力拉

吧〔pa〕：抽。

撸松〔lu³³suŋ³〕：抖动使松散

列〔liɛ⁵¹〕：拉

求〔tɕʰiou²¹⁴〕：取

楔〔ɕiɛ⁵⁵〕：狠打

掴〔kʰuai⁵⁵〕：用手掌拍打

夯〔xaŋ⁵⁵〕：（用粗棒）砸打

掳〔ly²¹⁴〕：（用细棍）抡打

揎〔ɕyan⁵¹〕：（用藤条）抽打

堆〔tuei²¹⁴〕：（用拳头）打

蹽〔liau⁵⁵〕：跑

跋扎〔pa³³tʂa⁵¹〕：踩、踏

捎〔ʂau⁵¹〕：后退

出溜〔tʂʰu⁵⁵liou³〕：滑

猫〔mau⁵⁵〕：躲藏

各楞〔kə⁵⁵ləŋ³〕：单足跳

胳扎〔kə³⁵tʂa⁵¹〕：骚挠使痒

使得慌〔ʂʅ²¹⁴ti³xuaŋ³〕：累得慌

白划〔pai³⁵xua³〕：边说边比画（含贬义）

听〔tʰiŋ⁵⁵〕：嗅

扎古〔tʂa⁵⁵ku³〕：打扮装饰

鬼秋〔kuei²¹⁴tɕʰiou³〕：乱摆弄

呵儿搂头〔xər⁵⁵lou³tʰou³³〕：划拳以争先后，又称"丁钢兑"

抹搭〔ma⁵⁵ta³〕：沉下眼皮

扎猛子［tʂa⁵⁵ məŋ²¹⁴tsɿ³］：潜泳

起夜［tɕʰi²¹⁴yɛ⁵¹］：夜里净溲

2. 行为动作

秒［tʂʰau⁵¹］：无偿索要物品

拿性［na⁵⁵ɕiŋ⁵¹］：刁难

拿土儿［na³³tʰur²¹⁴］：欺负局外人

献浅儿［ɕian⁵¹tɕʰiar²¹⁴］：献殷勤

掩人［ian²¹⁴ʐ̩ən³³］：有意识地压人一等

叨尺［tau³³tʂʰɿ³］：高攀

传唤［tʂʰuan⁵⁵xuan⁵¹］：通融交换

拆兑［tʂʰai⁵⁵tuei⁵¹］：借找

该［kai⁵⁵］：欠（钱物），又称"短"

识举［ʂ̩³⁵tɕy²¹⁴］：知足

淘换［tʰau⁵⁵xuan⁵¹］：多方寻觅

瞎掰［ɕia⁵⁵pai⁵⁵］：不服管教

坐腊［tsuo⁵¹la⁵¹］：自食苦果

挤兑［tɕi²¹⁴tuei³］：强迫、促使

嗔咎［tsʰən⁵⁵tɕiou⁵¹］：责怪

糊弄［xu⁵¹luŋ³］：哄骗

撺掇［tʂʰuan³³tuo³］：怂恿

搌［tʂan²¹⁴］：弄脏

溜须［liou³³ɕy⁵⁵］：阿谀

扒创［pa⁵⁵tʂʰuaŋ⁵¹］：打抱不平

欻哒［tʂʰua⁵⁵ta³］：锻炼、闯荡

渗［ʂən⁵¹］：拖延时间以等机会

抬［tʰai³³］：掩藏

上［ʂaŋ⁵¹］：到

打马红眼［ta²¹⁴ma²¹⁴xuŋ³ian²¹⁴］：遮掩、蒙蔽、以假乱真。也作"打马虎眼"

休磨［ɕiou³³mə³］纠缠

蹅摸［ɕyɛ³³mo³］：寻找

香应人儿［ɕiaŋ⁵⁵iŋ⁵¹ʐ̩ər³］：使人心满意足

咔嚓〔$k^ha^{55}ts\!\!\l^ha^3$〕：乱削

崴泥〔$uai^{214}ni^{33}$〕：陷入困境

戛赌〔$ka^{51}tu^{214}$〕：打赌

3. 言语、心理动作

抠碴〔$k^hou^{55}ts^ha^3$〕：掏剜，好动脑动手研制

磨叨〔$mə^{51}tau^3$〕：不停地说

瞎咧咧〔$ɕia^{55}liɛ^{33}liɛ^3$〕：不负责任乱讲话

忒儿娄〔$t^hər^{55}lou^3$〕：象声词，形容急促吸入的声音

损〔$suən^{214}$〕：挖苦

抬杠〔$t^hai^{33}kaŋ^{51}$〕：诡辩

争兢〔$tʂəŋ^{55}tɕiŋ^{51}$〕：争辩，又称"叫争"

编派〔$pian^{55}p^hai^{51}$〕：夸大或捏造别人的缺点或过失

咬〔iau^{214}〕：攀供

糟改〔$tsau^{55}kai^{214}$〕：奚落

掂兑〔$tian^{55}tuei^{51}$〕：考虑定夺

些罕〔$ɕiɛ^{55}xan^3$〕：喜爱

各应〔$kə^{51}iŋ^3$〕：厌恶

抹不开〔$mə^{51}pu^3k^hai^{55}$〕：难为情

发怵〔$fa^{55}tʂ^hu^{51}$〕：发慌、害怕

恼心〔$nau^{214}ɕin^3$〕：恶心

许外〔$ɕy^{214}uai^{51}$〕：见外

4. 自然动作

周〔$tʂou^{55}$〕：①被大风吹动②用拳击打

潲〔$ʂau^{51}$〕：风吹雨点斜打

呲勒〔$ts^hɿ^{55}lə^3$〕：被风吹干

戛悠〔$ka^{51}iou^3$〕：不停地晃动

侧棱〔$tʂai^{55}ləŋ^3$〕：向一边斜

侧歪〔$tʂai^{55}uai^3$〕：倾斜

5. 其他动词

搞〔kau^{55}〕：搁、放。

不楞〔$pu^{55}ləŋ^3$〕：蹦

蚰攘〔$ku^{55}ʐaŋ^3$〕：蠕动

过去了 ［kou⁵¹tɕʰy³lə³］：死亡（讳称）

犯栏 ［fan⁵¹lan³³］：牛羊发情

炝 ［tɕʰiaŋ⁵¹］：往和好的面团中揣干面

熥 ［tʰuŋ⁵⁵］：回笼蒸

烀 ［xu⁵⁵］：放少量水，盖紧锅盖，半蒸半煮地把食物弄熟

绸 ［tʂʰou³³］：洗涤

笼火 ［luŋ²¹⁴xuo²¹⁴］：点火

上算 ［ʂaŋ⁵¹suan⁵¹］：合算

没咒儿 ［mei³³tʂour⁵¹］：没有办法

（三）形容词

1. 人品行为

毒 ［tu³³］：①人歹恶②日光烈

刷利 ［ʂɿa⁵¹li³］：爽利

富态 ［fu⁵¹tʰai³］：胖而有风度

壮 ［tʂɿaŋ²¹⁴］：健康、结实

歪瓜裂枣儿 ［uai⁵⁵kua⁵⁵liɛ²¹⁴tsaur²¹⁴］：①人丑②行为不端

鬼头 ［kuei²¹⁴tʰou³］：①聪明、机敏②狡诈、奸猾

乜 ［niɛ³³］：①不清醒，不精神②不机敏，不爽快

面矮 ［mian⁵¹nai²¹⁴］：腼腆，不爱说话

轴别 ［tʂou⁵¹piɛ³］：死硬不灵巧

二马填仓 ［ɚ⁵¹ma³tʰian⁵⁵tsʰaŋ⁵⁵］：心眼不全，颠三倒四，又称"二马悠乎、二马颠憨"

二头 ［ɚ⁵¹tʰou³］：缺心眼、傻乎乎，又称"二百五"

没时闲儿 ［mei³³ʂɿ³³ɕiar³］：好动、不安稳

没溜儿 ［mei³³liour⁵¹］：没正经的行为，又称"没正行儿"，"没正本儿的"

屁溜 ［pʰi⁵¹liou³］：好开玩笑

松 ［suŋ³³］：胆小怕事、软弱无能

肉 ［ʐou⁵¹］：迟钝、慢性子

戛巴其脆 ［ka⁵⁵pa³tɕʰi⁵⁵tsʰuei⁵¹］：言语干脆、办事利索

袅妮 ［niau³⁵ni⁵¹］：装模作样，目中无人

各路 ［kə³⁵lu⁵¹］：与众不同，有贬义，又称"各色"

眼里出气儿 ［ian²¹⁴li³tʂʰu⁵⁵tɕʰir⁵¹］：会见机行事

死眉夺萨眼 ［sɿ²¹⁴mei³ta⁵⁵sa³ian²¹⁴］：反应迟钝，不能见机行事

欠儿屁 ［tɕʰiar⁵¹pʰi⁵¹］：好在上司面前献殷勤，报告他人的缺点

嫌连 ［ɕian³³lian³³］：好动手动脚，惹人讨厌

翻活 ［fan⁵⁵xuo³］：胡搅，不讲道理

嘎 ［ka²¹⁴］：调皮，鬼主意多，又称"嘎儿皮"

小店儿 ［ɕiau²¹⁴tʰianr⁵¹］：吝啬

渠屁 ［tɕʰy³⁵pʰi⁵¹］：吝啬并爱占便宜，又称"渠屁枣儿"

奸馋 ［tɕian⁵⁵tʂʰan³］：吃好不吃坏

咧害 ［liɛ⁵¹xai³］：①厉害②严重

邪乎 ［ɕiɛ³³xu⁵¹］：①多、大②小题大做③严重、厉害，又称"邪大乎"

实诚 ［ʂʅ³³tʂʰəŋ³］：实在真诚，不虚假

吊儿郎当 ［tiaur²¹⁴laŋ³⁵taŋ³³］：浪荡，游手好闲

玄乎 ［ɕyan³³xu³］：①虚而不实②差一点儿就……

昵乎 ［ni⁵¹xu³］：过分亲昵

潮 ［tʂʰau³³］：①手艺不精②水性

风 ［fəŋ⁵⁵］：轻浮放荡（指女性）

浪 ［laŋ⁵¹］：淫荡（指女性）

消停 ［ɕiau⁵⁵tʰiŋ³］：安静稳重

二性 ［ɚ⁵¹ɕiŋ³］：愣头愣脑、不管不顾

猴儿巴叽 ［xour⁵⁵pa⁵³tɕi³］：顽皮好动

2. 长相

寒碜 ［xan⁵¹tʂʰən³］：丑陋、难看

俊 ［tsuən⁵¹］：美丽、好看

俏 ［tɕʰiau⁵¹］：清秀有特色

膀 ［paŋ²¹⁴］：彪壮

3. 心理

憋屈 ［piɛ⁵⁵tɕʰy³］：憋闷、委屈

麻心 ［ma³³ɕin⁵⁵］：烦乱

麻爪儿 ［ma³³tʂuar²¹⁴］：手足无措，没主张

扭别 ［niou⁵¹piɛ³］：①丧气②关系不和谐

4. 食物

筋道［tɕin⁵⁵tau⁵¹］：口感有弹性和韧性，又称"有咬劲儿"

哈拉［xa⁵⁵la³］：油变质变味

糗［tɕʰiou²¹⁴］：面条、米粥等软成一团

泻拉［ɕiɛ⁵¹la³］：不黏稠

糨［tɕiaŋ⁵¹］：稠

艮［kən⁵¹］：坚而不酥

柴［tʂʰai³³］：①蔬菜老化纤维多②物品质地次③人格不高尚

5. 气候

酽［nian⁵¹］：①液体浓②日光烈③获利多

屋嘟［u³⁵tu³］：①水不凉不热②天不晴不雨

吃乃［tʂʰʅ⁵⁵nai³］：①天气潮闷②汗渍黏滞③语钝不爽

泞［niŋ⁵¹］：泥泞，又称"精泞巴叽""精这巴扎"

6. 质地

麻渣［ma³³tʂa³］：不光滑，又称"刺巴"

煊腾［ɕyan⁵⁵tʰəŋ³］：松软

肉头［ʐou⁵¹tʰou³］：柔软并富有弹性

瓷实［tsʰʅ³³sʅ³］：紧密结实

紧抻［tɕin²¹⁴tʂʰən³］：严实

皮实［pi³³sʅ³］：经得起折磨

细发儿［ɕi⁵¹fer³］：细腻

糙拉［tsʰau⁵⁵la³］：粗糙

呲火［tsʰʅ⁵⁵xuo²¹⁴］：质地不好（可指人、事、物）

白次咧骨［pai³³tsʰʅ³liɛ⁵⁵ku²¹⁴］：白色（贬义），又称"白次拉呱"

7. 整洁

磨叽［mə⁵¹tɕi³］：①脏乱②办事拖泥带水③乱套

邋遢［la⁵⁵tʰa³］：①不整洁②拖泥带水

肮脏［na⁵⁵tsa³］：脏

狼虎［laŋ³³xu³］：①多②粗犷，不细致

8. 其他

不远下儿［pu⁵⁵yan²¹⁴ɕiar³³］：很近

大喷［ta⁵¹pʰən⁵¹］：大宗、大批

四致〔sʅ⁵¹tʂʅ³〕：整洁圆满

麻溜〔ma³³liou⁵¹〕：动作迅速

时兴〔ʂʅ⁵⁵ɕiŋ⁵⁵〕：①时髦②流行

背静〔pei⁵¹tɕiŋ³〕：辟、清静

刺挠〔tsʰʅ⁵¹nau³〕：痒

大发〔ta⁵¹fa³〕：事态扩大，后果严重

砸锅〔tsa³⁵kuo⁵⁵〕：事情结果特别糟

走字儿〔tsou²¹⁴tsʅr⁵¹〕：走运

背点儿〔pei⁵¹tiar²¹⁴〕：倒霉

压轴儿〔ia³³tʂour⁵⁵〕：影响大，分量重

（四）其他词类

中〔tʂuŋ⁵⁵〕：可以，行

忒〔tʰuei⁵⁵〕：很，特别

提另〔tʰi⁵⁵liŋ⁵¹〕：单独、另外

别价〔piɛ³⁵tɕiɛ³〕：不要

兴〔ɕiŋ⁵⁵〕：也许、可能

净〔tɕiŋ⁵¹〕：只，都

倘会儿〔tʰaŋ²¹⁴xueir⁵⁵〕：假如

一劲儿〔i⁵⁵tɕiər⁵¹〕：不停地

一水儿〔i⁵⁵ʂueir²¹⁴〕：一律

八成儿〔pa⁵⁵tʂʰər³³〕：可能性很大

一准儿〔i⁵⁵tʂuə²¹⁴〕：完全可能，很有把握

一码儿〔i⁵⁵mar²¹⁴〕：很可能

好么样儿〔xau²¹⁴mə³iar⁵¹〕：无缘无故地

眼瞅着〔ian²¹⁴tʂʰou²¹⁴tʂ³〕：即将，很快的

立马儿〔li⁵¹mar²¹⁴〕：马上，立刻

就手儿〔tɕiou⁵¹ʂour²¹⁴〕：捎带

里外里〔li²¹⁴uai⁵¹li²¹⁴〕：归根到底，总之

撑死〔tʂʰəŋ⁵⁵sʅ²¹⁴lou³〕：至多，最高限度

上赶着〔ʂaŋ⁵¹kan²¹⁴tʂ³〕：主动地

厄着格子〔nə⁵¹tʂ³kə²¹⁴tsʅ³〕：格外、特别

精心八意儿〔tɕiŋ⁵⁵ɕin⁵⁵pa⁵⁵ir⁵¹〕：特地、加着小心

一直杆儿 [i⁵⁵tʂʅ³kar²¹⁴]：一直、照直

原本儿 [yan³³pər²¹⁴]：本来

压根儿 [ia⁵¹kər⁵⁵]：从来

头 [tʰou³³]：临。例如：头走之前告诉我一声。

自个儿 [tsʅ⁵¹kər²¹⁴]：自己

咋儿 [tʂar²¹⁴]：怎么

半喇 [par⁵¹la²¹⁴]：一半

一半儿 [i⁵⁵panr⁵¹]：一倍。例如：我的东西比他的多一半儿。

哦的 [ŋə³³ti³]：答应，是的，又称"嗯哪"

到了儿 [tau⁵¹liaur²¹⁴]：终于

横是 [xəŋ³³ʂʅ⁵¹]：反正

净意儿 [tɕiŋ⁵¹ir⁵¹]：特意

好生 [xau²¹⁴ʂəŋ³]：好好地、认真地

你老 [ni²¹⁴lau²¹⁴]：第二人称的尊称

附 录 二

方言合作人概况

河北省唐山市
市区
史俊勇，男，1956 年出生，高中文化，唐山市公交总公司职员。
刘墨岚，女，1985 年出生，大学本科文化，自由职业者。
刘鹏，男，1987 年出生，高中文化，市属银行职员。
丰南
田在伟，男，1956 年出生，初中文化，农民。
曹妃甸
韩玖利，男，1967 年出生，高中文化，个体户。
丰润
李连凯，男，1920 年出生，私塾，离休干部。
李志新，男，1953 年出生，高中文化，退休工人。
玉田
江会军，男，1968 年出生，初中文化，农民。
遵化
何全满，男，1964 年出生，初中文化，农民。
迁西
胡明铁，男，1959 年出生，高中文化，农民。
迁安
付连锁，男，1961 年出生，小学文化，农民。
滦县
张保华，男，1963 年出生，高中文化，农民。
滦南
王风军，男，1958 年出生，初中文化，农民。
乐亭

刘丽欣，女，1951 年出生，初中文化，初中退休教师。

河北省秦皇岛市

杨早齐，男，卢龙县人，1969 年出生，高中文化，农民。

河北省保定市

李春光，男，北市区人，1965 年出生，高中文化，工人。

河南省郑州市

程实立，男，金水区人，1966 年生，专科文化，工人。

山东省菏泽市

帅玉美，女，单县人，1965 年出生，小学文化，农民。

济南市

王诸强，男，平阴县人，1970 年出生，初中文化，农民。

五莲县

高华全，男，1954 年出生，初中文化，农民。

烟台市

季祖波，男，蓬莱市人，1967 年出生，初中文化，工人。

参考文献

清·史梦兰：《燕说》，同治丁卯年（1867 年）刊行。

清·夏子鎏等：《玉田县志》，光绪十年（1884 年）刊行。

清·王文鼎、王大本等：《滦州志》，光绪二十四年（1898 年）刊行。

腾绍周、王维贤等：《迁安县志》，1931 年刊行。

袁棻等：《滦县志》，1937 年刊行。

河北省唐山市地方志编委会：《唐山市志》，方志出版社 1999 年版。

唐山市路北区地方志编委会：《唐山市路北区志》，中华书局 1999 年版。

唐山市开平区地方志编委会：《开平区志》，天津人民出版社 1998 年版。

丰润县地方志编委会：《丰润县志》，中国社会科学出版社 1993 年版。

丰南县志编委会：《丰南县志》，新华出版社 1990 年版。

玉田县志编委会：《玉田县志》，中国大百科全书出版社 1993 年版。

遵化县志编委会：《遵化县志》，河北人民出版社 1990 年版。

迁西县地方志编委会：《迁西县志》，中国科学技术出版社 1991 年版。

迁安县地方志编委会：《迁安县志》，中国社会科学出版社 1994 年版。

滦县志编委会：《滦县志》，河北人民出版社 1993 年版。

河北省滦南县地方志编委会：《滦南县志》，三联书店 1997 年版。

乐亭县地方志编委会：《乐亭县志》，中国大百科全书出版社 1994 年版。

河北省地方志编委会：《河北省志·方言志》，方志出版社 2005

年版。

五莲县志编委会：《五莲县志》，中国人民大学出版社 1992 年版。

赵恩舫、石向骞主编：《唐山曲艺志》，中国戏剧出版社 2008 年版。

唐山地名办公室：《唐山地名志》，河北人民出版社 1982 年版。

河北省滦县地名办公室：《滦县地名资料汇编》，1985 年。

廊坊地区地名办公室：《廊坊地区地名志》，1983 年。

平谷县地名志编委会：《北京市平谷县地名志》，北京出版社 1993 年版。

丰台区地名志编委会：《北京市丰台区地名志》，北京出版社 1993 年版。

Jespersen, Otto, Negation in English and other languages. *In Selected Writings of Otto Jespersen*, London：George Allen & Unwin Ltd. , 1917.

Dahl, Osteen, *Typology of Sentence Negation*. Linguistics. 1979（17），p. 89.

Dryer, Matthew S. , *Universals of Negative Pisition*. In Hammond, Micheal, Edith Moravicsik & Jesssica Wirth（eds），Studies in Syntactic Typology. Amsterdsm：John Benjamins. 1988.

北京大学中国语言文学系语言学教研室编：《汉语方音字汇》，语文出版社 2003 年版。

蔡义江：《〈红楼梦〉"卞藏本"异文说》，《红楼梦学刊》2007 年第 2 辑。

曹树基：《中国移民史·明时期》，福建人民出版社 1997 年版。

曹志耘主编：《汉语方言地图集》（词汇卷），商务印书馆 2008 年版。

曹志耘主编：《汉语方言地图集》（语音卷），商务印书馆 2008 年版。

岑麒祥：《历比较语言学讲话》，湖北人民出版社 1981 年版。

常敬宇：《汉语词汇与文化》，北京大学出版社 1995 年版。

陈章太、李行健主编：《普通话基础方言基本词汇集》，语文出版社 1996 年版。

戴国辉、李颖：《唐山方言的重叠式及其类型》，《河北理工学院学报》2005 年第 3 期。

邓英树、张一舟主编：《四川方言词汇研究》，中国社会科学出版社 2009 年版。

董绍克等：《汉语方言词汇比较研究》，商务印书馆 2003 年版。

范毅军：《华北农村聚落的形成及其土地问题》，许倬云等《第二届中国社会经济史研讨会论文集》，汉学研究及资料服务中心 1983 年版。

冯其庸：《曹雪芹家世新考》，文化艺术出版社 1980 年版。

高光新：《〈燕说〉与清末唐山方言词汇》，《唐山师范学院学报》2013 年第 3 期。

高光新：《〈红楼梦〉"坎肩儿"考辨》，《红楼梦学刊》2014 年第 2 辑。

高光新：《〈红楼梦〉"管约"解》，《红楼梦学刊》2015 年第 1 辑。

高晓虹：《北京话入声字的历史层次》，北京语言大学出版社 2009 年版。

耿振生：《明清等韵学通论》，语文出版社 1998 年版。

郭爱玲：《唐山话与普通话的语音差异》，《语文学刊》2010 年第 7 期。

河北北京师范学院、中国科学院河北省分院语文研究所：《河北方言概况》，河北人民出版社 1961 年版。

河北省文物研究所、唐山市文物管理所、玉田县文物保管所：《河北玉田县孟家泉旧石器遗址发掘简报》，《文物春秋》1991 年第 1 期。

贺巍、钱曾怡、陈淑静：《河北省北京市天津市方言的分区（稿）》，《方言》1986 年第 4 期。

胡适：《曹雪芹家的籍贯》，《申报·文史》1948 年 2 月 14 日。

胡文彬：《〈红楼梦〉的方言构成及其演变》，《辽东学院学报》2009 年第 2 期。

黄一农：《曹雪芹高祖曹振彦旗籍新考——从新发现的满文材料谈起》，《文史哲》2012 年第 1 期。

贾宜之：《曹雪芹的籍贯不是丰润——评周汝昌先生〈红楼梦新证〉》，《文学遗产增刊》1957 年第 5 辑。

乐亭民间艺术研究丛书编委会：《乐亭大鼓》，人民音乐出版社 2009 年版。

李行健主编：《河北方言词汇》，商务印书馆 1995 年版。

李如龙：《汉语方言学》，高等教育出版社 2001 年版。

李玄伯：《曹雪芹家世新考》，《故宫周刊》1931 年第 84、85 期。

李颖：《唐山市区方言连续变调研究》，硕士学位论文，河北师范大学，2005 年。

李珍华、周长楫：《汉字古今音表》，中华书局 1999 年版。

林刚、刘晨：《〈红楼梦〉方言研究二十年述评》，《湖南社会科学》2011 年第 4 期。

刘宝云：《滦南方言撮口呼与齐齿呼的合流变异》，硕士学位论文，河北大学，2008 年。

刘丹青：《汉语否定词形态句法类型的方言比较》，〔日〕《中国语学》2005 年，总第 252 期。

刘丹青：《语法调查研究手册》，上海教育出版社 2008 年版。

刘广定：《谈曹雪芹的祖籍》，《曹雪芹研究》2012 年第 1 期。

刘丽辉：《唐山方言词尾"儿"的语音研究》，硕士学位论文，河北大学，2003 年。

刘潇潇：《乐亭大鼓的调查与研究》，硕士学位论文，河北大学，2011 年。

刘欣宇：《唐山话词缀研究》，硕士学位论文，河北师范大学，2007 年。

陆天桥：《"杨各庄"等地名的地理分布及其音变的历史意义》，《东南文化》2006 年第 5 期。

陆志韦：《金尼阁〈西儒耳目资〉所记的音》，《燕京学报》1947 年第 33 期。

罗常培：《语言与文化》，语文出版社 1989 年版。

马志侠：《遵化方言语音研究》，硕士学位论文，河北大学，2007 年。

钱曾怡主编：《汉语官话方言研究》，齐鲁书社 2010 年版。

曲彦斌：《汉语民间秘密语语源探析》，《语言教学与研究》1999 年第 4 期。

容肇祖：《反切的秘密语》，《歌谣》周刊 1924 年第 52 期。

沈家煊：《"糅合"和"截搭"》，《世界汉语教学》2006 年第 4 期。

孙一冰：《隐语黑话行话浅探》，《公安大学学报》1994 年第 3 期。

谭其骧主编：《中国历史地图集》，中国地图出版社 2001 年版。

唐山市文物管理处：《唐山地区发现的旧石器文化》，《文物春秋》1993 年第 4 期。

王世元、沈钟伟:《方言关系的计量表述》,《中国语文》1992 年第 1 期。

王显志、孙大为:《唐山市区方言的音系描写》,《科技信息》2008 年第 15 期。

王育德:《中国五大方言分裂年代的语言年代学试探》,〔日〕《言语研究》1960 年。

向熹:《简明汉语史》,商务印书馆 2010 年版。

徐通锵:《历史语言学》,商务印书馆 1995 年版。

许宝华等:《汉语方言大词典》,中华书局 1999 年版。

闫永增:《以矿兴市:近代唐山城市发展研究(1878—1948 年)》,博士学位论文,厦门大学,2007 年。

杨蓓:《吴语五地词汇相关度的计量研究》,《语言文字应用》2003 年第 1 期。

杨帆:《唐山方言疑、影母今读研究》,《唐山学院学报》2011 年第 4 期。

游汝杰、杨蓓:《广州话、上海话和普通话词汇接近率的计量研究》,邹嘉彦主编《汉语计量和计算机研究》,香港城市大学语言资讯科学研究中心 1998 年版。

游汝杰:《汉语方言学导论》,上海教育出版社 1992 年版。

殷安妮:《清代宫廷便服综述》,《艺术设计研究》2012 年第 2 期。

詹伯慧、张日昇:《珠江三角洲方言词汇对照》,广东人民出版社 1988 年版。

张爱玲:《红楼梦魇》,上海古籍出版社 1995 年版。

张墨瑶、李彦彬:《唐山皮影艺术及其历史文化研究》,河北大学出版社 2006 年版。

张庆善:《曹雪芹祖籍论争述评》,《红楼梦学刊》1998 年第 1 辑。

张秋荣:《迁安方言儿化现象研究》,硕士学位论文,河北师范大学,2005 年。

张世方:《北京官话语音研究》,北京语言大学出版社 2010 年版。

张树铮:《论保唐片方言的归属》,《山东大学学报》2012 年第 4 期。

张文光、郑丽娜:《唐山方言中过去时时制助词"时的"》,《唐山师范学院学报》2011 年第 3 期。

张文光：《唐山方言单音节动词儿化与动态变化》，《唐山师专学报》2000 年第 1 期。

张阳：《清东陵北京话方言岛语音调查》，硕士学位论文，中央民族大学，2011 年。

张迎芬：《乐亭大鼓的民俗性探究》，硕士学位论文，河北大学，2009 年。

赵立新、戴连第主编：《唐山方言与普通话》，花山文艺出版社 2000 年版。

赵元任：《北京口语语法》，商务印书馆 2005 年版。

赵元任：《反切语八种》，《史语所集刊》1931 年第 2 本第 3 分。

郑锦全：《汉语方言亲疏关系的计量研究》，《中国语文》1988 年第 2 期。

郑锦全：《汉语方言沟通度的计算》，《中国语文》1994 年第 1 期。

中国社会科学院语言研究所、澳大利亚人文社会科学院：《中国语言地图集》，（远东）朗文出版社 1988 年版。

中国社会科学院语言研究所等：《中国语言地图集》（汉语方言卷），商务印书馆 2012 年版。

中国社会科学院语言研究所词典编辑室：《现代汉语词典》（第 6 版），商务印书馆 2012 年版。

周汝昌：《红楼梦新证》，棠棣出版社 1953 年版。

后　记

　　小册子写完了，一桩心事总算了却。这本小册子是唐山师范学院的河北省哲学社会科学研究基地"城市文化建设与可持续发展研究基地"2012 年度第一批立项课题"唐山方言词汇调查研究"的最终成果，立项之初批复的等级是"指导"，预期成果是专著，经费人民币若干。

　　研究方言词汇不同于编写方言志，研究需要用科学的方法对词汇进行分析，发掘其中的规律与价值并加以解释，重在分析，这是语言学的工作；而编写方言志则要尽可能地搜集所有方言词，尤其是生僻不常用的词，重在搜集，这是保存乡土文化的重要方式方法。搜集是研究的基础，但二者有分工，唐山大部分地方志与很多本地民间学者收集的方言词都比这本小册子多，因为这本小册子侧重研究，所以并没有穷尽搜集唐山方言词。

　　感谢戴连第、石向骞、李东伟、许丽君、王文娟等老师和中文系的学生在调查方言过程中的帮助，感谢方言合作人的配合。

　　感谢学校的出版资助。

　　感谢任明编审提出的修改建议，也感谢他对出版这本小册子的帮助。

高光新

2014 年 3 月 17 日